KB149778

고구려 도성과 왕릉

고구려 도성과 왕릉

2020년 8월 31일 초판 1쇄 발행

글쓴이   이도학
펴낸이   권혁재
편 집   조혜진
표 지   이정아

제 작   성광인쇄
펴낸곳   학연문화사
등 록   1988년 2월 26일 제2-501호
주 소   서울시 금천구 가산디지털1로 168 우림라이온스밸리 B동 712호

전 화   02-2026-0541
팩 스   02-2026-0547
E-mail   hak7891@chol.com

ISBN 978-89-5508-417-7 93910

고구려 도성과 왕릉

이도학 지음

학연문화사

머 리 말

1

한국 고대사회에서 성城과 고분古墳은 불가분의 관계에 있었다. 통치 거점인 성 인근에 그들이 묻혔기 때문이다. 생활 유적과 내세관이 담긴 사후死後 유적은 함께 따라붙어 있었다. 하나의 공식과 같았다. 통치 거점 가운데 가장 격이 높은 유적은 왕성王城과 이를 중심한 권역圈域인 도성都城이었다. 이와 짝을 이루는 분묘 유적으로는 왕릉을 꼽지 않을 수 없다. 왕성과 왕릉은 당대 최고의 지배자 가 활동하고 묻힌 공간이었기에 지고至高한 수준의 정성과 공력이 따라 붙었다. 그런 관계로 이를 통해 당대의 문명 수준과 통치력의 정도 를 가늠하는 일이 가 능해졌다.

한국 고대사회에서 통치 거점은 단순한 일반 성城이 아니었다. 높은 산지대에 축성한 산성을 통치 거점으로 삼았기 때문이다. 편의보다는 동란기의 방어에 주 안점을 둔 관계로 나타난 현상이었다. 심지어 왕성이더라도 예외가 되지는 않 다. 고구려 지역의 오녀산성과 환도산성, 백제의 북한산성, 신라의 명활산성이 산정에 축조된 왕성이었다. 비록 평지에 궁성이 조성되더라도 공산성이나 부소 산성처럼 배후에 산성을 끼고 있었다.

평지성과 산성을 조합한 왕성론王城論은 일반화되어 통설처럼 흘러왔다. 그러 나 적어도 고구려와 신라의 경우는 이러한 주장이 성립하기는 어렵다. 삼국 가 운데 2개 국가에서 성립이 어려운 주장이었다. 고구려 첫 도읍지인 환인의 하고 성자와 오녀산성을 평지성과 산성의 조합으로 엮는 주장은 성립이 어렵다. 국내 성과 환도산성의 경우도 동일한 사례에 속한다. 그리고 427년에 '이도평양移都平 壤'한 평양의 위치를 종전에는 대성산성과 안학궁을 조합하여 보았다. 산성과 평 지 궁성의 조합으로 간주하였다. 그러나 고구려가 '이도移都'한 평양의 거점은 청암동토성이었다. 대성산성은 고구려 당시에 노성魯城으로 불리었다. 평양성이 아니었다. 게다가 안학궁성은 고구려 말기의 별궁 정도로 간주되고 있다. 따라서 도성 구조와 관련해 산성과 평지성을 연결 짓는 시도는 타당성을 잃었다. 그리고 시가지 전체를 에워싼 거대 규모의 장안성의 경우는 나곽羅郭 안에 자연스럽게 산지대를 포괄하였다.

고구려 왕성 연구에서 가장 중요한 논제는 유리왕 22년(서기 3)에 천도한 '국내위나암성國內尉那巖城'의 소재지였다. 지금까지는 '국내위나암성'의 '국내'에 현혹되어 국내성이 소재한 집안集安으로 천도한 것으로 단정했다. 그러나 국내성은 342년(고국원왕 12)에 축조되었다. 국내성이 존재하지도 않은 '국내'가 집안 지역일 수는 없다. 게다가 위나암성을 환도산성으로 비정해 왔다. 통설이었다. 그러나 환도성은 198년(산상왕 2)에 축조되었다. 따라서 3년(유리왕 22)에 "왕이 국내로 천도하여 위나암성을 쌓았다王遷都於國內 築尉那巖城"고 한, 위나암성은 환도성이 될 수 없다. 결국 '국내위나암성'은 '우라산성'으로도 일컬어졌던 암벽巖壁 성城인 환인의 오녀산성으로 비정하는 게 가장 합당했다. 환인 권역에서의 천도였기에 '국내'는 동일한 '서울 지역'의 뜻이었다.

오녀산성과 하고성자下古城子를 산성과 평지성의 조합으로 규정해 왔다. 그러나 양자 사이에는 하천이 가로놓여 있고, 차량 이동거리는 14.8km요, 직선 거리는 8.3km에 이른다. 양자는 서로 관련 없음을 반증한다. 그리고 국내성과 환도성의 경우는 비록 3km밖에 떨어져 있지 않지만, 하천이 경계를 이루는데다가 행정 구역 또한 엄연히 달랐다. 게다가 축조 시기가 209년(환도성)과 342년(국내성)으로 시차가 너무 크다. 도성 구획과는 무관한 것이다. 양자를 짝짓기하기는 어렵다. 역시 평지성과 산성의 조합론이 불가함을 알 수 있다.

지금까지의 논의를 통해 고구려가 환인에서 집안으로 천도한 시점 역시 변경이 불가피해졌다. 그 시점은 209년(산상왕 13)에 "겨울 시월, 왕이 환도로 도읍을 옮겼다冬十月 王移都於丸都"는 기록이 밝혀준다. 문제는 천도 시점에서 그치지 않는다. 왕성을 포함한 도성의 이동은 왕릉의 소재지까지 이동시키게 마련이다. 천도 시점이 바뀜에 따라 제10대 산상왕 이전 고구려 왕릉들은 환인에 소재한 게 된다. 지금까지는 제2대 유리왕대 천도설에 따라 이후 왕릉들은 죄다 집안에 소재한 것으로 간주했기 때문이다. 학계에 새로운 과제를 안겨다 주었다.

본서에서는 도성 연구의 일환으로서 왕성 뿐 아니라 별도別都에 대한 필자의 연구 성과를 소개하였다. 고구려의 별도로 필자가 처음으로 지목한 충주 국원성國原城을 비롯하여 남평양성南平壤城과 재령載寧(현재의 신원군)의 한성漢城에 대한 탐구였다. 그런데 백제 도성 이름을 취하여 별도 이름을 부여한 일과 관련해 교치설僑置說을 제기하였다. 선학의 연구에 이미 교치설이 제기되었는지를 확인했지만 아직까지 발견하지 못했다. 혹여 선학이 이미 제기했다면 고의가 아님을 밝혀둔다.

2

필자가 상당한 시간을 투자하여 오랜 기간 연구한 분야가 고구려 왕릉이었다. 고구려 왕릉은 혈연에 기반한 군집분群集墳에 머물렀던 백제나 신라, 그리고 가라加羅와는 달리 단독 능역陵域이었다. 고구려 시조 추모왕鄒牟王은 「광개토왕릉비문」에 적혀 있듯이 승천했기에 분묘가 조성될 수 없었다. 소위 동명왕릉은 천장遷葬이 될 수 없었다. 능묘 자체가 당초부터 조성되지도 않았다. 그러니 이장한다는 자체가 어불성설이 아니겠는가?

도굴로 인한 이장설이 일반화되었다. 일례로 전연前燕이 도굴한 미천왕릉의 경우는 이장할 이유가 없었다. 미천왕비가 생존해 있었기에 능묘를 봉쇄하지 않았다. 무령왕릉을 연상하면 된다. 무녕왕의 관棺이 들어오고, 또 왕비 관이 들어온 후에야 영구 폐쇄되었다. 석실 적석총도 구조상 연도 문을 따고 들어가 관을 탈취하면 그만이었다. 그럼에도 도굴되었다니 곡괭이질을 연상한 것이다. 집안 지역에서는 서대총을 비롯한 왕릉급 고분 가운데 중앙이 함몰되거나 허물어진 상태가 종종 목격된다. 이러한 무덤을 도굴의 결과로 인식한 것이다. 석실 적석총 구조는 봉분 위로부터 삽질할 것도 없이 연도 입구만 따면 간단히 현실玄室로 진입할 수 있다. 『자치통감』에서는 "쇠(고국원왕)의 아버지인 을불리의 묘를 열어 그 시신을 실었다發 釗父乙弗利墓 載其尸"고 했다. 『삼국사기』에서도 '발發'로 표기하였다. 여기서 '발'은 자전에서 '열[開]'의 뜻으로도 사용된다. 그러니 미천왕릉을 열어 그 시체를 수레에 실었다는 의미인 것이다. 모용황이 미천왕릉 자체를 파괴한 것은 아니었다.

게다가 왕릉이 볼썽사납게 파헤쳐진 상태로 오랜 동안 남아 있다는 자체가 왕실의 권위를 실추시키는 일이다. 상상할 수 없는 정황임에도 도굴이라는 인식이 뇌리에 박혀 이장설을 제기해 왔다. 그런데 미천왕릉은 도굴되어 관 즉 재궁梓宮이 납치되었다가 반환되었다. 이러한 경우는 새로 능묘를 조성할 필요가 없다. 원래 능묘에 관을 그대로 안치하면 된다. 임진왜란 때 도굴의 화를 입은 중종의 능인 정릉靖陵도 시신을 원래 능묘에 안치했을 뿐이다. 따라서 도굴된 왕릉의 이장설은 상상의 산물이었음을 밝혔다.

고구려에서의 특유한 장지명식 시호에 따라 능묘의 소재지를 구명하고자 하였다. 그런데 동천왕東川王·중천왕中川王·서천왕西川王하는 장지명 시호에 보이는 동천·중천·서천을 집안 지역의 개천에서 찾는 경우가 일반화되었다. 그러나 가만히 보면 北川과 南川은 없다. 그러니 東西로 흐르는 강을 가리킴을 알 수 있었다. 이와 관련해 국천國川을 압록강으로 간주하는 견해가 통설처럼 되었다. 그러나 압록강은 『삼국사기』에서만 21회나 등장한다. 고구려 때도 압록강은 압록으로 불리었다. 압록강을 국천으로 일컫은 흔적은 그 어디에도 없다. 국천은 국내성國內城 서편을 가로질러 흐르는 통구하를 가리키는 게 분명했다. 국내성 이름에서 국천이 유래한 것으로 보였다. 웅진성熊津城에서 웅천熊川 · 웅수熊水가 나왔고, 사비성泗沘城에서 사비수泗沘水 · 사비하泗沘河가 연유했다. 이와 동일한 선상에서 국천의 연원을 지목하였다.

필자는 동천東川 · 중천中川 · 서천西川은 압록강을 구간별로 나눠 부른 호칭으로 지목하였다. 한강의 경우도 용산강龍山江 · 서강西江 · 조강祖江 · 여강驪江 등등 구간별로 이름이 달랐다. 강원도 영월을 지나가는 남한강을 동강과 서강으로 일컫는 것도 매한 가지였다. 이처럼 압록강을 구간별로 구분한다면 고구려 왕릉 비정에 중요한 관건이 된다. 아울러 기존의 견해는 전면적인 수정이 불가피해진다.

고구려 왕릉 비정의 쟁점은 태왕릉과 장군총의 피장자 구명이었다. 필자가 숱한 논문에서 언급한 내용들이다. 한 마디만 한다면 광개토왕릉비는 태왕릉 능역陵域 담장 바깥에 소재했다는 것이다. 광개토왕릉비와 태왕릉은 근접해 있지만 서로 무관함을 반증한다. 태왕릉은 국강상國岡上에 소재한 광개토왕릉비와 인접하였다. 게다가 광개토왕의 조부로서 백제와의 전쟁에서 순국한 고국원왕이 국강상왕國岡上王이었다. 그러한 고국원왕의 능은 광개토왕릉비가 소재한 지역에 속했다. 따라서 장대한 태왕릉은 조성 시기를 비롯한 여러 가지 정황에 비추어 볼 때 고국원왕릉으로 합당하였다.

장군총은 광개토왕릉이 분명해졌다. 세키노타다시關野貞가 처음 제기한 광개토왕릉설은 형안이 번득이는 탁견이었다. 그랬기에 민족주의 사학자인 단재 신채호도 이곳을 탐방한 직후 동의하였다. 육당 최남선과 우현 고유섭도 현지 탐방을 통해 장군총=광개토왕릉설에 동의했다. 사회경제주의 사학자인 이청원도 동일한 입장이었다.

국내성에서 동쪽으로 출발한 고구려 왕은 고국원왕릉인 태왕릉을 참배하는 동선動線이다. 고령에 백제와의 전쟁에서 순국한 고국원왕을 기억하면서 복수심을 불태웠을 법하다. 그리고 잠시 동쪽으로 이동하면 거대한 광개토왕릉비를 접하게 된다. 한 글자 12cm의 큼지막한 비문은 호태왕의 훈적動績을 뇌리에 똑똑히 각인시켜 주고도 남는다. 손자인 광개토왕이 백제 왕의 항복을 받아내어 고국원왕의 숙분을 풀었다는 사실을 온 천하에 떨치고 있다. 호태왕의 태산만 한 훈적에 경의敬意를 품고 광개토왕릉인 장군총으로 이동하는 동선이었다. 정치적으로 고도로 계산된 동선을 염두에 두고 광개토왕릉비를 세운 것이다. 이러한 깊은 뜻을 몰랐기에 오랜 동안 광개토왕릉비와 근접한 태왕릉을 광개토왕릉으로 착각했다.

본서에서는 평양성 천도 이후의 왕릉에 대해서도 고찰하였다. 경신리 1호분(漢王墓)에 대해서는 일찍이 이곳을 조사한 세키노타다시가 장수왕대 전후의 능묘라고 단정했다. 석실 적석총의 마지막 단계인 장군총 양식에서 석실 봉토분으로 넘어가는 단계의 능묘로 파악한 것이다. 그런 관계로 평양성 천도(427) 직후의 왕릉인 장수왕릉으로 간주하는 견해가 많았다. 그런데 장수왕은 491년에 사망하였다. 427년부터 491년까지는 2세대 이상이므로 시간적 공백이 실로 크다. 때문에 필자는 장수왕의 원자였고, 문자명왕의 부父인 고추가 조다助多를 경신리 1호분의 피장자로 비정했다. 조다는 비록 즉위하지는 못했지만 윗대와 아랫대로 강대한 권력을 지닌 부왕과 자왕子王이 받쳐주고 있었던 왕에 준하는 인물이었다. 더욱이 이때는 고구려의 강성기였다. 많은 연구자들이 홀시했지만 부왕인 장수왕보다 일렀던 조다의 사망 시점과 사회적 위상은, 왕릉이 분명한 경신리 1호분의 피장자로 적합하였다.

그 밖에 연개소문에게 피살된 영류왕의 경우도 장지명 시호를 지닌 마지막 왕으로 간주했다. 당군이 고구려를 침공했을 때 평양 외곽에 영류산이 등장하고 있다. 지금의 평양시 북쪽 용성 구역 쯤에 소재한 산에서 영류왕릉을 찾을 수 있을 것 같다.

3

본서의 주요 골자를 소개하였다. 본서는 필자가 맞이한 2019년 연구년의 연구 주제로서 기왕에 발표했던 논문을 재구성하거나 새로 집필한 글로 짜여져 있다. 그런데 본서에 등장하는 동학들을 사정없이 난타하는 글귀가 거슬릴 수 있을 것이다. 약간 고심하기는 했지만 심사를 통과하여 게재된 논문에 이미 수록된 내용이었다. 현장감 차원에서 그대로 살리기로 했다. 익히 알려져 있듯이 전혀 사심이 없음을 밝혀둔다.

본서의 출간과 관련해 금년 초여름에 구순을 맞이하신 은사 이희덕李熙德 선생님께 이 제자가 올리는 논총으로 생각하고 싶다. 선생님과 필자는 사제지간師弟之間 뿐 아니라 부자지간父子之間과 같은 정情으로도 맺어져 있다. 필자는 선생님께 태산과 같은 은혜를 입었을 뿐 아니라, 힘들 때나 즐거울 때나 토로할 수 있는 든든한 버팀목이셨다. 부디 건강하셔서 백수白壽 이상을 누리시고, 아둔한 제자를 계속 보살펴 주시기를 간절히 기원드리면서 글을 맺는다.

2020년 삼일절에
동네 투썸플레이스 카페에서
이 도 학

머리말

제1부 왕도王都와 별도別都

제2부 왕릉

본서는 다음의 필자 논문을 근거로 구성되었음을 밝혀둔다.

「집안 지역 고구려 왕릉에 관한 신고찰」,『高句麗渤海硏究』30, 2008.

「고구려 王陵에 관한 몇 가지 검토」,『전통문화논총』6, 한국전통문화대학교, 2008.

「高句麗 王陵硏究의 現段階와 問題點」,『高句麗渤海硏究』34, 2009.

「高句麗 王號와 葬地에 관한 檢證」,『慶州史學』34, 2011.

「中國 吉林省 集安 소재 東臺子 遺蹟 再檢證」,『慶州史學』35, 2012.

「고구려 왕릉 연구의 어제와 오늘」,『한국고대사 연구의 시각과 방법』, 사계절, 2014.

「『三國史記』의 高句麗 王城 記事 檢證」,『韓國古代史硏究』79, 2015.

「將軍塚과 周邊 高句麗 王陵 比定 問題」,『역사문화연구』58, 한국외국어대학교 역사문화연구소, 2016.

「삼국의 국도(國都)·별도(別都)·주치(州治)였던 고양시 북한산성의 내력 바로 알기」,『季刊 한국의 고고학』41, 2018.

「삼국의 國都·別都·州治였던 북한산성」,『행주얼』59, 고양문화원, 2018.

* 고구려와 관련한 중국 지명 가운데 길림성·요녕성·환인·집안 등은 한글 음으로 표기했음을 밝혀둔다.

* 사서 속의 중국 지명은 '낙양洛陽'처럼 한글 음으로 표기했다.

제1부
왕도와 별도

제1부 왕도와 별도

Ⅰ. 왕도의 성립

1. 머리말

고구려는 만주의 요녕성 환인桓仁과 길림성 집안集安 그리고 한반도 서북부의 평양平壤을 왕도로 하였다. 이러한 고구려의 왕도는 전 기간에 걸쳐 평지의 거성居城과 그 배후의 산성이 일체화된 방식으로 구성되었다고 했다. 이는 고구려 왕도의 전통으로 운위되었다.[1] 이러한 단정은 일종의 공식처럼 적용되어 왔다. 본고에서는 이 사안에 대한 엄정한 검증을 시도하고자 한다.

고구려의 첫 왕성은 홀승골성 혹은 비류곡 서쪽 '산상山上'으로 적혀 있다. 이러한 첫 왕성을 오녀산성으로 지목하는 견해가 통설이다. 산성인 오녀산성과 짝을 이루는 평지성으로 하고성자下古城子를 지목하여 산성과 평지성의 조합을 통한 고구려 왕도의 구성을 말해 왔다. 그러나 이러한 견해에는 불합리한 점이 포착되었다. 그러므로 몇 가지 문제점을 적시함으로써 새로운 대안을 제시하고자 했다.

고구려의 두 번째 왕성은 위나암성尉那巖城으로 적혀 있다. 문제는 위나암성을 국내國內 지역 즉 현재 집안 지역의 성으로 비정하는 견해가 많았다. 여기서 '국내 위나암성'의 '국내'와 위나암성의 공간적 관계를

---

1 東潮·田中俊明,『高句麗の歷史と遺跡』, 中央公論社, 1995, 207쪽.
　耿鐵華,『中國高句麗史』, 吉林人民出版社, 2002, 480쪽.

검증해 보고자 하였다. 즉 '국내'가 국내성을 가리키는 지금의 집안 일 대인지 여부를 가늠하고자 했다. 그리고 산성인 환도성과 평지성인 국내성을 조합시켜 하나의 왕도로 간주하여 왔다. 그러나 양자는 별개의 존재로 지목해야할 상당한 근거가 있었다. 이에 맞추어 환도성과 국내성의 관계를 새롭게 정리해 보려고 한다.

고구려는 427년에 평양성으로 천도한 것으로 인식해 왔다. 그러나 고구려는 위장魏將 관구검의 침공으로 왕성인 환도성이 극심하게 파괴된 관계로 불가피하게 247년에 묘사廟社를 옮겼다. 그곳이 평양이었다. 문제는 평양의 소재지를 지금의 대동강유역으로 간주한다고 하자. 그렇다면 313년까지 낙랑군이 이곳에 버티고 있었기에 천도는 가능하지 않다고 보았다. 대신 집안의 압록강 대안에 소재한 평안북도 강계 지역을 지목하여 이곳으로 천도했다는 견해가 힘을 얻었다. 소위 강계 동황성東黃城인 것이다.[2] 이 문제에 대하여 검증해 보고자 하였다. 그리고 고구려 고국원왕은 371년의 평양성 전투에서 백제군에게 피살되었다. 고국원왕이 전사한 평양성에 대해서는 남평양설이 제기되었지만 지금의 평양일 가능성이 높다. 이와 관련해 황성黃城으로의 이거移居 문제도 검증해야 할 사안으로 남아 있다.

고구려가 427년에 이도移都한 평양의 위치에 대해서는 대성산성과

---

2 李丙燾,「高句麗 東黃城考」,『東國史學』4, 1956 ;『韓國古代史研究』, 博英社, 1976, 373쪽.
　李丙燾,『韓國史-古代篇』, 乙酉文化社, 1959, 332쪽.

안학궁 일대를 지목하여 왔다.[3] 문제는 대성산성과 조합시킨 안학궁의 조성 시기가 427년의 이도와는 부합하지 않는다는 점이다. 반면 대성산성의 축조는 6세기 중엽에 조성된 장안성의 조성 문제와 분리되지 않는 것 같다.

본고에서는 『삼국사기』에 게재된 왕성王城 기사에 대한 일대 검증을 시도했다. 요컨대 본고에서 고구려 왕성, 나아가 왕도와 관련한 기존 통념에 대한 일대 검증을 시도하여 문제점이 적출된다면 새로운 대안을 제시하고자 했다.

2. 환인桓仁 지역의 왕도

1) 첫 왕성

고구려의 첫 왕성에 대해서는 『위서魏書』를 비롯하여 '구삼국사舊三國史'의 일문逸文 등에 보인다. 본고에서 검토하고 있는 『삼국사기』에서도 고구려의 첫 왕성에 대해 다음과 같이 적혀 있다.

(鄒牟는) 그들과 함께 졸본천卒本川[『위서』에는 흘승골성紇升骨城에 이르렀다고 했다]에 이르러 그곳 땅이 기름지고 산천이 험하고 견고함을 보고, 마침내 거기에 도읍을 정하려 했다. 그러나 미처 궁실을 지을 겨를이 없어

---

3 채희국, 『대성산성 일대의 고구려 유적에 관한 연구』, 사회과학원출판사, 1964, 81~84쪽.

서 다만 비류수상沸流水上에 집을 지어 거기에 살면서 … 왕은 대답했다. "나는 천제의 아들인데 졸본천에 와서 도읍을 정했소."[4]

위의 기사를 놓고 볼 때 고구려 최초의 왕성은 비류수상 즉 비류수 변임을 알 수 있다.[5] 그런데 이와 상치되는 기록이 「광개토왕릉비문」에 보이는 다음 기사이다.[6]

於沸流谷 忽本西 城山上而建都焉

위의 구절은 흔히들 "비류곡 홀본 서쪽 산상山上에 성을 쌓고 도읍을 삼았다"로 해석을 한다. 그러나 이와는 달리 "비류곡 홀본 서성산西城山 위에 도읍을 세웠다"는 해석도 제기되었다.[7] 어떠한 해석이 맞든간에 「능비문」에 따르면 고구려 첫 왕성은 산상에 소재한 게 된다. 문제는

---

4 『三國史記』권13, 東明聖王, 즉위년 조.
5 위의 인용에 보이는 卒本川과 沸流水와 관련해 혹자는 '水'는 '川' 보다 큰 강이나 하천을 가리킨다고 하였다. 그러나 『三國史記』에 따르면 錦江을 熊川(동성왕 13년) 혹은 泗沘河(의자왕 19년·20년)로 각각 다르게 표기했다. 동일한 錦江을 '川'과 '河'로 달리 표기하였다. 더욱이 예성강을 '浿水', 임진강을 '帶水(백제 시조 즉위기)'라고 했다. 그렇다면 '川'으로 일컫은 금강(401km)은 '水'로 일컫은 예성강(174km)이나 임진강(254km)보다 작다는 말인가? 대동강의 지류인 合掌江을 蛇水라고 하였다(보장왕 21). 따라서 '水'가 '川' 보다 큰 강을 가리킨다는 주장은 성립이 어렵다.
6 이후 본서에서는 「광개토왕릉비문」을 「능비문」으로 略記한다.
7 이 구절을 "홀본 서성산 위忽本 西城山上"로 해석하여, 西城山을 도교와 관련한 지명으로 지목하기도 한다(안동준, 「광개토왕 비문에 보이는 '西城山'의 도교적 함의」, 『고조선단군학』30, 2014, 188~203쪽).

산상의 왕성은 『삼국사기』에서 고구려의 첫 왕성이 강변에 소재했다는 기록과 상치되고 있다.[8] 이에 대해 강변의 평지성과 산성의 결합을 내세우는 경향이 있어 왔다. 즉 강변 성과 산성은 별개의 존재가 아니라 고구려 왕도를 구성하는 요소로 파악한 것이다.

이러한 견해의 타당성 여부를 떠나, 그러면 양자의 짝짓기를 시도해 보자. 일단 「능비문」에 보이는 '산상'의 성은 오녀산성으로 지목하는 데는 이견이 없다. 이러한 오녀산성과 평지성인 하고성자를 한 조로 엮는 견해가 많았다. 평시에는 하고성자에 거처하다가 유사시에는 산성으로 옮겨간다는 논리였다. 그러나 양자는 거리상 너무 떨어져 있을 뿐 아니라[9] 중간에 하천까지 흐르고 있다. 만약 이런 논리대로라면 한양 도성과 북한산성이나 남한산성의 관계 역시 한 조로 엮인 도성 체제로 운위할 수 있을 것이다. 게다가 「능비문」에 따르면 고구려의 홀본은 오녀산 동편에 소재하였다. 반면 하고성자는 오녀산의 서편에 해당한다. 방향이 전혀 맞지 않은 것이다. 따라서 오히려 규모는 작지만 부이강 富爾汀과 혼강의 합류 지점에 소재한 평지성인 나합성喇哈城이[10] 고구려 첫 왕성과 관련해 주목된다.[11] 이 점에 대해서는 후술할 것이다.

---

8 그럼에도 불구하고 고구려의 첫 왕성인 홀본성(졸본성)을 오녀산성으로 지목하고 있다(손영종, 『고구려사 1』, 과학백과사전종합출판사, 1990, 25쪽).

9 바이두 지도 측정 기준에 따르면 하고성자성~오녀산성 차량 이동거리는 14.8km이고, 하고성자~오녀산성 직선 거리는 8.3km이다.

10 王從安·紀飛, 「卒本城何在」, 『東北史地』2004-2, 45쪽.

11 시굴 조사를 통해 나합성을 고구려 최초의 왕성인 졸본성으로 추정한 바 있다(王從安·紀飛, 「卒本城何在」, 『東北史地』2004-2, 43~46쪽). 나합성을 고구려의 첫 왕성으

〈사진 1. 오녀산성 원경〉

오녀산성과 하고성자가 한 조가 되기 어렵다고 보여졌다. 그렇다면 「능비문」이나 『삼국사기』와 같은 사료에 보이는 왕성 관련 기사는 어떻게 해석해야할까? 일단 「능비문」은 비록 당대의 기록이기는 하다. 그렇지만 정치적 목적이 강한 관계로 정직한 기록만은 아닐 수 있다. 반면 고구려의 첫 왕성 입지 조건과 관련한 『삼국사기』 기록은 상당히 구체성을 띠었다. 이 점에 비춰 볼 때 오히려 『삼국사기』 기록이 신빙성이

로 지목한 견해로는 노태돈, 「고구려 초기의 천도에 관한 약간의 논의」, 『한국고대사연구』 68, 2012, 30쪽이 있다.

클 가능성이 있다. 문제는 고구려의 첫 왕도인 졸본卒本과 흘승골성의 관계와 더불어, 흘승골성의 위치가 되겠다. 이에 대해서 졸본과 흘승골성을 일치시켜서 지목해 왔다.[12] 나아가 이를『삼국사기』에서 황룡이 골령에 나타난 기록과 결부지었다. 그러면서 골령을 오녀산성으로 지목하였다.[13]

추모왕이 오녀산성을 왕성으로 삼은 근거를 제시하면 2가지가 있다. 첫 번째가 「동명왕편」에 수록된 다음과 같은 '구삼국사'의 일문逸文에 보이는 골령은 오녀산성이라는 것이다. 두번째는 골령상鶻嶺上에 성곽을 축조한 다음의 '구삼국사' 기사는 「능비문」에서 '성산상城山上' 기사와 부합한다는 데서 찾았다.[14]

6월에 송양이 나라를 들어 항복하였다 한다. [詩 생략: 필자] 7월에 검은 구름이 골령에 일어나서 사람들이 그 산은 보지 못하고 오직 수천 명 사람의 소리가 토목 공사를 하는 것같이 들렸다. 왕이 "하늘이 나를 위하여 성을 쌓는 것이다"고 하였다. 7일 만에 운무가 걷히니 성곽과 궁실 누대가 저절로 이루어졌다. 왕이 황천께 절하여 감사하고 나아가 살았다.[15]

---

12 『三國史記』권37, 地理4, 高句麗;『茶山詩文選』권12, 論, 高句麗論.

13 李殿福·孫玉良, 「高句麗的都城」,『博物館硏究』, 吉林省博物館學會, 1990-1, 37쪽.

14 여호규, 「고구려 도성의 구조와 경관의 변화」,『삼국시대고고학개론 1』, 진인진, 2014, 64쪽.

15 『東國李相國集』권3, 古律詩, 東明王篇. "七月 玄雲起鶻嶺 人不見其山 唯聞數千人聲 以起土功 王曰 天爲我築城 七日 雲霧自散 城郭宮臺自然成 王拜皇天就居"

위에서 인용한 '구삼국사'의 일문에 보이는 송양이 항복한 기사는 『삼국사기』 동명성왕 2년 6월 조에 적혀 있다. 그리고 "7월에 검은 구름…"과 "성곽과 궁실…" 기사는 다음과 같은 『삼국사기』 동명성왕 3년과 4년 조에 각각 보인다.

* 3년 3월에 황룡이 골령의 남쪽에 나타났는데 그 빛이 푸르고 붉었다.

* 4년 4월에 운무가 사방에서 일어났는데, 7일 동안 햇빛을 볼 수가 없었다. 7월에 성곽을 쌓고 궁성을 지었다.

그런데 위의 인용을 비교해보면 알 수 있듯이 '구삼국사'의 일문과 『삼국사기』의 동일한 기사는 차이가 있다. 먼저 골령 관련 연대는 송양 기사를 『삼국사기』와 맞춰 볼 때 추모왕 즉위 2년째가 된다. 그렇다면 '구삼국사' 일문의 7월부터 시작하는 일련의 골령 관련 기사 역시 즉위 2년째 기사로 받아들여야 한다. 그럼에도 『삼국사기』에서는 골령 상의 공사를 4년 조에 배정하였다. 이는 『삼국사기』 편찬시 저본으로 삼았던 '구삼국사'의 기사를 그대로는 수용하지 않았음을 반증한다. 『삼국사기』 편찬자들은 7일만에 골령상에 성곽을 축조했다는 '구삼국사'의 기사를 황탄하게 여겼던 것 같다. 그랬기에 다른 원전을 토대로 기년도 바꾸었을 뿐 아니라 골령상의 성곽 축조 기사 자체를 지워버리고 말았다. 『삼국사기』에 따른다면 추모왕은 골령상에 성곽을 축조한 사실이 없다. 물론 고구려인들은 '구삼국사'의 기사 원형대로 골령상의 성곽 축조 기사를 인식했을 수는 있다. 그랬기에 「능비문」에도 이와 연결되는 기록을 남겼을 것이다.

문제는 골령이 오녀산성이라고 하자. 그렇더라도 추모왕대에 실제 축성되었을 가능성은 별개의 사안으로 여전히 남아 있다. 주지하듯이 「능비문」은 정치 선전문적인 내용이 많다.[16] 추모왕의 난생卵生 출생과 도하渡河 설화에 이르기까지 상징성은 온존하겠지만 사실이 아님은 분명하다. 이러한 선상에서 '城山上' 기사 역시 상징적인 의미 정도로 받아들이는 선에서 멈추는 게 합리적인 해석이다. 그러면서 종족이나 국가의 발상지로서 등장하는 선비산 · 오환산 · 녹산을 상기해 본다. 그밖에 백제의 금마산이나 발해의 동모산 개국설 모두 동일한 맥락에서 살필 수 있다. 이와 마찬 가지로 고구려 또한 자신들의 발상지로 인식했던 산이 존재했을 수 있다. 비록 후대 기록이기는 하지만 「고구려도高句驪圖」 등에서 "주몽은 요동 구려산句麗山 밑에서 태어난 까닭에"라고 하였다. 건국자와 산악을 결부 짓고 있다. 고구려의 발상지인 환인에 소재한 오녀산의 경우 "철鐵의 성城처럼 창공蒼空에 솟아 있는 모습은 신神들의 어좌御座를 생각하게 한다. 다시 없는 견고한 요새, 신앙의 성지聖地로 적합하다"[17]는 평을 얻었다. 적절한 평가라는 생각이 든다. 고구려는 외형상 성산城山의 위압감과 신비감이 어우러진 오녀산과 엮어

---

16 이에 대해서는 李道學, 「廣開土王陵碑文의 思想的 背景」, 『韓國學報』106, 2002 ; 『고구려 광개토왕릉비문 연구』, 서경문화사, 2006, 211~232쪽을 참고하기 바란다.

17 三上次男, 『古代東北アジア史研究』, 吉川弘文館, 1966, 73쪽.

서 건국의 거점을 과시했을 수 있다.

고구려 첫 왕성인 흘승골성訖升骨城의 '訖升'은 '홀본忽本'이나 '졸본卒本'과 대응하고 있다. 그리고 '골성骨城'은 '골성鶻城'을 가리키는 게 분명하다. 이미 확인된 이러한 사실을 토대로 다음의 기사를 살펴 본다.

　　가을 7월에 이궁離宮을 골천鶻川에 지었다.[18]

위에서 인용한 골천과 골령은 인접하였기에 지명상의 공통점이 있다. 그런데 골령을 오녀산성으로 비정한다면 혼강渾江=비류수라는 등식은 성립이 어렵다. 「능비문」의 "於沸流谷 忽本西 城山上而建都焉"라는 구절에 보이는 홀본은 비류곡과 엮어져 있음을 알 수 있다. 여기서 홀본 서쪽의 '성산'은 오녀산을 가리킴은 두 말할 나위 없다. 그리고 골령을 오녀산성으로 지목한다면 골천을 혼강으로 새롭게 비정해야만 한다.[19] 오녀산성과 연관된 강은 혼강이 되기 때문이다. 이 점 분명히 짚고 넘어가지 않을 수 없다. 또 그렇다면 홀본 동편의 비류곡과 엮어진 비류수는 부이강인 것이다. 『삼국사기』에 따른다면 고구려는 비류수상에 왕의 거점이 마련되었다. 이처럼 부이강이 비류수가 맞다면[20]

---

18 『三國史記』권13, 瑠璃王 2년 조.

19 鶻川을 渾江으로 지목한 견해는 조법종, 「高句麗 初期 都邑과 沸流國城 硏究」, 『白山學報』 77, 2007, 154쪽에 보인다. 鶻川 離宮을 下古城子로 지목한 견해는 李殿福·孫玉良, 「高句麗的都城」, 『博物館硏究』, 吉林省博物館學會, 1990-1, 37쪽이다.

20 富爾江을 비류수로 지목한 견해는 李殿福·孫玉良, 「高句麗的都城」, 『博物館硏究』,

부이강과 혼강이 합류하는 강변의 나합성이 고구려 첫 왕성으로 적합해진다.[21] 이곳에서는 오녀산성이 무려 30km 이상 떨어졌다. 그러므로 다음 장에서 보듯이 교시郊豕를 추적하기 전까지 오녀산성 일대는, 적어도 초기 고구려인들에게는 미답未踏의 지역일 수 있다.

〈그림 1. 환인 지방의 성지城址 분포도〉[22]

吉林省博物館學會, 1990-1, 36쪽.

조법종은 집단 거주의 흔적과 대규모 적석총의 존재를 주목하여 고력묘자촌을 卒本扶餘로 지목했다(조법종, 「高句麗 初期 都邑과 沸流國城 硏究」, 『白山學報』77, 2007, 147~150쪽).

21 비류수를 현재의 부이강과 혼강이 합류하는 혼강 일대를 지칭한다는 견해는 조법종, 「高句麗 初期 都邑과 沸流國城 硏究」, 『白山學報』77, 2007, 155쪽에 보인다. 但, 그는 나합성을 비류국 왕성으로 지목했다(조법종, 「高句麗 初期 都邑과 沸流國城 硏究」, 『白山學報』77, 2007, 161~167쪽).

22 東潮·田中俊明, 『高句麗の歷史と遺跡』, 中央公論社, 1995, 75쪽.

2) 위나암성尉那巖城의 소재지

고구려는 환인의 평지성에서 국내 위나암성으로 천도를 단행한다. 위나암성의 소재지에 대해서는 "오늘 날의 환도산성이라 비정하여 큰 문제가 없다"[23]고 단언했다. 이러한 주장의 단초는 "국내성[혹은 위나암성 혹은 불이성不而城이라고도 함]"[24]에서 연유하였다. 국내성의 소재지가 집안이라면 위나암성의 경우도 이와 동일한 곳이라는 전제에서 출발했다. 과연 그러한 지는 관련 기록이 『삼국사기』에 다음과 같이 보이므로 검토하면 밝혀질 것이다.

> * 21년(2) 봄 3월에 하늘에 제사지낼 돼지가 달아났으므로 왕이 희생犠牲을 담당하고 있는 설지薛支에게 명하여 이를 찾게 하였다. 국내위나암國內尉那巖에 이르러 찾아내어 국내인國內人의 집에 가두어두고 이를 기르게 하고 돌아와 왕을 뵙고 아뢰기를 "신이 돼지를 쫓아 국내위나암에 이르렀는데, 그 산수가 깊고 험준하며 땅이 오곡을 키우기에 알맞고, 또 순록·사슴·물고기·자라가 많이 생산되는 것을 보았습니다. 왕께서 만약 도읍을 옮기시면 단지 백성의 이익이 무궁할 뿐만 아니라 전쟁의 걱정도 면할 만합니다"고 하였다. 4월에 왕이 위중림尉中林에서 전렵을 하였으며 8월에는 지진이 있었다. 9월에 왕이 국내國內에 가서

23 차용걸, 「고구려의 도시와 성곽」, 『高句麗의 考古文物』, 한국정신문화연구원, 1996, 395쪽.

24 『三國史記』 권37, 地理4, 高句麗. "移都國內城[或云尉那巖城 或云不而城]"

지세를 보고 돌아오다가 사물택沙勿澤에 이르러, 한 사나이가 못 위의
바위에 앉아 있는 것을 보았다. 왕에게 일러 말하기를 "왕의 신하가 되
기를 원합니다"고 하였다. 왕이 기쁘게 이를 허락하고 사물이라는 이
름과 위씨位氏 성을 내려 주었다.[25]

＊ 22년 10월에 왕이 국내로 천도하고 위나암성을 쌓았다.[26]

고구려의 천도 관련 설화로서 달아난 교시를 추격한 결과 '국내위나
암'에 이르러 붙잡았다는 것이다. 이때 고구려 조정에서 처음 와 본 국
내위나암의 지형과 지세에 대한 목격담이 적혀 있다. 그리고 2년(유리
왕 21) 3월에 유리왕은 국내위나암에 대한 보고를 받았다. 그해 9월에
유리왕이 현장을 살핀 후 3년 10월에 국내로 천도하고 위나암에 축성
했다는 것이다. 여기서 국내라는 공간 범위 안에 위나암이라는 지역이
소재했음을 알 수 있다.

그런데 국내를 '국내 지역'으로 간주함으로써 국내성이 소재한 집안
지역으로 지목되었다. 또 그러한 선상에서 산성인 환도성을 위나암성

---

25 『三國史記』권13, 瑠璃王 21년 조. "二十一年 春三月 郊豕逸 王命掌牲薛支逐之 至國
內尉那巖得之 抱於國內人家養之 返見王曰 臣逐豕至國內尉那巖 見其山水深險 地宜
五穀 又多麋鹿魚鼈之産 王若移都 則不唯民利之無窮 又可免兵革之患也 夏四月 王田
于尉中林 秋八月 地震 九月 王如國內觀地勢 還至沙勿澤 見一丈夫坐澤上石 謂王曰
願爲王臣 王喜許之 因賜名沙勿 姓位氏"
26 『三國史記』권13, 瑠璃王 22년 조. "二十二年 冬十月 王遷都於國內 築尉那巖城"

으로 비정하는 경향이 많았다.[27] 그러나 환도성은 198년에야 축조되어 209년에 산상왕이 환도성으로 이도移都했다.[28] 그러므로 위나암성과 환도성은 축조 시점과 천도 시기가 맞지 않다. 따라서 양자는 서로 연결짓기 어렵다. 게다가 위나암성으로의 천도 동기는 달아난 희생용 교시를 붙잡으로 갔다가 도읍지를 발견한 것이다. 그러므로 추모왕이 정착한 환인 지역에서 먼거리가 될 수 없다.[29] 첩첩의 산과 내를 넘고 건너야만 이르는 지금의 집안을 가리키는 '국내'가 되기는 어렵다. 요컨대 돼지의 도주 반경 내에서 위나암성을 찾아야만 한다. 그렇다고 할 때 위나암성은 환인현의 반경을 벗어나지 않았다고 하겠다.

『삼국사기』 유리왕 22년 조에 보면 "왕이 국내로 천도하였다. 위나암성을 쌓았다"라고 하였다. 즉 국내와 위나암성을 구분했다. 그러니 국내라는 광범한 지역에 위나암성이 축조된 것으로 간주할 수 있다. 그런데 유리왕 21년 조에 보면 2차례에 걸쳐 '국내위나암'에 이르른 기록이 보인다. 이 기록을 중시한다면 '국내위나암'이 하나의 지명일 수 있다. 그리고 단 2자로 줄여서 '국내'로만 기록하였다. 그렇다면 유리왕 22

---

27 환도성과 산성자산성을 별개의 성으로 단정한 후, 위나암성을 산성자산성으로 지목하기도 한다(손영종, 『고구려사 1』, 과학백과사전종합출판사, 1990, 84쪽). 그 밖에 위나암성을 산성자산성으로 비정하는 견해는 많지만 대략 다음을 제시해 본다.
　李殿福, 「高句麗丸都山城」, 『文物』, 文物出版社, 1982-6, 85쪽.
　魏存成, 『高句麗考古』, 吉林大學出版社, 1994, 16~17쪽.
28 『三國史記』 권16, 山上王 2년 조.
　『三國史記』 권16, 山上王 13년 조.
29 張志淵, 「國內考」, 『大韓疆域考』, 皇城新聞社, 1903, 81쪽.

년 조는 "국내(위나암)로 천도하여 위나암성을 쌓았다"고 해석된다. 천도한 국내위나암에 축조한 성이므로 위나암성이 될 수밖에 없다. 혹은 '국내'는 특정한 지역을 가리킨다기 보다는 '서울 지역' 혹은 '서울 관내'를 뜻할 수 있다.[30] 그렇다면 국내위나암성은 '서울 지역의 위나암성'의 뜻이다. 곧 환인 관내의 산성을 가리킨다고 본다. 그렇더라도 천도지로서 '국내'는 이제 환인 관내의 특정 지역을 가리킨다고 하겠다. 그러나 '국내'의 경우 "사국내赦國內(중천왕 8년 조)"라는 용례가 있다. 여기서 국내는 나라 전체를 가리킨다. 그렇다면 "왕이 나라 안에서 도읍을 옮겨 위나암성을 쌓았다"라는 해석도 가능해진다. 이때는 고구려 초기로서 영토가 급속히 팽창하던 시기였다. 그랬기에 새로 개척한 영역이 아닌 기존 영역 안에서 천도했다는 의미로 받아들일 수도 있다. 즉 '국내위나암'은 '국외모지國外某地'를 염두에 둔 표기라고 하겠다. 고구려 초기는 영역이 협소한데다가 주변에 불모지가 많아서 '국내'와 '국외'로 구분하여 인식했을 수 있다.

그러나 지금까지의 논의 보다는 '국내'가 단슈 지명일 뿐 인데, 확대 해석했다는 인상을 받게 된다. 그리고 '국내위나암'을 약기略記한 '국내'를 국내성과 동일시한 견해 역시 착오임은 분명하다. 그러면서도 다음과 같은 생각을 해 볼 수 있다. 즉 행정 지명인 환도를 취하여 환도성이

---

30 國內가 國那=國奴=國壤 즉 '서울 지역'의 뜻임은 李道學, 「永樂6年 廣開土王의 南征과 國原城」,『孫寶基博士停年紀念韓國史學論叢』, 지식산업사, 1988 ;『고구려 광개토왕릉비문 연구』, 서경문화사, 2006, 379~381쪽을 참조하기 바란다.

라고 하였다. 국내성의 '국내'는 환도성이라는 왕도에 소재한 '서울 지역' 혹은 '서울 관내'였기에 그러한 성명城名이 부여되었을 수 있다. 보통명사의 고유명사화인 것이다. '국내위나암'과 관련해 시사하는 바가 있다.

유리왕 22년에 천도한 곳은 국내(위나암)이다. 천도와 동시에 위나암성이 축성되었다. 이때 고구려 왕실이 위나암성에 거주했다는 증거는 없다. 천도한 '국내'와 위나암성은 별개의 존재일 수 있다. 평지의 '국내'에 거처하였던 왕실은 유사시에는 산성인 '국내'의 위나암성에 입보入堡할 수 있었다고 본다. 그러면 위나암성은 어느 성을 가리키는 것일까? 일단 환인 반경 내에는 오녀산성을 제외하고는 달리 지목할만한 '암성巖城'이 없다.

오녀산성은 오라산성亏羅山城[31] · 우라산성于羅山城[32] · 올라산성兀剌山城[33] 혹은 울령산성鬱靈山城[34]으로도 불리고 있다. 이러한 오녀산성의 이름은 고구려 유리왕 22년에 도읍한 위나암성을 상기시킨다. 이에 대한 논의는 다음에 보인다.

오라산성亏羅山城 일명 올라산성兀剌山城. 이산군理山郡 앙토리구자央土里口子에서부터 북쪽으로 압록 · 파저婆猪 두 강을 건너면 올랄산성에 이

---

31 『高麗史節要』권29, 恭愍王 19년 조.

32 『燕山君日記』3년 10월 7일 조.

33 『朝鮮王朝實錄』世宗 19년 7월 17일. 文宗 1년 8월 6일. 成宗 11년 3월 28일 등.

34 『研經齋全集』外集, 권50, 建州紀程.

르게 되는데, 성은 큰 들판 가운데 있으며 사면이 깎아지른 절벽으로 높직이 격절되어 있어 오직 서쪽만이 오를 수 있다. 이산理山에서 2백 7십리 떨어져 있다. 유씨兪氏는 "예전 (고구려 때의) 위나암성인 듯하다"고 하였다.[35]

위에 인용된 유계兪棨(1607~1664)는 『문헌비고文獻備考』에서 올라산성兀剌山城이 곧 위나암성尉那巖城이라고 하였다. 안정복은 "중국 발음으로 올라兀剌가 위나尉那와 같으니 유계의 말이 그럴듯 하다"고 했다. 다산 정약용丁若鏞은 유계와 안정복의 소견을 인용한 후에 "위나尉那와 올라兀剌가 음이 비록 서로 비슷하지만, (국내성의 남쪽으로 압록강이 지나간다는)『통전通典』(기록)과는 맞지 않다고 생각한다"[36]고 평가하였다. 다산은 국내성과 위나암성을 동일한 성으로 지목했다. 물론 이는 오판이다. 그렇지만 다산은 결과적으로 위나암성과 오녀산성과의 연관성을 인정하였다. 그리고 위나암성의 '위나'는 만주어에서 강을 뜻하는 올라兀剌(우라)에 해당된다고 한다.[37] 오녀산성은 실제로 '위나'의 의미에 부합되게 끔 혼강의 '강변江邊'에 소재하고 있다. 그 밖에 위나암성의 '암巖'을 주목할 때 '강변의 암벽성巖壁城'이라는 의미가 된다. 이는 사방 암벽에 자리잡고 있는 오녀산성의 형태와 부합한다.[38] 이와 더불어 위

---

35 『東史綱目』第15下, 恭愍王 19년 조.

36 『我邦疆域考』, 國內考.

37 尉那巖城을 五女山城으로 체계적으로 처음 비정한 이는 張志淵이었다(張志淵, 「國內考」, 『大韓疆域考』, 皇城新聞社, 1903, 83~84쪽).

38 李道學은 『백제 고대국가 연구』, 一志社, 1995, 271~272쪽에서 위나암성을 오녀산성

나암성의 입지 조건에 대한 다음의 기록을 주목하여 본다.

11년(서기 28) 가을 7월에 한漢의 요동태수가 군사를 거느리고 쳐들어 왔다. 왕은 여러 신하를 모아 싸우거나 지키는 계책을 물었다. … (을두지가) 대답하였다. "지금 한의 군사들이 멀리와서 싸우므로 그 예봉을 당할 수 없습니다. 대왕께서는 성을 닫고 굳게 지키다가 그 군사들이 피로 해지기를 기다려, 나가서 공격하면 될 것입니다." 왕은 그렇게 여기고 위나암성으로 들어가 수십일 동안 굳게 지켰다. 한 군사들이 포위하여 풀어주지 않았다. 왕은 힘이 다하고 병사들이 피로하므로 을두지에게 "형편이 지킬 수 없게 되어가니 어찌하면 좋은가?" 하고 물었다. (을)두지가 대답하였다. "한인들이 말하기를 우리는 암석의 땅이요 수천水泉이 없다고 합니다. 그 때문에 오래 포위하고 우리가 곤핍해지기를 기다리는 것입니다. 연못의 잉어를 잡아 수초에 싸서 맛있는 술 약간과 함께 한 군사들에게 보내 먹이는 것이 좋을 것입니다." 왕은 그 말을 따라 하면서 글을 보내었다. "과인이 우매하여서 상국에 죄를 얻어, 장군으로 하여금 백만 군대를 거느리고 우리 국경에서 이슬을 맞게 하였습니다. 후의를 감당할 길 없어서 보잘 것 없는 물건을 부하들에게 제공하려고 합니다." 이리하여 한 장수는 성 안에 물이 있으므로 단번에 함락시킬 수 없다고 생각하고 대답하였다. … 마침내 군사를 이끌고 물러갔다(대무신왕 11).

으로 비정한 바 있다.

위의 기사를 놓고 볼 때 전쟁시 왕이 입보한 위나암성은 '암석巖石의 땅'임을 알 수 있다. 이러한 산성의 특징은 오녀산성과 부합한다.[39] 그리고 한인들이 위나암성을 일러 '수천水泉이 없다'고 했지만, "연못의 잉어를 잡아 수초에 싸서 맛있는 술 약간과 함께 한나라 군사들에게 보내 먹이는 것이 좋을 것입니다"라는 기사에서 알 수 있듯이 수원이 풍부했음을 알 수 있다. 실제 오녀산성 안에는 천지天池라고 하는 둘레 30여 m의 저수지와 샘이 확인되었다. 풍부한 수원은 오녀산성이 위나암성일 가능성을 다시 한번 보태주는 근거인 것이다. 그리고 "왕은 그렇게 여기고 위나암성으로 들어가 수십일 동안 굳게 지켰다"라고 하였다. 이 구절은 익히 지적되어 왔듯이 평시에 왕은 평지성에 거처했음을 알려준다.

지금까지 살펴 본 바에 따르면 추모왕이 정착하여 도읍한 곳은 오녀산성이 아니었다. 『삼국사기』의 추모왕 건국 기사에서 "궁실을 지을 겨를이 없어 단지 비류수상에 집을 짓고 거주하였다"라고 하는 상태에 머물러 있었던 것 같다. 이곳은 곧 오녀산성 동편의 나합성 일대가 유력하다. 그러다가 유리왕 22년에야 비로소 산상에 축조하여 유사시에 입보하는 체제를 마련했다는 추리가 가능해진다. 지금은 수몰된 고력묘자촌高力墓子村을 비롯한 오녀산성을 축으로 한 지역이 유리왕 22년에 천도한 국내國內 일대로 파악할 수 있다.[40] 국내는 '그림 1'에서 보듯이

---

39 鳥居龍藏,「丸都城及び國內城の位置に就きて」,『史學雜誌』25-7, 1914, 57~58쪽.
40 유리왕 22년의 집안 천도설을 부정하는 근거로서 유리왕 37년에 溺死한 太子도 아닌

고구려 최초의 왕성으로 추정되는 나합성 구역 보다는 사통팔달식의 교통의 요지이기도 했다. 그리고 대규모 적석총군과 건물지가 확인된 고력묘자촌과 오녀산성은 왕궁과 피란성의 조합에 속한다. 이는 흔히들 삼국시대의 도성 구조로 운위하고 있는 평지성과 산성의 결합 구조와는 성격이 다른 것이다. 한양도성과 연계된 배후 산성인 북한산성 대신 도성에서 약 20km 떨어진 남한산성에 입보한 상황과 견주어진다. 이와 관련해 『위서魏書』에 보이는 고구려의 첫 왕성 홀승골성은 오녀산성의 전화轉化로 간주된다.

3. 집안集安 지역의 왕도

1) 환도성丸都城과 국내성國內城의 관계

환도성의 '환도丸都'는 "(고구려는) 환도의 밑에서 도읍했다"[41]는 구절에 등장한다. 여기서 환도는 고구려의 행정 구역을 가리키는 이름이었다. 환도 관련 『삼국사기』 기사를 다음과 같이 인용해 본다.

王子 如津의 시신을 沸流人이 수습한데서 찾고 있다. 그러나 태자 해명도 '古都'에 머물렀던 것에 비추어 볼 때 이것만 놓고 집안 천도 여부를 판단하기는 어렵지 않을까 싶다.

한편 오녀산성과 고력묘자촌을 한 組로 묶는 경우는 적지 않았다. 그러나 고력묘자촌을 '國內'로 지목한 견해는 필자가 처음일 것이다.

41 『三國志』권30, 東夷傳, 高句麗 條. "都於丸都之下"

*가을 9월에 환도에 지진이 있었다(秋九月 丸都地震: 태조왕 90년 조. 142년)

* 봄 2월에 환도성을 쌓았다(春二月 築丸都城: 산상왕 2년 조. 198년).

* 王이 환도로 이도移都했다(王移都於丸都: 산상왕 13년 조. 209년).

* 겨울 10월에 관구검이 환도성을 함락시키고 도륙했다(冬十月 儉功陷丸都
城屠之: 동천왕 20년 조. 246년).

* 괄지지括地志에 이르기를 "불내성不耐城은 국내성이다. 성은 돌을 쌓아
만들었다"고 했다. 이곳은 곧 환도산과 국내성이 서로 접하였다(括地志云
不耐城卽國內城也 城累石爲之 此卽丸都山與國內城相接: 동천왕 20년 조. 246년).

* 봄 2월에 환도성을 수즙修葺하였다. 또 국내성을 쌓았다. 가을 8월에 환
도성으로 이거移居했다(春二月 修葺丸都城 又築國內城 秋八月 移居丸都城(고
국원왕 12년 조. 342년).

* 제군諸軍이 이긴 것을 타고 드디어 환도에 들어왔다. 왕은 단기로 달아나
단웅곡에 들어갔다. 장군 모여니가 추격해와 왕모 주씨周氏 및 왕비를 사
로잡아 돌아왔다(諸軍乘勝 遂入丸都 王單騎走入斷熊谷 將軍慕輿埿 追獲王母周
氏及王妃而歸: 고국원왕 12년 조. 342년).

* 가을 9월에 환도에서 가화嘉禾를 바쳤다(秋九月 丸都進嘉禾: 양원왕 4년 조.
  548년).

* 겨울 10월에 환도성의 간주리干朱理가 모반하다가 복주되었다(冬十月 丸
  都城干朱理叛 伏誅: 양원왕 13년 조. 557년).

환도가 특정 지역 이름을 가리킨다는 사실은 위의 인용에서도 살필
수 있다. 즉 '지진'과 '이도' 기록과 가화 진상이나 모반자의 출신지로서
'환도'나 '환도성'을 언급한데서도 알게 된다. 고구려는 그러한 환도에서
198년에 환도성을 축조하였다. 지역 이름인 환도를 취하여 환도성이라
고 한 것이다. 그로부터 11년 후인 209년에 산상왕이 환도성으로 이도
했다. 『삼국지』에서 "건안建安 연간(196~219)에 … 이이모伊夷模가 다시
신국新國을 만들었는데 오늘날 있는 것이 바로 그것이다"[42]고 한 '신국'이
환도성 천도를 가리킨다고 본다.[43] 형인 발기拔奇와의 싸움에서 승리한
이이모 즉 산상왕이 환인 지역을 떠나 집안 일대로 천도한 것이다.

그런데 환도성과 국내성을 산성과 평지성의 조합으로 간주하는 견
해가 많다.[44] 즉 "괄지지에 이르기를 … 이곳은 환도산과 국내성이 서

---

42 『三國志』권30, 東夷傳, 高句麗 條. "伊夷模更作新國 今日所在是也"
43 金哲埈, 「高句麗·新羅의 官階組織의 成立過程」, 『韓國古代社會研究』, 지식산업사,
   1975, 121~123쪽.
44 전제헌·손량구, 『고구려사연구(안학궁유적과 일본에 있는 고구려 관계 유적·유
   물)』, 종합대학출판사, 1985, 76쪽.

로 접하였다括地志云 … 此卽丸都山與國內城相接"에서의 '相接'을 그렇게 해석할 여지가 없지 않다. 이와 관련해 "산성자산성은 국내성의 군사방어성이었던 환도성으로 비정되는데"[45]라는 언급이 보인다. 그러나 일단 구역 경계의 지표인 통구하라는 하천이 환도성과 국내성을 구분하고 있다. 그 뿐 아니다. 산성인 환도성은 198년에 축조되었지만, 국내성은 342년에 축조되었다.[46] 양자 간의 시간 차이가 무려 144년이나 된다. 따라서 양자는 도성 기획에 의한 축조가 아닌 게 분명해졌다. 왕성인 환도성과는 달리 국내성에 왕이 거처했다는 기록도 없다. 환도성과 국내성은 3km 남짓밖에 떨어져 있지 않았다. 그렇지만 양자는 엄연히 구분된 별개의 성 단위였다.[47] 연개소문의 아들 남생男生이 권력투쟁 중 환도성이 아닌 국내성으로 달아난 바 있다.[48] 이 사실도 양자의 성격을

---

45 여호규, 「집안지역」, 『고구려유적의 어제와 오늘-도성과 성곽-1』, 동북아역사재단, 2009, 104~105쪽.

46 『三國史記』 권 18, 故國原王 12년 조. "十二年 春二月 修葺丸都城 又築國內城"
국내성에 대한 試掘 調査 때 石築 이전의 土築 성벽이 확인되었다. 이 토축 성벽은 고구려 건국 이전 高句麗縣의 治所로 추정하기도 한다(集安縣文物保管所, 「集安高句麗國內城址의調査與試掘」, 『文物』 1984-1, 54쪽). 그러나 현재의 국내성 성벽은 342년의 축성 기사와 연결될 가능성이 높다고 한다(양시은, 「고구려 도성 연구의 현황과 과제」, 『高句麗渤海研究』 50, 2014, 53쪽).

47 국내성에서 환도산성 간의 거리를 2.5km로 적어 놓고는 한다(耿鐵華, 『中國高句麗史』, 吉林人民出版社, 2002, 466쪽). 그러나 구글어스 측정 기준에 따르면 국내성 북문~환도산성 남문 차량 이동거리는 3.6km이고, 국내성 북문~환도산성 남문 직선거리는 3.1km이다. 바이두 지도 측정 기준에 따르면 국내성(고구려유지공원)~환도산성 차량 이동거리는 4.1km가 된다. 국내성(고구려유지공원)~환도산성 직선거리는 3.3km이다.

48 『三國史記』 권22, 寶藏王 25년 조.

한 개의 행정 단위로 묶게 하기는 어렵게 한다.

행정 지명인 환도를 취하여 환도성이라고 한 바 있다. 국내성의 '국
내'는 환도성이라는 왕도에 소재한 '서울 지역' 혹은 '서울 관내'였기에
당초 그러한 이름이 부여된 것 같다. 보통명사의 고유명사화인 것이
다. 통치 거점인 국내성 축조 이후 환도성에서 행정 구역상 분리된 것
같다.

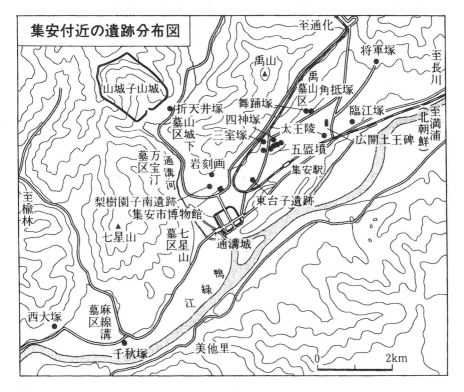

〈그림 2. 집안 부근의 유적 분포도〉[49]

49 東潮·田中俊明,『高句麗の歷史と遺跡』, 中央公論社, 1995, 91쪽.

2) 집안의 동대자東臺子 유적 재검증

(1) 머리말

중국 길림성 집안의 동대자東臺子 유적은 국내성 동편 500m 지점에 소재하고 있다. 이 곳의 고대高臺를 동대자東抬子로 일컬었다는 것이다.[50] 그런 관계로 이곳을 동대자東攆子로 표기하기도 한다.[51] 동대자 유적은 1914년에 그 존재가 소개된 이래 발굴을 거쳐 중요한 고구려 유적으로 지목받게 되었다. 동대자 유적의 성격에 대해서는 사직社稷이나 불사佛寺 등의 견해가 제기된 바 있다. 특히 건물지 중앙에 솟아 있는 60cm 가량의 석좌石座로 인해 사직을 비롯한 종교 관련 건물로 인식하는 경향이 많았다. 이것은 여느 건물에서는 발견하기 힘든 시설이기 때문이었다.

본고에서는 먼저 동대자 유적에 대한 발굴·조사 경과를 비롯해서 연구사를 검토하였다. 그런 후에 기존 견해의 한계를 살펴 보고자 했다. 이와 관련해 최근에 제기된 관련 논고는 의미가 적지 않은 관계로 집중적인 분석의 대상으로 삼았다. 그 결과 동대자 유적에 대한 기왕의

---

50 池內宏,『通溝 卷上』, 日滿文化協會, 1938, 45~46쪽.

51 한편 강현숙은 '東台子'로 표기하고 있다(강현숙,「中國 吉林省 集安 東台子遺蹟 再考」,『韓國考古學報』75, 2010). 고유명사에 正字와 略字를 竝記하는 일은 없다. 강현숙의 '台' 字 표기는 '臺'의 略字를 그냥 사용한 것으로 보인다. 만약 그렇지 않다면 '동태자'로 읽어야 한다. 그런데 강현숙은 '동대자'로 표기하고 있다. 그러니 강현숙은 '台'가 '臺'의 略字인 줄을 몰랐다는 인상을 준다.

문제점 지적도 좋지만 대안 제시가 미흡했다는 평가를 내릴 수 있었다. 아울러 기존의 종교 시설이라는 주장에 대한 문제점 지적도 적절하지 못했다는 느낌을 받았다. 따라서 본고의 동대자 유적의 성격에 대한 전반적인 검증을 통해 설령 새로운 대안은 제시하지 못한다고 하자. 그렇더라도 동대자 유적의 성격을 구명할 수 있는 가닥이라도 잡아 보고자 했다. 본고의 의의를 이 점에서 찾고자 한다.

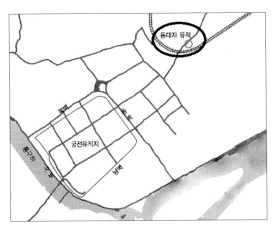

▲ 국내성과 동대자 유적의 위치

(2) 유적의 현황과 특징

동대자 유적은 발굴 결과 회랑으로 연결된 4개의 건물지가 나왔다. 즉 제Ⅰ실과 제Ⅱ실로 구성된 정옥正屋 2칸과 제Ⅲ실과 제Ⅳ실로 구성된 편방偏房 2칸으로 구성되어 있다.

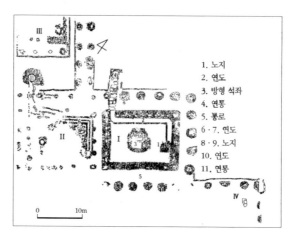

```
                              1. 노지
                              2. 연도
                              3. 방형 석좌
                              4. 연통
                              5. 통로
                              6 · 7. 연도
                              8 · 9. 노지
                              10. 연도
                              11. 연통

0        10m
```

▲ 동대자 유적 평면도

① 유구의 현황

가. 제Ⅰ실

중앙의 2칸 정옥 가운데 동쪽에 위치한 제Ⅰ실은 동서 15m · 남북 11m의 장방형이다. 그 주위는 1.5m~2m 폭으로 황토와 자갈로 견고하게 다졌으며, 주위에 회랑回廊을 둘렀다. 그 바깥에 적심석積心石이 있는데 2중 원형으로 성형한 방형 및 원형의 초석이 남아 있다.

제Ⅰ실의 중앙에는 길이 80cm · 폭 60cm의 장방형 석좌石座가 있다. 석좌의 윗 부분은 실내室內의 지면에서 60cm나 솟았다. 그 밑 부분은 지하로 40cm 묻혀 있다. 석좌의 윗면 중앙에는 동서 방향으로 4개의 장방형 홈이 파여 있었다. 이 홈의 길이는 9cm · 폭은 4cm · 깊이 8cm 이다. 석좌의 서측과 남측에도 네 개의 홈이 파여진 흔적이 남아있다.

이 석좌는 제Ⅰ실 전체 면적의 ⅓을 차지하였다. 동벽 남쪽으로 치우친 곳에 노지爐址가 있는데, 북면의 연도烟道와 서로 이어져 있다. 연도는 동벽과 북벽 밑 부분을 따라 북에서 서로 쭉 뻗어 나가다 서북 모서리에서 실외室外의 연통煙筒으로 통한다. 연도는 폭 70cm · 높이 25cm · 길이 22cm 이며, 바닥은 와편을 깔고 위는 2~3cm의 얇은 판석으로 덮었다. 연도의 내벽에 쌓인 그을음이 아주 적은 것으로 보아 사용 기간이 길지 않았음을 알 수 있다. 노지에서는 회토灰土 · 홍소토紅燒土 · 와편瓦片 등이 묻혀 있으며, 부근에서 토기편과 철제 냄비편[鐵鍋片] 등이 출토되었다.

나. 제Ⅱ실

제Ⅱ실은 남북으로 뻗은 좁은 통로를 사이에 두고 제Ⅰ실의 서쪽에 위치한다. 동서 폭 15m · 남북 진심進深(건물 앞쪽에서 뒤쪽까지의 길이)은 14m로 거의 방형을 이룬다. 서쪽과 남쪽 부분의 파괴가 심하여 평면을 파악하는데 어려움이 있다. 그러나 동벽은 비교적 명확하게 초석과 적심석열積心石列이 확인된다. 도면상에 나타는 초석 간의 중심 거리는 대략 2.5m 이다. 제Ⅰ실과 마찬가지로 동벽 남쪽으로 치우친 곳에 노지爐址가 있다. 연도가 두 줄로 벽을 따라 북에서 서로 뻗어서 온돌 시설을 이룬다. 온돌 표면은 30~50cm의 두터운 석판으로 덮여 있다. 온돌은 길이 11m, 폭은 2m이다. 온돌 내에는 아주 두터운 회토가 있다. 노지에서는 토기편과 철제 냄비편 등이 출토 되었다. 제Ⅱ실에는 총 2개의 노지가 있는데, 서북으로 치우친 곳에 위치하였다. 연도가

서에서 북으로 뻗어 제Ⅲ실의 남쪽 연통에 이른다.

다. 제Ⅲ실

제Ⅲ실은 제Ⅱ실의 서북쪽 모퉁이에 있고, 북쪽의 절반 이상이 파괴되어 전체적인 평면과 규모는 알 수 없다. 그렇지만 남쪽의 기단석열基壇石列과 그 양쪽 끝에서 꺾여 북쪽으로 연결된 기단석렬 일부가 남아 있다. 그 위에 일부 초석열礎石列과 적심이 남아 있어 평면 형태와 규모의 일부만 확인된다. 이에 따르면 중앙 건물터와 마찬가지로 좌향으로 건축되었다. 건물터 남쪽 기단석렬의 길이는 약 11m이다. 제Ⅲ실의 동쪽에 중앙 건물터 북쪽과 연결된 2.5m의 간격으로 초석 및 적심열과 함께 기단석렬이 남아 있어 회랑으로 추정된다. 이 회랑의 서쪽 기단은 제Ⅲ실 동쪽 기단석렬과 약 1m 떨어져 있다.

라. 제Ⅳ실

제Ⅳ실은 제Ⅰ실의 동북쪽 모퉁이에 있으며, 동·남·서벽이 심하게 파괴되었다. 따라서 전체적인 평면과 규모는 알 수 없다. 일부 남아 있는 적심석과 초석 및 북쪽 기단석렬을 통해 평면의 일부만을 확인할 수 있을 뿐이다. 북쪽의 기단은 서쪽에서 북쪽으로 꺾여 중앙 건물터의 동쪽 기단과 연결된다. 따라서 이 건물터의 기단은 중앙 건물터와 연결되었던 것으로 보인다.

② 출토 유물

출토된 유물은 초석·기와 및 전塼 등의 건축자재와 토기土器 및 철기鐵器가 있다.

가. 초석礎石

초석은 크게 3종류로 나누어진다. 첫째는 한 건물에 기초가 줄처럼 연속되어서 건물을 지탱하는 줄기초 위에 놓인 약간의 가공만 한 것이 있다. 둘째는 하나의 기초석이 한 개의 기둥을 받쳐서 지탱하는 독립기초 위에 놓인 주초柱礎이다. 셋째는 상면에 기둥을 받치는 부분을 약간 높게 만든 주좌柱座를 새긴 형태가 존재한다. 줄기초 위에 놓인 초석은 주로 방형·장방형 혹은 불규칙한 형태의 것으로 그 윗면을 평평하게

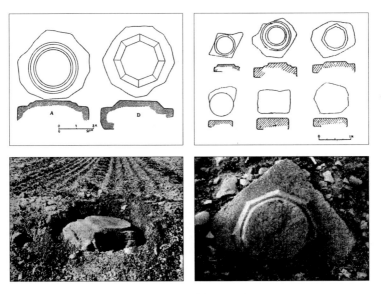

▲ 동대자 유적 출토 초석

가공하여 높이를 맞추었다. 독립기초 위에 놓인 초석들은 대부분 불규칙한 형태의 주춧돌 위에 주좌를 깎아 만들었다. 주좌는 대부분 원형이며 제Ⅱ실 내부의 초석 하나만은 2단의 주좌를 새겼다.

나. 기와

기와는 암키와와 수키와 및 수막새[瓦當] 등이 출토되었다. 암키와는 길이 45cm, 너비 30cm, 두께 2~3cm 정도이다. 오목한 면에는 포문布文이, 볼록한 면에는 방격문方格文과 석문席文이 있고 붉은 색을 띤다. 수키와는 길이 45cm, 두께 1~2cm, 직경은 머리 부분이 8cm, 뒷부분이 5cm 정도이다. 그렇지만 제시된 직경이 너무 작을 뿐 아니라 동일한 시기의 것들과도 많은 차이가 있어 그대로 믿기는 어렵다. 이 수키와들은 붉은 색을 띠며 오목한 면에는 포문이 있다. 그리고 볼록한 면에는 무늬는 없지만 '延' 자를 음각한 것도 보인다. 수막새는 직경 16cm, 두께 2cm이다. 문양은 연화문·인동문·수면문獸面文 3종류였다. 이 중 연화문이 가장 많았고, 인동문과 수면문 순으로 출토되었다.

 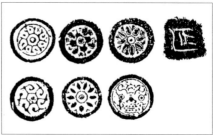

▲ 동대자 출토 수막새

다. 벽돌博

벽돌도 출토되었으나 대부분 부서졌고 수량도 적다. 벽돌은 붉은 색을 띠고 있으며 구울 때의 화력은 약했고 굽는 시간도 길지 않았다. 기와와는 달리 벽돌 제작 기술은 매우 떨어졌다. 벽돌의 너비 20cm이고 두께 8cm이지만, 길이는 확인이 어렵다.

라. 토기土器

토기에는 옹甕·관罐·분盆 등이 있다. 이들 토기는 홍도紅陶·홍갈도紅褐陶·회갈도灰褐陶·흑갈도黑褐陶 4종류로 나뉜다. 토기 겉면은 매끄러운데 출토될 때 깨진 것이 많았다.

마. 철기鐵器 및 장식품

철기로는 도끼·가래·송곳鑽·냄비鐵鍋·화살촉鐵鏃, 장식품으로는 금제 비녀鎏金發簪와 유금장식물鎏金裝飾物 등이 출토되었다.[52]

(3) 동대자 유적에 대한 해석

① 발굴 조사 경과와 연구사

중국 길림성 집안의 동대자 유적은 고구려의 왕성인 국내성 동쪽 약

---

52 이상의 동대자 유적과 유물에 대한 개괄적인 서술을 비롯하여 사진과 도면은 이도학·박진호·송영대,『太王의 나라 고구려 유적』, 서경문화사, 2011, 104~110쪽에 근거하였다.

500m 떨어진 만도리彎道里 속칭 '동대자東臺子'라는 황토 지대에 소재한다. 이 유적의 명칭 또한 이 지명에서 연유한 것이다. 동대자 유적은 동서 500m · 남북 150m의 대지 위에 자리 잡았다. 높게 튀어나온 지표의 높이는 8~10m이다. 대지의 남쪽으로는 탁 트인 충적 평원이 펼쳐져 있다. 대지의 북면과 서면은 통화에서 집안 간의 철도가 에워싸며 지나간다. 동대자 유적은 일제가 만주철도滿洲鐵道를 놓을 때 대부분 파괴되었지만 고구려의 중요한 건축 유적지임은 분명하다.

동대자 유적은 1914년에 세키노타다시關野貞에 의해 소개되었다. 그는 산재한 와편을 고구려 말기에 속한 것으로 보았다. 현장에 남아 있는 10개의 초석은 고구려의 건물지 아마도 절터로 추정했다.[53] 그러나 간단한 지표조사 정도에 그쳐 고구려 유적의 존재 정도만을 알 수 있었을 뿐이었다. 이 후 이케우치히로시池內宏를 비롯한 일본 학자들이 1935년에 다시 조사를 시작했지만 이미 도로를 개설하고 토사를 채취하면서 유적이 많이 파괴된 상태였다. 원 위치를 지키고 있는 초석도 드물었다. 다만 고구려 특징을 지닌 약간의 유물들을 수습하였을 뿐이다. 이 조사 또한 세키노타다시의 조사와 별반 다르지 않은 수준이었다. 그러나 이곳에서 치미편鴟尾片이 출토되었기에[54] 비중 있는 건물터로 짐작할 수 있었다. 동대자 유적과 관련해 고유섭은 1938년 6월 2일

53 關野貞, 「滿洲輯安縣及び平壤附近に於ける高句麗時代の遺蹟(一)(二)」, 『考古學雜誌』, 第五卷 第三號 · 第四號, 1914 ; 『[新版] 朝鮮の建築と藝術』, 岩波書店, 2005, 296쪽.
54 池內宏, 『通溝 卷上』, 日滿文化協會, 1938, 45~46쪽. 도판 52.

에 답사한 후 다음과 같은 소회를 남겼다.

　(국내)성의 동북각東北角에는 동포와 유랑부락流浪部落이 가이없는 생활
들을 하고 있고, 그 동북으로 올라가면 고구려의 독특한 적토와편赤土瓦片
이 무수히 흩어져 있다. 동교東郊 동대자東垈子의 건물지에는 이 와편과 함
께 다소의 고구려 특색의 초석이 있는데, 이곳은 매몰된 탓인지 초석은 그
리 눈에 뜨이지 아니한다.[55]

　발굴하고 덮인 동대자 유적의 황량한 모습을 보여주는 목격담이다.
이후 1958년 4월부터 7월까지 3회에 걸쳐 지린성박물관吉林省博物館에
서 동대자 유적에 대한 대대적인 발굴조사를 실시했다. 그 결과 둘레에
회랑을 돌린 건축 4채가 확인되었다. 이곳에서 출토된 유물과 더불어
층위 조사를 통해 동일한 문화층이 퇴적된 고구려 건물지가 드러났다.
이 유구를 제왕의 궁실과 사직社稷에 제사지내는 곳으로 추정하였다.[56]
　후속된 발굴 성과를 토대로 중국의 은대殷代 유적과 더불어 많은 문
헌 사례에 비추어 구체적인 해석들이 제기되었다. 즉 제 I 실은 지모地
母를 모신 사社터이며, 제 I 실 중앙의 석좌石座를 사주社主로 추정하였
다. 길이 80cm · 폭 60cm의 장방형 석좌의 윗 부분은 60cm 솟아 있고,

---

55 高裕燮, 「高句麗 古都 國內城 遊觀記」, 『朝光』 1938-9; 又玄 高裕燮全集 發刊委員會,
　『又玄 高裕燮全集 9』, 悅話堂, 2013, 223쪽.
56 吉林省博物館, 「吉林輯安高句麗建築遺址的淸理」, 『考古』 1(總第53期), 1961, 55쪽.

지하로 40cm 묻혀 있다. 석좌의 지표 주위에는 냇돌이 깔려 있어 하나의 방주형方柱形 석좌를 이루었다. 특히 석좌가 중앙에 배치된 구조는 일상적인 정무 처리 공간으로는 맞지 않기 때문에 제祭를 올리거나 예배를 올리는 공간으로 적합하였다. 나아가 "사서에 고구려에는 '국사國社'가 있다고 기록되어 있다. 국내성 부근에 있는 동대자 건축 유구는 거대한 건축 규모와 구조 및 배치 상태는 모두 환도산성의 고구려 건축 유구에 가위 비길 만하였다. 이로 볼 때 이곳의 사社터는 결코 일반적인 지방의 사社가 아니라 곧 바로 당년의 '국사國社'임을 알 수 있다"고 단정했다.

이러한 건축 유구는 사서에 적힌 고구려의 제사 건물과 부합된다고 하였다. 나아가 동대자 유적은 고국양왕대인 392년에 국사를 세우게 한 사실과 연결 지었다. 동시에 동대자 유적에서 출토된 막새 기와에는 연화문과 인동문·수면문 등이 보이는데, 조위曹魏 이래의 전통과 연결된다고 보았다. 고구려가 427년에 평양성으로 천도한 후에는 동대자 유적과 같은 웅장하고 거대한 건물을 조성할 가능성은 희박하다고 판단했다. 그렇기 때문에 발굴 보고서에서 동대자 유적의 조성 시기를 고구려 중기로 판단한 것은 비교적 정확하다고 보았다.[57]

이러한 견해는 리전푸李殿福와 쑨위량孫玉良으로부터 지지를 받았

---

57 方起東, 「集安東台子高句麗建築遺址的性質和年代」, 『東北考古與歷史』 1, 1982 ; 『中國境內 高句麗遺蹟研究』, 예하, 1995, 439~447쪽.

다.[58] 그리고 아즈마우시오東潮와 다나카도시아키田中俊明도 충분히 가능한 견해라며 지지하였다.[59] 문제는 동대자 유적은 국내성과 너무 가깝다. 그렇기 때문에 국내성과 구분되는 별도의 궁실로 간주하기는 어렵다. 반면 그 거대한 규모를 놓고 볼 때 종묘宗廟 가능성을 부인하지 않았다.[60] 이와 더불어 "사직社稷의 경우 위지魏志와 고구려본기에 이른 시기부터 나타나는데 그것이 대지모신大地母神을 기리는 성격의 것임은 정설로 되어 있다. 집안에 있는 동대자 유적이 그에 해당된다고 믿어진다(註 18: 徐永大, 「集安 高句麗 東擡子 建築 遺蹟의 性質과 年代」『인하대 논문집』16집, 1990)"[61]는 견해도 제기되었다. 그러면서 "(동대자 유적의 石座: 필자)에 지모신을 모셨다고 생각하는 학자도 있으나(註 19: 손진기,『東北民族史研究』1996) 신상이 안치된 것이 아니므로 부여 신묘神廟에 봉안되어 있던 유화성모상柳花聖母像과는 일단 무관한 것으로 판단된다"[62]고 하였다. 이 견해는 전후 내용이 서로 충돌하고 있다. 그 밖에 임기환은 "이 유적은 출토된 유물이나 건축물의 규모로 보아 왕실의 사직과 종묘 내지는 이와 연관된 제사유적지로 보는 것이 타당할 것이다"[63]며 팡치둥方起東의 견해에 적극 동조하였다.

---

58 李殿福·孫玉良 著·강인구·김영수 譯,『高句麗簡史』, 삼성출판사, 1990, 218~219쪽; 李殿福 著·차용걸 譯,『中國內의 高句麗遺蹟』, 학연문화사, 1994, 90~91쪽.

59 東潮·田中俊明,『高句麗의 歷史と 遺跡』, 中央公論社, 1995, 101쪽.

60 申瀅植,『集安 高句麗遺蹟의 調査研究』, 國史編纂委員會, 1996, 166쪽.

61 강경구,『고구려의 건국과 시조 숭배』, 학연문화사, 2001, 385쪽.

62 강경구,『고구려의 건국과 시조 숭배』, 학연문화사, 2001, 386쪽.

63 임기환,「고구려 都城制의 변천」『한국의 도성』, 서울학연구소, 2003, 7쪽.

② 국사설國社說 부정론에 대한 검증

국사설에 대한 부정론은 북한에서 처음 제기되었다. 동대자 유적을 '살림집'으로 간주하거나[64] '고구려 말기의 집터'로 간주하기도 했다. 즉 "집안 동대자 집터는 평면 규모와 그의 구성상 특징으로 보아 '묘사' 건축으로 보는 견해도 있다. 그러나 그의 온돌방 시설은 평양 정릉사의 살림집과 많은 공통성을 가지고 있다"[65]고 했다. 이와 더불어 문명대도 동대자 유적이 국사가 아니라는 새로운 설을 제기하였다. 그 요점은 제 I실 중앙에 위치한 석좌는 국사의 석신주石神柱가 아니라 불상 대좌나 목탑 찰주심초석석달刹柱心礎石幢일 가능성을 제기했다. 동대자 유적을 375년에 창건된 고구려 성문사省門寺로 간주한 것이다.[66] 김도경 등은 동대자 유적에 대해 구들을 사용한 주거용 건물로 규정했다. 2채의 건물 가운데, 서실西室은 가사 노동 겸한 침실로, 동실東室은 대청의 기능을 겸한 침실로 간주하였다.[67] 강현숙은 동대자 유적이 아에 국내성 시기에 조성되지 않았다는 파격적인 주장을 제기했다. 그녀는 주된 논거를 동대자 유적이 국내성 밖에 위치했다는 데서 찾았다. 중국의 경우를 살펴보면 종묘사직은 도성 내에 소재한 것과 다르다는 점을 지목했다.

---

64 사회과학원 고고학연구소, 『조선고고학개요』, 과학백과사전출판사, 1977, 214쪽.

65 리화선, 『조선건축사(1)』, 과학백과사전종합출판사, 1989, 66쪽.

66 文明大, 「高句麗 初創佛教寺院 "省門寺·伊佛蘭寺"의 考察」, 『講座 美術史·高句麗渤海研究』 10, 高句麗渤海學術研究委員會, 1998, 39~48쪽.

67 김도경·주남철, 「집안 동대자유적의 건축적 특성에 관한 연구」, 『대한건축학회논문집』 19, 2003, 20~21쪽.

그녀의 견해를 소개하면 다음과 같다.

국내성 시기로 보기 더욱 주저되는 것은 동대자유적이 국내성 밖에 위치한다는 점이다. 예제禮制와 도성제가 확립된 중국에 비추어 보면 종묘사직은 도성 내에 위치하는 것이 상례이다. 조위의 관구검이 환도성까지 침입하여 환도성을 도읍으로 사용할 수 없게 되자, 동천왕은 21년(247)에 평양성을 축조하고 종묘사직을 평양성으로 옮기게 하였다. 이 기록은 환도성 내에 종묘사직이 있었음을 보여준다. 이에 비추어 보면 당시 국사는 도성 내에 있었을 것이며, 고국양왕 9년(392)에 수리한 종묘나 새로 세운 국사國社는 국내성 내부에서 찾아야 할 것이다. 국내성 밖에 있는 동대자유적을 국내성 시기의 국사로 판단하려면, 동대자유적이 동천왕대에 축조한 평양성이라는 전제가 증명되거나, 국내성 외곽으로 확장이 확인되어야한다. 그러나 동대자 일대가 평양성이라는 근거가 없음은 물론, 국내성의 외곽으로 확장도 고고학적으로 확인되지 않았다. 때문에 동대자유적의 국내성 시기 입장이 설득력을 얻기 위해서는 보다 많은 고고학적 증거가 필요하다.[68]

그러면 위의 주장을 검증해 보자. 동대자 유적의 국사 여부를 살피려면 고구려의 제의 체계 전반에 대한 이해가 선행되어야 한다. 이와 관련된 기사는 다음과 같다.

---

68 강현숙, 「中國 吉林省 集安 東台子遺蹟 再考」, 『韓國考古學報』 75, 2010, 182~183쪽.

* 거주하는 곳의 좌우에 대옥大屋을 세우고 귀신을 제사한다.

* 또 영성靈星과 사직도 제사한다.

* 연노부涓奴部가 본래 국주國主였지만 지금은 비록 왕이 되지는 않지만 적
통대인適統大人이 고추가 칭호를 얻어 역시 종묘를 세우고 영성과 사직
을 제사한다.

* 10월이면 하늘에 제사하는데 국중대회로서 동맹이라고 이름한다. … 그
국도 동쪽에는 대혈大穴이 있는데, 수혈隧穴이라고 이름한다. 10월 국중
대회에 수신隧神을 맞아 국동상國東上으로 돌아와서 이것을 제사하는데,
목수木隧를 신좌神坐에 둔다.[69]

3세기 후반에 저술된『삼국지』에서 고구려에서는 이미 종묘와 사직
이 존재함을 언급했다. 종묘와 사직은 구구절절한 증거를 제시할 필요
도 없이 도성 안에 소재한 것은 사실이다. 문제는 국내성은 나성 구조
의 도성이 아니라 왕성에 불과하였다. 총 둘레가 2,686m에 불과한 국

---

69 『三國志』권30, 東夷傳, 高句麗 條. "其俗節食 好治宮室 於所居之左右立大屋 祭鬼神
又祀靈星社稷 … 涓奴部本國主 今雖不爲王 適統大人 得稱古雛加 亦得立宗廟 祠靈星
社稷 … 以十月祭天 國中大會 名曰東盟 其公會 衣服皆錦繡金銀以自飾 大加主簿頭著
幘 如幘而無餘 其小加著折風 形如弁 其國東有大穴 名隧穴 十月國中大會 迎隧神還于
國東上祭之 置木隧于神坐"

내성은 민가를 포용한 도성이 되기에는 역부족이다. 서울 몽촌토성의 경우도 규모는 이와 비슷하다. 몽촌토성은 왕성의 한 곳으로 분류될 뿐 도성으로 간주하기는 어렵기 때문이다. 신라의 국도인 경주에 소재한 반월성의 경우도 왕성일 뿐 도성은 아니다. 국내성도 이와 동일한 성격이 되겠다. 물론 국내성과 그 주변 일대가 광의의 국내성 개념으로는 사용되었을 수 있다. 고려 왕실 태묘太廟의 경우도 도성 구간인 나성 바깥에 소재하였다.[70] 이러한 맥락에서 본다면 협의의 국내성내 국사의 소재 여부는 의미가 없다. 조선의 종묘도 왕궁인 경복궁 바깥 동편에 소재하였다. 그런데 분명한 것은 사직단은 한양 도성에서도 그러할 뿐 아니라, 모든 현치縣治의 서편에 소재했다. 반면 동대자 유적은 국내성의 동편에 소재했으므로 사직과는 결부 짓기 어렵다. 그러면 391년에 해당하는 고국양왕 9년 조의 관련 기사를 살펴 보자.

… 유사有司에게 명하여 국사國社를 세우고 종묘宗廟를 수리하였다.[71]

그런데 위의 인용에 보이는 국사의 성격은 분명하지 않다. 247년에

---

70 『高麗圖經』권17, 祠宇 條에서는 "其祖廟 在國東門之外"라고 하였다. 즉 祖廟인 太廟(宗廟)가 外城에 소재한 炭峴門 밖에 있다고 했다. 개경 나성 바깥에 太廟가 소재한 것이다. 『고려사』만 보더라도 "봄 정월 경진 나무꾼들이 太廟의 소나무를 베어버려서 거의 민둥산이 되었다. 이에 군사들에게 명령하여 금지하게 했으나 막지 못하였다(고종 4년 정월)", "3월 병술 東面都監判官 李唐必을 파견하여 太廟의 神主를 太常府로 옮겼다(고종 4년 3월)"라는 기사를 통해서도 엿볼 수 있다.
71 『三國史記』권18, 故國壤王 9년 조. "三月 下教 崇信佛法求福 命有司 立國社 修宗廟"

동천왕이 관구검의 침공을 받아 환도성이 더 이상 왕성으로 기능하기 어렵자, 평양성을 쌓고 민民과 묘사廟社를 옮겼다고 했다.[72] 묘사는 종묘宗廟와 사직社稷의 약칭으로 보인다. 문제는 247년에 평양성으로 옮겨 간 묘사와 고국양왕 9년 조의 국사가 동일한 지 여부이다. 그런데 위의 인용에서 종묘는 수리한 데 반해 국사는 세웠다고 했다. 국사는 사직이나 종묘와는 성격이 다른 제의처임을 알 수 있다. 실제 국사는 "제후가 백성을 위하여 사社를 세운 것을 국사라고 한다"[73]고 했다. 『사기史記』 삼왕세가三王世家에 따르면 제후의 국사國社는 공궁公宮의 오른편에 소재한다는 것이다. 이러한 성격의 토土를 받는 자거나 제후왕에 처음 봉해지는 자는 반드시 천자天子의 사社에서 토土를 받아서 이것을 세워 국사로 삼아 세시歲時에 이곳에 제사지낸다고 한다.[74] 이러한 성격의 국사와 391년에 건립된 고구려의 국사가 어떻게 연결되는 지는 앞으로의 탐구 과제이다. 다만 고구려에서 사직이 391년 이전에 존재한 것은 너무나 분명하다. 동시에 강현숙이 전제를 건 동천왕대의 묘사와 고국양왕대의 국사는 아무런 연관이 없다는 것이다.

그런데 391년의 시점과 국내성이라는 한정된 공간에서는 국사를 조성할 만한 공간이 더 이상 남아 있기는 어려웠을 법하다. 국사가 설치된다면 신성하고 상징성이 큰 지역이 대상이 되어야 하기 때문이다. 그

---

72 『三國史記』권17, 東川王 21년 조. "二十一年, 春二月 王以丸都城經亂 不可復都 築平壤城 移民及廟社 平壤者本仙人王儉之宅也 或云 王之都王險"

73 『禮記』권23篇, 祭法.

74 中文大辭典編纂委員會, 『中文大辭典 2』, 中華文化大學出版部, 1985, 1072쪽.

렇다면 결국 국내성 바깥에서 입사지立社地를 물색할 수밖에 없었을 법하다. 일단 국내성을 기준한다면 입사立社에 적합한 지역은 방위상 어느 쪽일까? 10월 국중대회 때의 제의처인 '國東有大穴'은 국성의 동편에 소재했음을 가리킨다. 국중대회 이름인 동명東盟의 '동'도 동편이다. 그리고 『한원翰苑』 고려 조에서 "그 나라는 일을 할 때 동쪽을 으뜸으로 삼았다其國從事 以東爲首"고 했듯이 고구려에서는 동쪽을 수위로 삼았다.[75] 이러한 맥락에서 본다면 391년에 세워진 국사는 국내성의 동편에 소재했을 가능성이 크다. 그러한 위치와 동대자 유적이 부합된다는 것이다. 따라서 "국사는 국내성 내부에서 찾아야한다"거나 "동대자 유적이 동천왕대에 축조한 평양성이라는 전제가 증명되어야 한다"는 식의 복잡한 주장은 의미가 없다.

그러면 이제는 동대자 유적의 초축 시기를 살펴 보아야 한다. 이 경우는 유적에서 출토된 와당 등을 근거로 추정할 수밖에 없다는 한계가 따른다. 이와 관련해 그 초축 시기에 대한 시도가 다음과 같이 제기된 바 있다.

초축 시기를 판단할 근거는 구체적이지 못하지만, 고구려 귀면문와당이 중국의 영향을 받았다고 할 때 고구려 귀면문와당과 가장 유사한 북위 낙양 도성(493~534)의 태극전太極殿이나 영녕사永寧寺에서(錢國祥 1996: 賀云翶

---

75 임기환도 동일한 지적을 한 바 있다(임기환, 「고구려 都城制의 변천」, 『한국의 도성』, 서울학연구소, 2003, 13쪽).

2005a) 출토한 점을 감안하면 동대자유적의 초축 시기를 5세기 말 이전으로 올려보기 어렵다.[76]

위의 주장에 따르면 고구려 귀면 와당의 기원을 중국에서 찾는 것은 무리는 아니다. 그런데 이것을 북위 궁전의 와당에서 찾는 것은 방법론상 적합해 보이지 않는다. 한대漢代 이래의 귀면와당의 전통을 발전시키는 과정에서 6세기대에 절정에 이르렀을 수 있다. 설령 그렇지 않았다고 하자. 그렇더라도 동대자 유적에서 귀면 와당만 출토된 것도 아니었다. 그럼에도 연화문 와당의 존재를 간과한 이유를 알 수 없다. 더구나 이러한 와당 편년관은 "(동대자 유적에서는) 초석 · 기와 · 와당 등의 건축자재와 토기 · 철기 · 도금한 장식품 등이 많이 출토되었다. 이 가운데 5~6세기로 편년되는 연화문와당은 평양천도 이후에도 사용했음을 보여준다"[77]는 서술과 충돌한다. 즉 동대자 유적에서는 국내성 도읍기의 와당이 주류라는 말이 된다. 또 강현숙의 편년관은 "동대자 유적의 조성을 4세기 전반경으로 보아도 문제는 없다"[78]는 주장과도 충돌한다. 그러므로 강현숙은 학설사적인 검토와 더불어 기존 편년에 대한 면밀한 검증이 선행되어야 할 것 같다.

강현숙은 팡치둥의 동대자 유적=국사설을 반박하는 근거로서, 석사

---

76 강현숙, 「中國 吉林省 集安 東台子遺蹟 再考」, 『韓國考古學報』 75, 2010, 194쪽.
77 동북아역사재단, 『고구려 유적의 어제와 오늘』, 동북아역사재단, 2009, 132쪽.
78 임기환, 「고구려 都城制의 변천」, 『한국의 도성』, 서울학연구소, 2003, 13쪽.

주石社柱의 실례로 들었다는 537년(太平 4년 銘)과 705~706년(新龍年間)의 것은 "국내성 시기보다 시간적으로 늦으므로 적절한 인용이 아니라는 문제가 있다"[79]고 했다. 그런데 팡치둥의 논문에서는 "상주商周 이래로 사주社主는 나무로 된 것도 있고 돌로 된 것이 있음에도 불구하고 연대가 좀 늦은 것이나 지리적 위치가 동쪽으로 치우친 사社는 신주神主를 돌로 하는 것이 상당히 보편적이었다는 인상을 받게 된다"[80]고 했다. 팡치둥은 입석立石으로 된 석사주石社柱의 기원을 상주대부터 찾았고, 『회남자淮南子』나 『주례周禮』의 정현鄭玄 주註를 비롯한 방대한 문헌 근거를 제시하였다. 그럼에도 강현숙은 팡치둥이 제시한 자료 가운데 후대의 것만 놓고서 반박했다. 이는 어불성설이다.

강현숙은 제 I 실 중앙에 소재한 60cm 정도 솟아 있는 석좌를 사주社主라는 견해를 반박하면서 다음과 같은 대안을 제시하였다. 즉 "I 실이 줄기초 건물이며, 동대자유적에서 출토되거나 채집된 벽돌의 양이 많지 않아서 기와지붕의 하중을 받쳐줄 시설이 필요하다는 점을 감안한다면, I 실 중앙의 돌은 초석일 가능성도 배제할 수 없다"[81]는 것이다. 그녀는 제 I 실 중앙의 석좌의 정체가 '초석'일 가능성을 제기하였다. 그렇다면 이것이 동대자 유적에서 출토된 8각의 주좌를 새긴 정교한 주

---

79 강현숙, 「中國 吉林省 集安 東台子遺蹟 再考」, 『韓國考古學報』 75, 2010, 175쪽.

80 方起東, 「集安東台子高句麗建築遺址的性質和年代」, 『東北考古與歷史』 1, 文物出版社, 1982; 徐永大 譯, 「集安 東擡子 高句麗 建築遺址跡의 性質과 年代」, 『人文科學研究所論文集』 16, 仁荷大學校, 1990, 246쪽.

81 강현숙, 「中國 吉林省 集安 東台子遺蹟 再考」, 『韓國考古學報』 75, 2010, 176쪽.

초를 비롯하여, 기본적으로 여타 초석과 형태와 크기가 왜 다른 지에 대한 해명이 필요했었다. 더욱이 동대자 석좌의 초석 가능성을 부정하는 견해가 이미 제기된 바 있었다. 그럼에도 강현숙이 일언반구 언급이 없었다는 게 의아하다. 이와 관련해 관련 구절을 다음과 같이 인용해 본다.

앞에서 본 것처럼 동대자유적의 동쪽방 중심부에는 0.8×0.6×1m 크기의 장방형 대돌이 있다. 중심부의 돌 자체가 클뿐 아니라 그 주위에 깔아 놓은 강자갈돌들도 방바닥보다 높아 하나의 단을 이루고 있다. 그 단의 면적은 전체 방면적의 적지 않은 부분을 차지하며 분명 인위적으로 돋보이게 만든 시설물임이 틀림없다. 방 가운데에 있는 돌이 기둥을 받치기 위한 주추돌이라면 기둥을 받칠 수 있는 형태로 잘 다듬어졌겠는데 오히려 거칠고 아무런 장식도 없다. 그리고 그 웃면이 기둥을 받치는데 적합하도록 반듯하게 되어 있지 않다. 그러므로 이 돌을 기둥을 세우기 위한 주추돌로 볼 수 없으며 방의 중심에 자리잡고 있으므로 방안에서 진행되는 일상 생활용품들이 나온 것은 얼마 없는 것으로 보아 살림방으로 보기 어렵다. 방의 한 가운데에 큰 돌이 놓여있는 이 방은 그것을 둘러싸고 어떤 제사를 하던 장소(사당)였을 것이며 그 돌은 제사를 지내는데서 중심적 역할을 한 것으로 짐작된다. 동대자유적은 산성자산성 안에 있는 궁전건물터(행궁터)와 대비할 수 있는 규모가 큰 건축물이다. 동대자유적의 위치와 규모로부터 이 건물은 어떤 귀족이나 지방의 사당으로 볼 수 없으며 마땅히 국가의 사당 즉『삼국사기』에 나오는 '국사國社'로 보아야 할 것이다. 더우기 이 유적이 당시의 왕궁성인 국내성부근에 있는 것 자체가 국사로 볼 수 있는 중요한 근거로 된다. 동대자유적의 기본건물터 동쪽방이 국사라면 서쪽방을 살림방으로 보기 어렵다. 국사 바로 곁에 같은 규모의 살림방으로 대칭되게 지을 수는 없기 때문이다. … 즉 동대자유적은 여러 문헌기록들에 씌여져 있는 국내성(왕궁성)의 왼쪽에 세운 사직건물이라고 볼 수 있다.[82]

석좌石座의 초석 가능성을 일축하는 위의 인용문에 대한 강현숙 자신의 응답이 있어야 할 것 같다. 아울러 위에서 인용한 견해는 동대자 유적을 살림집으로 간주했던 그간 북한 학계의 견해까지 무색하게 만들었다. 어쨌든 동대자 유적의 성격 구명은 성급한 대안 제시가 능사만이 아님을 일깨워줬다. 이 보다는 학설사적인 차분한 정리와 더불어 유사한 사례를 찾아 검토하는 일이 선행되었어야 할 것 같다. 일례로 하남시 이성산성의 장방형 건물지 초석 위에 40×35×70cm의 큰 돌로 조성된 경우이다. 그 주위에는 40~40cm의 돌들을 깔았는데, 그 밑에서 토제마편土製馬片이 출토되었다. 이러한 건물지 가운데 소재한 높이 70cm 정도의 돌을 신앙석으로 간주하고 있다. 신앙석은 이성산성 건물지 안에서 모두 4개가 확인되었다.[83] 그럼에도 강현숙이 동대자 유적과 곧잘 비교하고 있는 이성산성 신앙석과 결부지어 언급하지 않은 게 의아하다. 동대자 유적의 석좌가 신앙석인지 여부를 짐작할 수 있는 유

---

82 사회과학원 고고학연구소, 『조선고고학전서 28(중세편5)』, 진인진, 2009, 107~108쪽.
83 김병모 · 심광주, 『二聖山城發掘 調査中間報告書』, 한양대학교 박물관, 1987, 116쪽.

력한 정황적인 물증이었다. 그런 만큼 어떤 형태로든 한번 쯤 언급했어야 할 대상이었다.

그리고 국사國社와 관련해 평양 안학궁의 배후에 소재한 국사봉 남쪽 대성산성에서 출토된 불상이 봉안된 석함石函 바닥에 '口土'라는 명문이 새겨져 있었다. 여기서 '口土'의 '口'은 '國'과 통용되므로 국사國社로 지목하고 있다.[84] 물론 이러한 판독은 여러 정황상 수긍이 어렵다. 그렇더라도 동대자 유적의 국사설을 부정한 강현숙은 정작 국사의 성격 뿐 아니라 관련 유적과 유물에 대한 비교·고찰이 없었다는 한계를 노정했다. 그녀는 동대자 유적의 국사설만 비판했을 뿐이다. 그리고 고구려 최초의 사찰인 이불란사라는 국사설國寺說은 언급도 하지 않았다.

그러면 동대자 유적의 정체는 무엇일까? 이와 관련해 강현숙이 이에 대해 정리해 놓은 다음과 같은 결과물이 도움이 될 것 같다.

본 글에서는 1958년두에 조사된 발굴 조사에 대한 검토와 동대자 유적에서 수습된 것으로 알려진 와당을 취합하여 동대자유적의 성격과 그 시간적 범위에 대하여 검토하였다. 그 결과, 조사 보고된 동대자 유적에서는 Ⅰ실과 Ⅱ실을 포함하여 3차례 이상의 중복이 확인되었고, 와당의 상대서열을 통하여 빨라야 5세기 말 이전으로 거슬러 올라갈 수 없으며, 일부는

---

84 김일성종합대학 고고학 및 민속학 강좌, 『대성산의 고구려 유적』, 김일성종합대학출판사, 1973, 72~75쪽.

발해까지 지속적으로 사용되었음을 확인할 수 있었다.

동대자유적의 성격에 대해서는 국내성 시기의 국사는 아니지만, 환도산성 궁전지와 함께 와당의 출토 빈도가 높은 유적임을 감안해 볼 때 중요한 위상을 지닌 건물지였음은 틀림없다. 중국 북위 낙양성洛陽城 내의 태극전이나 영녕사 등 궁전지나 사찰 등에서 귀면문와당이 출토된 점을 감안해 볼 때 그와 비슷한 성격을 가졌을 것으로 상정되지만, 고고학적 근거가 확보되지 않았으므로, 유적의 구체적인 성격을 파악하기 위해서는 추후의 자료를 기대할 수밖에 없다.[85]

강현숙은 자신의 논문 맺음말에서 중요한 지적을 하였다. 즉 동대자 유적은 "환도산성 궁전지와 함께 와당의 출토 빈도가 높은 유적"이라고 했다. 그렇다면 동대자 유적은 비중이 상당히 큰 유적임이 분명해진다. 이는 8각의 주좌를 새긴 정교한 주초의 존재를 통해서도 짐작할 수 있는 사안인 것이다. 그리고 더욱 중요한 사실은 동대자 유적의 건물지 가운데 "(와당을 통해) 일부는 발해까지 지속적으로 사용되었음을 확인할 수 있었다"는 것이다. 그러면 고구려에 이어 발해 때도 지속적으로 사용할 수 있는 건물은 어떤 종류일까? 동대자 유적이 일반 건물이 아니라고 하다면 그 특수한 용도는 무엇일까?

일단 고구려의 집안 지역은 발해의 영역이 되었다는 사실부터 상기해 본다. 그런데 고구려의 구도舊都를 접수한 발해의 유물이 남겨질 수

85 강현숙, 「中國 吉林省 集安 東台子遺蹟 再考」, 『韓國考古學報』 75, 2010, 196쪽.

있는 유적은 지금까지 확인된 바 없다. 그러니 이는 특이한 사례에 속하는 것이다. 다만 발해 궁전 유적에서 출토되는 지압문指壓文 와瓦가 천추총이나 서대총과 우산하 992호분 등에서 출토되었다. 이러한 지압문 기와를 놓고서 발해가 고구려 왕릉을 관리한 증좌이고, 양국 간의 계승성이 확인된다는 근거로서 운위된 적이 있었다.[86] 이러한 견해의 타당성을 떠나 고구려의 비중 큰 건물을 발해가 연이어 사용했다는 것은 상징성이 큰 건물임을 반증한다. 계승성이 작용하는 건물과 관련해 "연노부涓奴部가 본래 국주國主였지만 지금은 비록 왕이 되지는 않지만 적통대인이 고추가 칭호를 얻어 역시 종묘를 세우고 영성과 사직을 제사한다"는 기사를 주목해 본다. 계루부 고구려 왕실이 전前 왕실의 종묘와 사직을 보존시켜 주었다고 했다. 고구려 계승을 과시하는 발해 왕실이 고구려 구도舊都에 소재한 특정 건물을 이어서 사용했다고 하자. 그렇다면 이 건물은 상징성을 지닌 지대한 비중을 지녔음을 웅변한다. 또 이 사실은 동대자 유적이 역逆으로 국사일 가능성이나 그에 버금가는 비중 큰 건물지였음을 반증해준다. 요컨대 이러한 문제를 해결하지 못했다는 점에서 강현숙 논문의 한계가 있다. 그럼에도 강현숙의 논문은 동대자 유적의 성격을 재고하게 했다. 또 그것을 재검증하는 전기가 되었다는 점에서 의미는 없지 않다.

---

86 이에 대해서는 한규철의 견해를 소개한 李道學, 『고구려 광개토왕릉비문 연구』, 서경문화사, 2006, 323쪽, 註 44를 참조하기 바란다.

(4) 맺음말

근자에 제기된 동대자 유적의 성격을 검증한 논문은 본 유적에 대해 재검再檢할 수 있는 계기를 마련해 주었다는 점에서 의미가 없지 않았다. 그러나 해당 논문을 검증하는 과정에서 간과한 부분이 적지 않았음을 알았다. 그리고 대안 부재가 많았음을 발견했다. 이 점 아쉽게 느껴지면서 다시금 동대자 유적을 검증하였다. 그럼으로써 부정해 왔던 국사일 가능성이 전혀 없다고 단정짓기 어렵다는 것을 깨달았다. 논자는 이곳에서 출토된 와당의 편년을 놓고서 국내성 시기의 것이 없다고 단정했다. 이러한 인식은 1914년에 세키노타다시가 동대자 유적 와당을 '고구려 말기'로 단정한 사실과 흐름이 동일하다.[87] 그러니 이 점에 대해서는 면밀한 재검증이 필요할 것 같았다.

8각의 주좌를 새긴 정교한 주초가 소재한 동대자 유적은 환도산성 궁전지와 더불어 건물의 격조를 상징하는 와당이 많이 출토된 장소였다. 정교한 주초와 다량의 와당은 동대자 유적의 비중을 헤아려 주었다. 동시에 발해의 와당도 출토되고 있는 관계로, 동대자 유적은 국사나 그에 버금가는 국가적 정체성과 관련된 건물지로의 추정이 가능해졌다. 고구려에서는 제의 시설은 동편에 소재하였고, 『한원』에서도 동쪽을 중시한다고 했다. 따라서 국성인 국내성 동편에 소재한 동대자 유적의 입지상 의미도 재발견해 보았다.

---

87 關野 貞, 『[新版] 朝鮮の建築と藝術』, 岩波書店, 2005, 296쪽.

4. 평양 지역의 왕도

1) 평양성 문제

고구려는 위장魏將 관구검의 침공으로 왕도였던 환도성은 철저하게 파괴되었다. 이로 인해 고구려는 환도성을 복구하는 기간 만이라도 이도移都하지 않을 수 없었다. 이와 관련해『삼국사기』의 다음 기사를 주목해 본다.

봄 2월에 왕은 환도성의 난리를 겪고나서 다시 도읍할 수 없었으므로 평양성을 쌓고 백성 및 묘사廟社를 옮겼다[평양은 본래 선인 왕검의 택宅이다. 혹은 왕이 도읍한 왕험을 이르기도 한다春二月 王以丸都城經亂 不可復都 築平壤城 移民及廟社[平壤者本仙人王儉之宅也 或云 王之都王險]: 동천왕 21년 조. 247년.

동천왕은 평양성을 축조하자 주민들과 묘사廟社 즉 종묘사직宗廟社稷을 이곳으로 옮겼다.『춘추좌전春秋左傳』에 따르면 "무릇 읍邑에 종묘와 선군先君의 신주神主가 있으면 도都라고 한다"[88]고 했다. 그러므로 묘사廟社가 이전된 평양성은 고구려 왕성인 것이다. 문제는 313년까지 낙랑군이 지금의 평양에 존속하였다면 묘사 이전이 가능할 수 없다. 그렇지만 기록 자체를 부정할 수는 없었기에 247년에 묘사를 옮긴 평양성을

88『春秋左傳』莊公 28년 조.

제3의 장소로 비정하기도 했다. 즉 강계 동황성설東黃城說이 제기된 것이다. 그러면 평양과 관련한 다음과 같은 일련의 기사를 유의할 필요가 있다.

* 가을 9월에 왕이 병사 3만을 거느리고 현도군을 침공하여 8천 인을 노획하여 이들을 평양으로 옮겼다(秋九月 王率兵三萬侵玄菟郡 虜獲八千人 移之平壤: 미천왕 3년 조. 302년).

* 가을 8월에 평양성을 증축하였다(秋八月 增築平壤城: 고국원왕 4년 조. 334년).

* 겨울 10월에 백제 왕이 병사 3만을 거느리고 와서 평양성을 공격했다. 왕이 군사를 내서 이를 막다가 유시流矢에 맞은 바 되었다(冬十月 百濟王 率兵三萬 來攻平壤城 王出師拒之 爲流矢所中: 고국원왕 41년 조. 371년).

* 겨울에 눈이 오지 않고 천둥이 치더니 백성들이 역질에 걸렸다. 백제가 군사 3만을 거느리고 와서 평양성을 침공했다(冬十月 無雪雷 民疫 百濟將兵 三萬 來侵平壤城: 소수림왕 7년 조. 377년).

* 평양에 9사寺를 창건했다(創九寺於平壤: 광개토왕 2년 조. 392년).

* 가을 7월에 국동國東에 독산禿山 등 6성을 축조하고 평양의 민호를 옮겼

다(秋七月 築國東禿山等六城 移平壤民戶: 광개토왕 18년 조).

* 평양으로 이도移都했다(移都平壤: 장수왕 15년 조. 427년).

위의 기사를 보면 427년에 장수왕이 평양으로 이도移都하기 이전에 이미 평양성이 등장한다. 문제는 낙랑군의 존재이다. 현재의 평양을 247년의 그곳으로 지목한다면 낙랑군의 소재지와 겹치게 된다. 낙랑군과 대방군은 313년과 314년에야 각각 한반도에서 축출된 것으로 간주하는 시각이 통설이다. 그런데 "왕이 병사 3만을 거느리고 현도군을 침공하여 8천 인을 노획하여 이들을 평양으로 옮겼다(미천왕 3년 조: 302년)"라는 기사를 접해 보자. 여기서 낙랑군 축출 불과 9년 전에 해당하는 기사 속의 '평양'이 지금의 평양이 아니라는 증거는 없다. 더구나 311년에 축출된 낙랑군의 소재지가 현재의 평양이라는 직접적인 증거도 없는 것이다. 따라서 247년에 묘사廟社를 옮긴 평양과 302년의 평양은 동일한 지역이라고 보아야 한다. 사실 313년에 "겨울 10월에 낙랑군을 침공하여 남녀 2천여 구口를 노획했다"라고 한 기사는 글귀 그대로 낙랑군의 퇴출을 가리키는 것도 아니다. 게다가 313년에 미천왕과 상공相攻하던 장통張統의 소속을 '요동'이라고 했다. 그 이전인 순환지간順桓之間(126년~167년) 사이에 고구려는 서안평西安平을 공격하다가 길가에서 대방령帶方令을 살해하고 낙랑태수 처자妻子를 약득略得하였다.[89]

---

89 『三國志』 권30, 東夷傳, 高句麗 條.

이로 볼 때 낙랑군은 일찍이 요동 방면으로 이동했고, 대방군만 존재했을 수 있다.

고국원왕은 247년에 축조한 평양성을 334년(고국원왕 4)에 증축하였다. 이는 평양성을 차제에 본격적인 왕성으로 삼고자 한 의도로 보인다. 평양성 증축 공사와 관련해 고국원왕이 이거移居할 만한 대상은 잡히지 않는다. 평양성에 고국원왕이 그대로 거처했다고 보아야 한다. 증축이니까 가능한 사안일 수 있다. 낙랑군은 1세기 후반 경에는 당초 소재했던 평양 지역을 떠나 요동 방면으로 이동한 것으로 구명되었다.[90] 이 견해가 맞다면 247년의 평양은 지금의 평양임이 더욱 분명해진다.

그러면 이제는 247년에 축조한 평양성의 소재지를 찾아야 한다. 평양성은 증축까지 된 것을 볼 때 일정한 규모를 갖췄음을 알 수 있다. 바로 이곳은 둘레가 3,450m인 청암동토성일 가능성이 높다. 그러면 247

---

90 낙랑군의 변천 과정은 다음의 논고에서 詳論하였으므로 참고하면 좋을 것 같다(李道學, 「樂浪郡의 推移와 嶺西 地域 樂浪」, 『東아시아古代學』 34, 2014, 3~34쪽).
혹자는 낙랑토성에서 출토된 '大晉元康'(291~299) 銘 와당을 근거로 낙랑군의 존속 기간을 313년까지로 잡고 있다. 문제는 이러한 중국 연호가 적힌 명문 瓦塼은 5세기 대까지도 고구려 영역에서 보인다는 점이다. 가령 황해도 신천군 西湖里에서는 東晉의 '元興三年'(404) 명문 전돌과 황해도 신천군 복우리 제5호분에서는 後燕의 '建始元年'(407) 명문 전돌을 제시할 수 있다(孔錫龜, 『高句麗 領域擴張史 硏究』, 서경문화사, 1998, 80쪽). 年號만 본다면 신천군 지역을 東晉과 後燕이 兩分한 것처럼 비춰진다. 그러나 이러한 일은 상상할 수 없다. 게다가 고구려 국내성 안에서 東晉의 연호인 '太寧四年'(326) 銘 와당이 출토된 바 있다(吉林省文物志編委會, 『集安縣文物志』 1984, 254~255쪽). 그렇다고 이 무렵 국내성이 東晉 영역이 될 리는 없지 않은가? 따라서 '大晉元康' 銘 와당은 중국인들의 거류를 나타내는 표지물로서의 의미를 넘어, 중국 군현 자체의 건재를 나타내는 증거로 삼기에는 한계가 있다.

년에 평양성으로 옮긴 고구려 왕실은 언제 집안으로 돌아갔을까? 이 문제는 "봄 2월 환도성을 수즙修葺하였다. 또 국내성을 축조했다. 가을 8월 환도성에 이거移居했다(고국원왕 12년 조. 342년)"라는 기사에서 엿볼 수 있다. 당시 고구려 왕은 환도성이나 국내성이 아닌 제3의 장소에 거처했음을 암시해준다. 이곳은 적어도 집안은 아닐 것이다. 오히려 342년에는 평양성에서 미리 수즙修葺한 환도성으로 이거移居했음을 알 수 있다. 그러나 '이거'한 지 불과 2개월 후인 그해 10월 모용선비의 공격으로 환도성은 불타고 말았다. 그로부터 9개월 후인 343년 7월에 다음과 같은 '이거' 기사가 보인다.

秋七月 移居平壤東黃城[城在今西京東木覓山中](고국원왕 13년 조. 343년)

위의 기사에 따르면 고구려는 342년에 환도성으로 이거한 직후 다시금 평양 일대로 이거하였다. 그 배경은 342년에 전연의 침공을 다시 받아 왕성인 환도성이 파괴되었기 때문이다. 결국 고구려는 앞서 경영한 평양 일대로 다시금 이거하였다. 그러면 343년에 이거한 곳은 지금의 어디였을까? 이병도는 '平壤東黃城'으로 읽어 본황성本黃城의 대칭으로 '동황성東黃城'의 존재를 상정했다. 그러면서 '동황성'의 소재지로서 평안북도 강계를 지목하였다. 이와 관련해 "평양의 동황성인지 동쪽의 황성인지 불명"[91]이라고도 했다. 그러나 이병도에 앞서 세키노타다시가

---

91 차용걸, 「고구려의 도시와 성곽」, 『高句麗의 考古文物』, 한국정신문화연구원, 1996,

1925년에 제기한 '東黃城'은[92] 존재하지 않았다. 『삼국사기』 안장왕 11년 조의 "봄3월에 왕이 황성의 동쪽에서 사냥했다春三月 王畋於黃城之東"는 기사를 보자. 여기서는 '황성'의 존재만 확인된다. 조선시대 고지도에도 '황성'으로 표기되어 있다. 손진태는 "고구려는 익년(343)에 부득이 국도를 평양 동방 황성으로 옮기고"[93]라고 하였다. 그도 분명히 '동황성'이 아니라 '황성'이라고 했다. 황성의 소재지에 대해서는 『신증동국여지승람』에서 "목멱산木覓山: 부府 동쪽 4리에 있다. 황성의 옛터가 있다. 일명 경성絅城이라고 한다. 세상에 전하기를 고구려 고국원왕이 환도성에 거처하다가 모용황에게 패한 바 되어 이곳으로 이거했다"[94]고 하였다. 1899년에는 현지인들이 목멱산 하에 '황궁기지皇宮基址' 비를 건립한 바 있다.[95]

그러면 고구려가 평양성이 아닌 황성으로 이거한 배경은 무엇일까? 이는 "환도성에 이거하였다"고 한데서 알 수 있다. 즉 평양성에 대한 공간 배치가 완료된 데 따른 조치일 게다. 그런데 불과 9개월만에 환도성이 파괴된 관계로 다시금 평양 지역으로 내려 온 것이다. 이때는 평양성을 이용하기는 어려웠다. 그래서인지 "移居平壤東黃城"라고 했듯이

393쪽.

92 關野貞, 「高句麗の平壤城および長安城について」, 『(新版) 朝鮮の建築と藝術』, 岩波書店, 2005, 366쪽.

93 孫晋泰, 『國史大要』, 乙酉文化社, 1949, 54쪽.

94 『新增東國輿地勝覽』권51, 平壤府 山川 條.

95 關野貞, 「高句麗の平壤城および長安城について」, 『(新版) 朝鮮の建築と藝術』, 岩波書店, 2005, 365~366쪽.

어디까지나 황성으로의 '이거'였다. 이렇듯 황성은 임시 거처로서의 성격이 다분했다. 그랬기에 평양성의 동쪽에 소재한 황성에 공간이 확보됨에 따라 이거한 것으로 보인다. 황성으로 이거한 고국원왕은 그후 어느 때 평양성에 상주하게 된 것 같다. 그러한 상황이었기에 고국원왕이 평양성까지 쳐 들어온 백제군과 교전하다 371년에 전사한 것일 게다. 이로 볼 때 고구려 왕들은 247년 이래 평양 지역에 거처하는 기간이 길었음을 알 수 있다.

게다가 광개토왕은 평양성을 중시하였다. 「능비문」에서 보듯이 광개토왕은 399년(영락 9)에 평양성에서 신라 사신을 맞이하였다. 평양에 9사寺를 창건한 광개토왕이 평양성에 상주하는 일이 많았음을 알려준다. 이 사실은 427년의 이도 이전부터 평양성이 실질적인 왕도로 기능했음에 진배 없다. 그러니까 427년의 평양성 천도를 굳이 '천도'가 아니라 '이도'라고 한 것은 전격적이거나 돌발성이 없었음을 암시해준다. 평양성은 이전부터 고구려 왕이 종묘사직을 옮긴 곳이요 고구려 왕이 상주했던 곳이었다. 장수왕이 "이도평양移都平壤(장수왕 15)"할 때까지 평양성을 신축한 기록도 없다. 그런 것을 볼 때 427년에 이도한 평양은 334년에 증축을 시작한 그 평양성을 가리킨다고 하겠다.

고구려 건국기부터 고구려 왕성의 변천 과정을『삼국사기』에서 정리해 보면 다음과 같다.

<표 1. 고구려 왕성의 변천 과정>

연대	도성 변천	성격
기원전 37년	沸流水上	初都
기원후 3년	國內 尉那巖城	遷都
209년	丸都城	移都
247년	平壤城 축조, 백성 및 廟社 옮김	
334년	평양성 增築	
342년	丸都城	移居
343년	平壤 東쪽 黃城	移居
371년	평양성에서 고국원왕 전사	평양 지역 移居(343~371년)
427년	평양	移都
586년	長安城	移都

고구려가 427년에 이도한 곳은 현재 평양의 동북방에 자리잡은 대성산쪽을 지목하기도 한다. 대성산성은 둘레 7㎞가 넘을 뿐 아니라 면적이 2.7㎢로서 수십만의 군대를 능히 수용할 수 있으며 연인원 70만 명이 동원된 것으로 추정되는 대규모 방어시설이었다. 대성산 소문봉 남쪽 기슭의 언덕에 안학궁安鶴宮이라는 대규모 궁성을 건립하였는데 그 면적은 38만㎡가 넘는 규모였다. 이렇듯 장수왕대에 이도한 평양의 거점을 대성산성과 그 밑의 안학궁 일대로 지목하고 있다.[96] 그러나『삼국사기』에는 이도와 관련한 대성산성의 축조 기사가 없다. 게다가 대성산성과 엮어서 간주했던 안학궁은 출토된 유물을 놓고 볼 때 평양 이도

---

96 채희국,『대성산성 일대의 고구려 유적에 관한 연구』, 사회과학원출판사, 1964, 81~84쪽.

이후에 조성된 것으로 판단된다.[97] 따라서 427년에 고구려가 이도한 평양은 둘레 3,450m에 이르는 청암동토성일 수밖에 없다.[98]

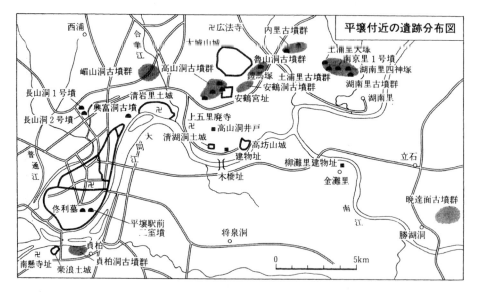

〈그림 3. 평양 부근의 유적 분포도〉[99]

---

97 대성산성과 짝을 지운 안학궁은 고구려 말기에 건립된 別宮으로 비정하기도 한다(關野貞, 「高句麗の平壤城および長安城について」, 『(新版) 朝鮮の建築と藝術』, 岩波書店, 2005, 364쪽).

98 關野貞, 「高句麗の平壤城および長安城について」, 『(新版) 朝鮮の建築と藝術』, 岩波書店, 2005, 354쪽. 364쪽. 물론 關野貞은 대성산성과 청암동토성을 산성과 평지 왕궁의 조합으로 인식했다.
청암동토성의 축조 시기와 위상에 대해여 "청암동토성은 고조선의 수도성이였던 왕검성으로 볼 수도 있다(남일룡·김경찬, 「청암동토성에 대하여(1)」, 『조선고고연구』 107호, 1998-2, 15쪽)"고 했다. 분명한 것은 청암동토성은 427년에 평양성 移都 이전부터 王城級 城으로 존재하였고 또 활용되었다는 사실이다.

99 東潮·田中俊明, 『高句麗の歷史と遺跡』, 中央公論社, 1995, 206쪽.

2) 장안성長安城과 안학궁安鶴宮

고구려 도성의 전형典型과 관련해 흔히들 『주서周書』 고려 조의 "(a) 치소治所는 평양성이다. 그 성은 동서 6리인데, 남으로는 패수浿水에 임하였다. 성 안에는 오직 군량과 무기를 비축하여 두었다가 적들이 쳐들어올 때는 곧 들어가 지킨다. (b) 왕은 별도로 그 곁에 집을 마련했으나 (c) 항상 그곳에서 거주하지는 않는다"[100]라는 기사를 염두에 둔다. 여기서 a의 '성 안'은 '산성내山城內'를 가리키는 것으로 단정하였다. 이러한 선상에서 고구려 왕은 일상적으로 산성에 거주하지 않는다고 해석했다. 그 결과 평지성과 산성이 짝을 이루는 왕도 모델이 제시된 것이다. 곧 이러한 도성 구조가 집안과 환인에서도 확인된다고 단언했다.[101]

『주서』에서 묘사한 평양 지역의 도성 구조를 586년 장안성 이도 이전의 도성 구조로 인식하는 경향이 많았다. 물론 『주서』에서 처음 보이므로 북주北周의 치세기인 556년~581년 사이의 상황을 반영하는 것일 수 있다. 그러나 그보다 후대의 사실을 기록한 『수서隋書』 등의 묘사가 수록된 것일 가능성이다. 이러한 추정을 검증해 본다. 일단 고구려는 신라와 백제 동맹군에게 한강유역을 상실했다. 그러한 원인으로서는 귀족 간 내분의 여파와 서북 방면으로부터 돌궐의 위협을 꼽고 있다. 전자인 내분의 요인으로는 6세기 중반부터 시작되었다는 사병私兵을 거

---

100 『周書』 권49, 異域上, 高麗. "治平壤城 其城 東西六里 南臨浿水 城內唯積倉儲器備 寇賊至日 方入固守 王則別爲宅於其側 不常居之"
101 東潮 · 田中俊明, 『高句麗の歷史と遺跡』, 中央公論社, 1995, 207쪽.

느린 귀족들이 상호 타협하여 실권자의 직職인 대대로大對盧를 선임하는 데서 찾았다. 이와 관련해 다음의 사료를 먼저 살펴 보도록 한다.

d-1. 그 대대로는 강약으로써 서로 침범하여 빼앗아서 스스로 그것을 하는 것이다. 왕이 임명하여 두는데서 말미암지 않는다.[102]

d-2. 그 대대로는 강약으로써 서로 침범하여 빼앗아서 스스로 그것을 하는 것이다. 왕이 임명하여 두는데서 말미암지 않는다.[103]

d-3. 그 벼슬에서 높은 것은 대대로라고 이름한다. 1품에 해당하며 국사國事를 총괄하고 있다. 3년에 한 번씩 교대하는데, 만약 직무를 잘 수행한다면 연한에 구애받지 않는다. 교체하는 날에 혹은 서로 삼가 명령에 복종하지 않으면 모두 군대의 대오를 정돈하여 점검하고는 서로 공격하여 이긴 자가 대대로가 된다. 그 나라 왕은 단지 궁문宮門을 닫아걸고 스스로 지킬뿐 제어하지 못한다.[104]

위의 인용에서 보듯이 대대로는 귀족들 간에 무력으로 경쟁해서 승자가 스스로 취임하였다. 대대로는 왕이 임명하는 직책이 아니었다.

---

102 『周書』권49, 異域上, 高麗 條. "其大對盧則 以强弱相陵奪 而自爲之 不由王之署置也"
103 『北史』권94, 高句麗傳. "其大對盧則 以强弱相陵奪 而自爲之 不由王署置"
104 『翰苑』蕃夷部, 高麗 條. ; 『舊唐書』권199, 東夷傳, 高麗 條.

이 같은 대대로 선임 기사는『주서』에서 처음 보인다. 그러므로 북주北周의 치세기인 557년~581년 사이에 포착된 사건으로 간주하였다. 그러나 636년에 완성된『주서』는[105] 당唐 혹은 북송 말기에 손상을 입었다. 그러한 관계로 현존『주서』는 당대唐代에 편찬된 원저와는 다르고, 627년~659년 사이에 편찬된『북사北史』등에서 보충한 부분이 많다. 즉 "후세에 결락이 생겼다. 그 시기는 당唐이라고도 하고 송초宋初라고도 이야기된다. 그래서 북송시대에 교정본校訂本이 만들어졌다. 그 결락 부분을『북사』등에서 채워 넣었다"[106]라고 한다.[107] 물론『주서』는『북사』에서 보충하였지만, 차이점도 많았다. 그리고 "기타 다른 곳에서도 탈오脫誤가 적지 않다고 한다"[108]는 평가를 받았다. 이와 동일한 평가로서 "지금 이 책을 살펴 보면 결여된 부분이 특별히 많음을 알 수 있다. 후에『북사』를 이용하여 산실散失된 부분을 보충하면서 다시금 잘못되고 뒤섞인 부분이 많다"[109]고 했다.

그런데 d-1에 처음 보이는 대대로 선임 기사는『북사』(d-2)에도 동일한 문구가 보인다. 문제는 선행 사서인『주서』가 기실『북사』에서 인출引出·보입補入한 바가 많았다고 한다. 따라서 d-1이 북주대(557~581)의

---

105 李春植 主編,『중국학자료해제』, 신서원, 2003, 617쪽.
106 神田信夫·山根幸夫 編,『中國史籍解題辭典』, 燎原書店, 1989, 145~146쪽.
107 『周書』에 대한 史籍 해설은 姜義華 主編,『中國學術名著提要』, 歷史卷, 復旦出版社, 1994, 45~47쪽을 참조하기 바란다.
108 李春植 主編,『중국학자료해제』, 신서원, 2003, 617쪽.
109 劉節 著·辛太甲 譯,『中國史學史講義』, 신서원, 2000, 229쪽.

고구려 정치 상황을 반영한다고 단정짓기는 어렵다. 게다가 d-1은『남사南史』·『수서』에는 없다가 다시금 등장하는『구당서舊唐書』수록 대대로 관련 기사(d-3)의 약본略本같은 인상마저 준다.

　그러면『북사』에서 사실상 초출初出된 정변 관련 대대로 기사를 조응해 보자. 일단『북사』의 서술 하한인 618년 이전 즉 7세기 조엽의 고구려 정치 상황에 대한 반영 가능성이다. 실제 612년에 수 양제가 고구려로 출병하며 반포한 조詔를 보면 고구려 내정을 "강신强臣과 호족豪族이 모두 국권을 잡고 붕당朋黨 비주比周로써 풍속을 이루고, 뇌물이 시장市場과 같다"[110]라고 언급하였다. 여기서 비주는 당을 나누어서 각기 당인을 편애하는 뜻으로 사용되었다.[111] 이 기사에 비추어 612년 이전에 고구려 조정에는 강신과 호족으로 표현되는 귀족들의 권력 전횡을 엿볼 수 있다. 바로 대대로 기사는 7세기 초엽 고구려 내정을 가리킨다고 볼 때 전후 상황상 무리가 없어 보인다.[112] 그렇다면 무력이나 정변에 의한 대대로 선임은 이때부터 비롯된 게 된다. 실제『주서』(d-1)의 대대로 관련 문구는『북사』(d-2)와 동일하다. 그러므로『주서』는『북사』에서 보입했을 가능성이 높다.

　이와 연동한『주서』의 고구려 도성 묘사 역시 7세기대의 사실인 것이다. 이는 다음과 같은 구체적인 도성 묘사에 대한 검증을 통해 밝혀지

---

110 『隋書』권4, 煬帝 大業 8年 春正月 辛巳 條.

111 李丙燾,『國譯三國史記』, 乙酉文化社, 1977, 307~309쪽.

112 이상의 大對盧 관련 서술은 李道學,「高句麗의 內紛과 內戰」,『高句麗研究』24, 2006, 27~29쪽을 보완하였다.

게 된다. 이병도는 앞의 79쪽에서 이미 서술한 『주서』에 보이는 a와 c 문구는 대성산성을, b는 안학궁을 가리키는 것으로 단정하였다.[113] 이러한 선상에서 혹자는 대성산성이 "남쪽 5km 거리에 대동강이 유유히 흐르고 있는데, 역시 '南臨浿水'한다는 상기한 기사와 부합한다"고 했다. 무려 5km나 떨어진 거리에 있는 대성산성과 엮어서 대동강이 패수에 '臨'했다는 표현을 사용하는 것은 부자연스럽다.[114] 대성산성은 대동강에 접한 장안성이나 청암동토성 혹은 고방산성과는 달리 대동강에 접하지 않았기 때문이다. 그리고 c의 기사는 b의 왕궁이 고구려 왕의 상주처가 아님을 가리킨다. 그렇다고 할 때 b는 안학궁과 같은 궁성이 되기 어렵다. 따라서 『주서』에서 묘사한 '평양성'은 대성산성을 가리키지 않는다.[115] 그렇다면 "패수에 임한 동서 6리의 성"은 장안성을 가리키는 것이다.

이 점을 분명히 해주는 게 "또 평양성 동북에 노양산魯陽山이 있다. 노성魯城은 그 위에 있다"[116]라는 기사이다. 고구려 말기의 왕도를 묘사한 『통전通典』에 따르면 평양성 동북쪽의 노성은 대성산성이요, 평양성은 장안성을 가리키는 게 분명하다. 이로써도 평양성이 장안성인 게

---

113 李丙燾, 『國譯三國史記』, 乙酉文化社, 1977, 287쪽, 註 2.

114 이러한 용례로서는 "春二月 王興寺成 其寺臨水 彩飾壯麗 王每乘舟 入寺行香(『三國史記』 권27, 武王 35년 조)"가 적절하지 않나 싶다. 왕흥사는 백마강 北岸에 소재하였다.

115 耿鐵華는 『周書』의 '평양성'을 장안성으로 비정한 바 있다(耿鐵華, 『中國高句麗史』, 吉林人民出版社, 2002, 473쪽).

116 『通典』 권186, 邊防2, 東夷下, 高句麗 條. "又平壤城東北有魯陽山 魯城在其上"

입증된다. 그리고 평양 지역의 성들 가운데 a의 "성 안에는 오직 군량과…"라는 구절은 고구려 왕이 상주하지 않는 성을 가리킨다. 마치 이 구절은 평지 왕궁에서 산성으로 입보하는 것처럼 비칠 수 있다. 그러나 이 보다는 산성과 평지성의 결합인 장안성 안의 북성北城을 가리키는 것 같다. 다음의 기사에서 보듯이 북성에는 구제궁과 영명사가 소재하였다. [117]

* 영명사: 금수산 부벽루 서편, 기린굴 위에 있다. … 곽여郭輿의 시에 부처의 절이 옛날 임금의 궁궐과 이어졌으니(佛宇 條).

* 구제궁: 동명왕의 궁. 예전에 영명사 안에 있었다(古跡 條).

이러한 사묘祠廟나 사찰과 더불어 군량이나 군기軍器의 비축처로서 북성이 지닌 의미를 반추해 볼 수 있다. 요동성에 무구武具가 봉안된 주몽사朱蒙祠가 있었던[118] 사례에 비추어 보자. 고구려 시조와 관련된 구제궁도 이와 동일한 성격을 지닌 것이다. 여기에다가 사찰의 진호鎭護 기능은 방어거점으로서 중요한 역할을 했던 산성과 긴밀한 관련을 맺고 있었다. 가령 신라 북한산성 안의 안양사와, 만흥사산성의 만흥사의 존재뿐 아니라 우리나라 승병僧兵의 기원도 여기서 찾아 볼 수 있

---

117 『新增東國輿地勝覽』권51, 平壤府 條.
118 『三國史記』권21, 寶藏王 4년 조.

다.[119] 요컨대 장안성 북성에 소재한 영명사의 기능을 유추할 수 있게 된다. 그리고 b는 북성 밑의 내성內城에 거주하는 고구려 왕의 모습을 가리킨다. c는 고구려 왕이 별궁別宮에 거처하는 상황이 빈번했음을 뜻한다. 가령 황성이나 평양성(청암동토성)이 그러한 별궁에 해당할 수 있다.

고구려는 다음에서 보듯이 552년(양원왕 8)에 장안성을 축조하기 시작하여 586년(평원왕 28)에 평양성에서 이도하였다.

* 8년에 장안성을 쌓았다八年 築長安城.[120]

* 28년에 장안성으로 이도했다二十八年 移都長安城.[121]

즉 35년간에 걸쳐 도시를 전부 성벽으로 둘러막는 큰 도성을 축조하고는 이도했다. 장안성의 성벽은 방어에 유리한 고지와 강기슭을 따라 축조하였다. 연인원 230만 명이 동원되어 축조된 장안성의 총길이는 약 23㎞이고, 면적은 11.85㎢이다. 장안성은 평면 구도가 표주박 모양처럼 생겼다. 그 안에 이방제里坊制가 실시되었다.[122] 그런데 고구려는 427년에 평양성으로 이도할 때 대성산성을 축조한 것으로 간주했

119 李道學, 「古新羅期 靈護寺刹의 機能擴大 過程」, 『白山學報』52, 1999, 93~98쪽.
120 『三國史記』 권19, 陽原王 8년 조.
121 『三國史記』 권19, 平原王 28년 조.
122 사회과학원 력사연구소, 『조선전사(3) 중세편 고구려사』, 과학백과사전종합출판사, 1991, 179쪽. 185쪽.

다. 그러한 대성산성의 소문봉 남쪽 기슭 언덕에 조성한 궁성을 안학궁으로 지목하였다.[123] 즉 "『신증동국여지승람』에서는 대성산성의 남쪽에 있는 안학궁을 비정하고 있다"[124]는 것이다. 안학궁에 관한 기록을 『신증동국여지승람』에서 찾아 보면 다음과 같다.

* 대성산성: 돌로 쌓았고, 둘레가 2만 4천 3백 척이다.

* 장안성: 대성산 동북쪽에 있다. 흙으로 쌓았으며 둘레가 5천 161척이요, 높이가 19척이다. 고구려 평원왕 28년에 평양에서부터 이곳으로 옮겨 와 살았다. 성 가운데 안학궁 옛 터가 있다.[125]

위의 인용을 보면 안학궁은 대성산성 소문봉 남쪽 기슭에 소재하지 않았다. 분명히 '성 가운데'라고 하였다. 그러므로 안학궁은 장안성 안에 소재한 것이다. 물론 이러한 해석은 고고학적 발굴 성과를 중시하지 않고 문헌 사료를 무비판적으로 수용한 견해라는 비판도 있다.[126] 그러나 이 문제는 소위 안학궁 유구가 고구려 고분 위에 조성되었다는[127]

---

123 사회과학원 력사연구소, 『조선전사(3) 중세편 고구려사』, 과학백과사전종합출판사, 1991, 120~126쪽.

124 東潮·田中俊明, 『高句麗の歴史と遺跡』, 中央公論社, 1995, 205쪽.

125 『新增東國輿地勝覽』권51, 平壤府, 古跡 條.

126 전제헌·손량구, 『고구려사연구(안학궁유적과 일본에 있는 고구려 관계 유적·유물)』, 종합대학출판사, 1985, 92쪽.

127 東潮·田中俊明, 高句麗の歴史と遺跡』, 中央公論社, 1995, 218~219쪽.

사안에 비추어 보자. 그렇다면 그 조성 시기를 247년의 평양성 축조와 결부지어 3세기 초로 지목하는 견해는[128] 수용이 어렵다. 고구려가 건재할 무렵, 당시의 분묘들이 산재한 곳에 굳이 왕궁을 조성한다는 일도 어색하지 않을 수 없다. 이 점 상식에 속한 일이 아닐까? 그리고 위에서 인용한 "장안성: 대성산 동북쪽에 있다"라는 위치 기사는 오류이다. 이 구절은 "대성산: 장안성의 동북쪽에 있다"고 해야 맞다. 아니면 "장안성: 대성산 서남쪽에 있다"고 해야 맞게 된다. 그 앞에 바로 연결된 대성산성 기사와 관련해 착란錯亂이 발생한 것으로 보인다. 이와 더불어 장안성의 둘레를 기록한 '둘레가 5천 161척'라는 기록도 북성·내성·중성·외성으로 구성된 장안성의 성벽 가운데 외성을 제외한 어느 한 곳 성벽의 길이를 표시한 것으로 보인다.

그러나 이러한 착란의 근본적인 요인은 조선의 학자들이 장수왕대에 이도한 평양을 지금의 평양으로 믿었던데서 연유했다. 즉 평원왕대에 축조한 장안성을 다른 곳에서 찾다가 토성 안의 안학궁이라는 이름의 작은 부락이 소재한 곳을 발견했기 때문이다.[129] 그런데 이 보다는 안학궁을 고구려 말기의 별궁 정도로 간주하는 시각이[130] 설득력

---

128 전제헌·손량구, 『고구려사연구(안학궁유적과 일본에 있는 고구려 관계 유적·유물)』, 종합대학출판사, 1985, 97쪽.

129 關野貞, 「高句麗の平壤城および長安城について」, 『(新版) 朝鮮の建築と藝術』, 岩波書店, 2005, 347쪽.

130 關野貞, 「高句麗の平壤城および長安城について」, 『(新版) 朝鮮の建築と藝術』, 岩波書店, 2005, 364쪽.

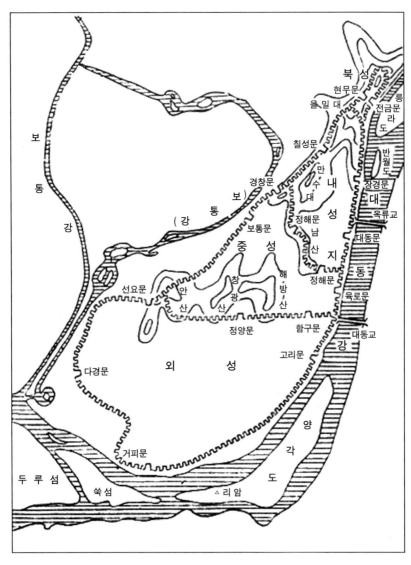

〈그림 4. 고구려 장안성도〉[131]

있어 보였다. 따라서 대성산성과 안학궁을 모델로 한 산성과 평지성의 조합이라는 고구려 도성 체제를 가리킨다는 공식은 성립이 어렵게 되었다.

지금까지 검토한 바에 따르면, 고구려는 586년(평원왕 28)에 안학궁 터의 서남쪽에 해당하는 곳에 35년 간에 걸쳐 도시 전부를 성벽으로 둘러막는 큰 도성을 축조하여 천도했다. 장안성을 가리킨다. 이름 그대로 '오랫 동안 평안한' 도성 건립을 야심차게 추진했다. 이러한 장안성은 평면 구도가 표주박 모양처럼 생겼다. 그 안에 이방제가 실시되었다. 전田은 1개의 방坊이고, 이것이 16개 모이면 1개의 이里가 된다. 『삼국유사』 기이편 고구려 조에는 "고구려가 강성할 때 21만 508호가 거주하였다"고 했다. 여기서 연인원 230만 명은 성벽 축조에 동원된 수자만 가리킨다. 도시 구획과 관련한 도로 공사, 궁성과 관청을 비롯한 민가와 사찰 건립에 동원된 인원까지 포함한다면 230만의 몇 갑절이 되었을 것이다. 따라서 장안성 조성은 고구려 건국 이래 최대의 역사役事임이 분명해진다.

그러면 고구려가 장안성을 축조하여 이도한 이유는 무엇일까? 침략군과 전투가 벌어졌을 때 궁성을 비롯하여 도시에 소재한 모든 시설물을 적들에게 내 맡기고 국왕과 대신 이하의 관리들과 군사들 뿐 아니라 수도 주민들이 모두 산성 안에 들어 가지 않으면 안되었다. 이러한 조

---

131 사회과학원 력사연구소, 『조선전사(3) 중세편 고구려사』, 과학백과사전종합출판사, 1991, 179쪽.

건에서는 전투에서 승리하는 경우에도 도시를 파괴·소각 당하고 황폐화시키는 참상을 면할 수 없었다. 246년과 342년 환도성 함락이 이것을 잘 말해준다.[132] 특히 서북쪽에서 돌궐의 침공과 같은 상황에서 수도의 방어를 강화시키기 위해 도시를 전부 성벽으로 둘러막는 규모가 큰 도성의 축조가 필요했기 때문이었다. 이러한 맥락에서 볼 때 고구려가 547년에 돌궐의 발흥을 감지하여 백암성과 신성을 수리했듯이[133] 도성 방어 체계에 대한 획기적인 방안을 모색했을 수 있다. 551년에 돌궐의 침공을 격퇴한 직후 그 전부터 기획되었던 장안성 축조를 실행에 옮겼다고 본다. 2차례나 겪었던 환도성과 같은 도성 함락의 비극을 되풀이하지 않으려는 비상한 의지의 발로였던 것 같다. 장안성은 고구려 도성 체제의 안정적 유지에 필요한 획기적인 방안이기도 했다.[134] 특히 서북방으로부터의 위협에서 도성의 안전을 지키기 위한 방책이었다.

그러한 장안성에는 외성 안에 운하가 조성되었다. 외성의 서문인

132 사회과학원 력사연구소, 『조선전사(3) 중세편 고구려사』, 과학백과사전종합출판사, 1991, 178쪽.
133 장창은, 『고구려 남방진출사』, 경인문화사, 2014, 264~265쪽.
134 586년 장안성 移都 배경을 隋의 압박 대비용으로 해석하기도 한다. 그러나 이러한 해석은 두 가지로 이유만으로도 성립되지 않는다. 첫째 국가 최대 토목공사인 장안성 축조를 단행할 때인 552년 이전에 이미 移都 계획이 수립되었다. 이때는 北朝의 隋가 등장하기 무려 29년 전이었다. 둘째 隋가 陳을 멸망시키고 중원을 통일한 것은 589년이었다. 장안성 移都는 隋의 전격적인 통일 이전이었다. 그러므로 장안성 축조 동기를 隋의 압박 대비용으로 해석한 주장은 맞지 않다. 이와 관련해 장안성 공사 기간이 무려 34년이므로 초축과 천도 배경은 구분해야한다는 주장도 있다. 工期가 34년이나 되는 백제 왕흥사는 창건과 완공 배경이 다를 수 있다. 그렇지만, 이러한 주장을 취신하던가?

다경문에서부터 중성의 남문인 정양문 사이에서 3km에 걸쳐 나타난 다.[135] 전국 각지에서의 물산을 왕궁까지 신속히 조달받게 하려는 의도에서 굴착掘鑿한 것으로 파악하고 있다.

4개의 구역으로 조성된 장안성의 맨 꼭대기에 소재한 북성에는 사묘나 사찰과 더불어 군량이나 군기軍器의 비축처였던 것 같다. 내성에는 왕궁, 중성에는 귀족들의 거주 공간, 외성은 기타 주민들의 거주 공간으로 해석되고 있다. 이 경우는 후금後金의 도성이 참고된다. 내성 안의 목책에는 누르하치의 공간, 내성에는 누르하치의 일족, 외성에는 장수들의 일족, 외성을 에워싸고 군인들이 경비했다.[136] 고구려 장안성이나 후금 도성의 구조는 기본적으로 동일하였다. 그러니 장안성을 단계적으로 축조했다는 주장은 설득력이 없다. 오히려 1135년에 1년 간에 걸친 묘청 군대의 거점이 된 관계로, 방어와 공격 상황에서 성벽이 증축되거나 변형되었을 수는 있다.

5. 고구려 왕성론의 새로운 지평을 위해

고구려의 왕성은 여러 차례 바뀌었다. 『삼국사기』에 따르면 첫 왕성

---

135 사회과학원 력사연구소, 『조선전사(3) 중세편 고구려사』, 과학백과사전종합출판사, 1991, 185쪽.
136 『紫巖集』권6, 建州聞見錄.

은 비류수상沸流水上에 소재한 것으로 적혀 있다. 이는 「능비문」에서 '산상山上'에 소재한 것으로 적힌 기록과는 직접 관련이 없었다. 비록 후대이지만, 고구려 최초의 왕성이 흘립屹立한 '산상'의 오녀산성이라는 인식은 생겨났던 것이다.

흔히들 고구려 왕도의 특징으로서 평지성과 산성의 조합을 운위하여 왔다. 오녀산성과 하고성자를 엮어서 이해하는 경향이 많았다. 그러나 양자 간의 거리도 멀 뿐 아니라 중간에 하천이 흐르고 있어서 연결이 어렵다. 게다가 하고성자는 오녀산 동편에 소재한 홀본과는 정반대편이다. 오히려 고구려의 첫 왕성은 비류수를 가리키는 부이강과 혼강의 합류 지점 강변에 소재한 나합성이 관련 있어 보였다.

위나암성은 '국내'에 소재한 것으로 적혀 있다. 이와 관련한 국내성은 342년에 축조되었다. 반면 위나암성은 3년(유리왕 22)에 축조되었다고 한다. 그러므로 양자는 관련이 없다. 산성자산성인 환도성을 위나암성으로 비정하여 왔다. 그러나 환도성 역시 198년에 축조된 성이므로 연대가 맞지 않다. 혹자는 위나암성 이름이 환도성으로 바뀌었다고 하였다. 그렇지만 이는 자의적인 해석에 불과했다. 환도성은 환도라는 지역에 축조된 성이었다. 따라서 어떠한 경우든 위나암성을 환도성과 연관 짓기는 어려웠다. 그러한 위나암성은 지형 조건을 비롯한 여러 요소를 놓고 볼 때 환인의 오녀산성으로 지목되었다.

고구려는 위군魏軍의 침공으로 환도성이 폐허가 된 관계로 247년에 묘사廟社를 새로 축조한 평양성으로 옮겼다. 이는 실질적인 천도를 뜻한다. 문제는 평양성의 소재지였다. 313년까지 낙랑군이 평양에 소재했다는 관념 때문에 이 기록 자체를 신뢰하지 않았다. 혹은 그 위치를 다른 곳으로 비정해 왔다. 그러나 『삼국사기』에 보이는 평양성 관련 기록은 일관성을 지니고 있었다. 그러므로 지금의 평양이 분명하다는 판단이 들었다. 이와 관련해 낙랑군은 기실 1세기 후반경 한반도에서 축출되었다는 최근의 연구 성과를 제시할 수 있었다.

고구려 왕은 342년에 환도성으로 이거移居하였다. 그러나 전연의 침공으로 환도성이 초토화되었다. 그럼에 따라 고구려 왕은 이듬 해인 343년에는 평양 동쪽의 황성黃城으로 이거했다. 『삼국사기』에서는 황성의 소재지를 '목멱산 중木覓山中'이라고 구체적으로 명시하였다. 이는 현재 성지城址의 확인 여부와는 무관하게 황성의 실체를 분명히 해준다. 게다가 후인들에 의해 목멱산 하에 '황궁기지皇宮基址' 비를 건립한 바 있다. 어쨌든 371년에 평양성에서 고국원왕이 백제군과의 교전 중 전사하게 된 것도 평양 일대를 도성으로 이용한 결과로 보인다. 광개토왕이 399년에 평양성에서 신라 사신을 맞이한 것도 평양성이 실질적인 왕성으로 기능했음을 뜻한다. 이러한 맥락에서 볼 때 427년 평양 이도는 일대 사건이라기 보다는 평양성을 도성으로 확정 짓는 공식적인 선언으로 간주하는 게 타당할 것 같다. 따라서 평양 이도를 전후한 귀족들 간의 갈등설은 재고해야 될 듯싶다.

427년에 이도한 평양의 거점성은 371년에 고국원왕이 전사한 평양성으로 지목된다. 흔히들 이때 이도한 평양을 대성산성으로 지목하였다. 그렇지만 대성산성과 관련된 건물지로 추정되는 소위 안학궁에서 출토된 유물의 시기는 비교적 늦은 것으로 밝혀졌다. 이 점을 고려할 때 이도와 결부 짓기는 어렵다. 더욱이 대성산성 일대는 행정 구역상 당시 평양으로 분류되었는지도 불투명하다. 그렇다고 할 때 대성산성은 427년의 이도 이후 축조된 성으로 간주된다. 이와 더불어 평양의 범위도 확대되어 이제는 대성산성 중심으로 시가지가 재편되었을 수 있다. 그 후 35년 간의 공사 기간이 소요된 장안성이 완공되어 고구려는 586년(평원왕 28)에 이도하였다. 그런데 대성산성과 평지성의 조합으로 운위되는 안학궁은 고구려 말기의 별궁 정도로 간주하는 시각이 설득력 있어 보였다. 그럼에 따라 산성과 평지성의 조합이라는 고구려 도성 체제를 가리키는 공식은 성립이 어렵게 되었다.

고구려는 정복 전쟁이 소강 국면에 접어든 481년 이후 장안성 축조가 시작되는 552년 이전에 대성산성을 축조했던 것으로 보인다. 이와 짝하여 장안성의 축조가 이루어졌다. 장안성은 동쪽과 남쪽은 대동강으로, 서쪽과 서북쪽은 대동강 지류인 보통강으로 2중으로 둘러싸였다. 동북으로만 육로로 연결된 천험의 자연요새였다. 즉 삼면이 강으로 둘러싸인 6세기 서고트 왕국의 수도였던 스페인의 톨레도Toledo를 연상시킨다. 고구려 말기에 평양성이 포위되었을 때 '평양남교'·'평양성북문'·'평양성대문' 그리고 주변에 사천이라는 하천이 보인다. 평양남교는 대동강을 가로지르는 목교木橋의 존재를 말해준다. 북문은 칠성문, 대문은 대동문을 가리키는 듯하다. 사천은 보통강을 가리킨다. 자연지형을 이용한 고구려 도성체제는 거대 나성과 바깥 성벽만 7km가 넘는 대형 산성(대성산성)의 결합으로써 6세기 후반에 완결되었다.

대동강을 거슬러 올라와 상륙한 내호아來護兒가 이끈 수군隋軍의 공격을 퇴치할 수 있었던 것도 이러한 도성체제의 효율성에 기인했다고 본다. 이후 고구려는 평양성을 포위한 당군唐軍에 맞서 여러 해 동안 항전할 수 있었다. 이와 관련해 413년에 비잔틴 황제였던 테오도시우스가 세운 성벽은 바다와 접하지 않은 내륙은 해자, 해자에 접한 흉벽胸壁, 내성과 외성으로 구성된 3중성이었다. 성벽의 총 길이는 22.5km였다. 이 성은 7~8세기에 페르시아 군과 아랍 군, 그리고 9세기에 불가리아 군과 러시아 군으로부터 콘스탄티노플을 지켰고, 1453년에야 투르크에 의해 성벽이 함락되었다. 고구려의 장안성도 내분만 없었다면 쉽게 함락되지 않았을 것이다.

Ⅱ. 별도別都의 설치

1. 국원성國原城

1) 백제사의 일원 충주

충주는 소백산맥 남북을 연결하는 양대 교통로와 합치는 곳에 소재한 전략적으로 중요한 지역이었다. 남한강 상류의 중심 문화권이었던 충주는 당초 백제 영역이었던 것으로 보인다. 충주 가금면 장미산성(사적 제400호)에서 백제와 연관된 조족문토기鳥足文土器가 출토된 바 있다.[137] 둘레 2km에 이르는 장미산성에서 출토된 조족문토기는 축조 국가를 암시하기 이전에 그 일대가 한 때 백제 영역이었음을 뜻하는 물증이 된다. 다시 말해 고구려 이전에 백제가 장미산성을 중심으로 한 충주 일원을 지배했음을 알려준다.[138] 백제와 연관 있는 유적으로는 그 밖에 탄금대토성과 칠금동 야철유적, 그리고 탑평리 주거 유적 등을 꼽을 수 있다. 이미 널리 알려진 사실이지만 소개하는 차원에서 기왕의 성과를 정리했다.

---

137 忠北大學校 博物館, 『中原 薔薇山城』 1992, 172쪽.
138 혹은 백제와 신라의 연합으로 한강유역을 회복한 551년에 일시 점령한 상황에서 조족문토기가 남겨지게 된 것으로 간주할 수도 있다. 그러나 남한강 상류 지역인 충주는 신라가 장악하였으므로 백제와는 연결짓기 어렵다.

(1) 장미산성

장미산성 조사는 사적 제400호인 충주 장미산성 내 남쪽의 계곡부를 감싸고 도는 성벽 회절부의 서측 성벽과 성벽 내 안쪽 사면에 대한 시굴조사였다. 한강유역으로 통하는 남한강수로와 주변의 육로 통제에 효과적인 전략적 요충지에 축성된 장미산성의 축성시기와 축성주체 파악 및 점유세력 변화양상에 대한 구명을 목적으로 총 5개의 시굴갱을 설치하여 조사하였고, 잔존하는 기단부를 확인하기 위하여 외벽부분을 노출하였다. 성벽의 축조는 기본적으로 기반층을 3단의 계단식으로 정지하여 외벽은 기단부를 정교하게 쌓고 할석과 흙으로 뒤채움하여 일정한 높이까지 올린 이후 내·외벽을 함께 쌓아 올린 것으로 보인다. 성벽의 폭은 4.5~5.3m 정도로 계곡 부분에서 가장 얇게 확인되고 있으며, 잔존높이는 5~5.5m 정도로 확인되었다. 외벽 기단은 기반층의 굴곡으로 인해 점토와 잡석으로 다진 후 기단석을 수평쌓기 하였으며, 기단의 앞부분에는 할석이나 면석을 2열로 배치하는 등의 보축이 이루어졌다. 계곡 북쪽의 성벽 외벽 기단은 그랭이 기법을 이용하여 암반층에 돌을 수평으로 쌓아 올렸으며, 최하부의 기단석은 보다 큰 석재를 사용하여 견고하게 하였다. 내벽면은 계곡 북쪽 성벽에 일부 잔존하고 있는데, 먼저 점토와 잡석으로 기저부의 최상단을 다지고 이를 기반으로 내벽을 축조했던 것으로 보인다. 내벽면은 면석을 사용하여 쌓았으나 정연하지 않은 편이다. 다짐층에는 기둥자리가 확인되고 있는데 이는 성벽 축조와 관련된 시설의 흔적으로 추정된다. 성벽 내부에는 성벽과 인접하여 석환무더기, 배수로, 용도 미상의 축대시설 등이 확인되었다.

유물은 성벽 안쪽 다짐층이나 내부 퇴적층에서 토기와 기와, 송풍관 편 등 총 19점이 출토되었다. 토기류는 4세기 후반~5세기 중반의 한성 백제기 토기와 6세기대의 신라계 토기가 확인되어 점유세력의 변화를 추정할 수 있다. 출토유물 중 철기는 암반층 상부에 퇴적된 암갈색 사질토층에서 철정 1점이 확인되었고, 외벽 조사를 진행하면서 망치 1점 이 확인되어 정과 함께 성벽을 축조하는데 사용되었을 석재를 제작하는 도구로 판단된다. 위와 같이 조사를 통해서 일반 성벽 구간과 계곡부 성벽의 구조와 축조 방법을 일부 확인할 수 있었으나 성내 건물지 등의 유구는 확인할 수 없었다. 이번 조사구간은 성내 사면에 암석이 다수 산재하고 퇴적층 내에서 초석이나 성석으로 사용되었을 치석된 석재가 다수 확인되는 점, 유물 중 돌을 쪼개는 용도로 사용되었던 것으로 보이는 망치와 정의 존재 등으로 보아 채석장의 성격을 갖는 공간이라고 판단된다.[139]

(2) 탄금대토성

탄금대토성은 충북 충주시 칠금동 산 1-1번지 일원의 탄금대 동북쪽 가장 높은 지점에 위치하고 있는 토성이다. 토성이 위치하고 있는 탄금대는 동북쪽에서 흘러오는 남한강과 남한강 최대 지류인 달천이 합류하는 바로 동쪽으로 대문산 또는 태문산이라 불리는 낮은 구릉이다. 토

---

139 國立中原文化財研究所, 『學術研究叢書 第14冊 忠州 薔薇山城 시굴조사보고』 2014.

성은 탄금대의 동북쪽 가장 높은 지점에서 서향으로 낮아지는 사면을 둘러싼 토루이다. 평면 형태는 동서로 긴 불규칙한 말각장방형(네 모서리가 둥근 직사각형)이거나 타원형이다. 전체 둘레는 자연지형을 그대로 이용한 북쪽 구간을 포함하여 약 415~420m이며, 인위적인 토루가 축조된 구간은 234m이다.

성안의 평평한 지대에 대한 발굴조사에서 저수시설 1기와 주거지 3기가 확인되었다. 저수시설의 평면 형태는 부정타원형 또는 말각장방형으로 추정되며, 전체적으로 중앙부가 가장 깊은 바가지 모양이다. 서쪽 벽 위쪽이 일부 훼손된 상태이나 전체적으로 잘 보존되어 있다. 규모는 500×530cm으로 중앙부의 깊이는 60cm이다. 벽체는 갈색 점질토 내지 개흙을 이용하여 저수시설의 중심부를 향하여 사선방향으로 다져졌으며, 바닥면은 짙은 회흑색 개흙을 이용하여 다진 후 그 위쪽 면은 강돌을 이용하여 얇게 깔았다. 강돌 위에 밝은 회백색 개흙이 침전되어 있는 것으로 보아 장기간 물을 저장하였던 시설로 추정된다. 매몰 층에서 40매의 덩이쇠가 나왔다.

주거지는 광석을 녹이는 제련시설과 제련소에서 생산된 철을 2차 가공했던 공방시설로 추정되고 있다. 인접하고 있는 저수시설의 매몰 층에서 발견된 덩이쇠도 이를 뒷받침한다 할 수 있다. 이러한 사실을 종합해 볼 때 탄금대토성은 4세기 중후반에 탄금대를 중심으로 분포하고 있는 철을 생산하는 세력에 의해 축조되고 경영된 것으로 추정하였다.

탄금대토성에 대한 발굴조사 결과 토성은 지금까지 조사된 바 없는 일명 석심토루로 축조되었다는 것이 밝혀졌다. 성벽의 중심토루는 중앙에서 안쪽방향으로 석축렬이 계단모양으로 축조되어 있다. 중심토루의 아랫부분의 너비는 680cm이며, 아랫부분에 석렬이 축조되어 있는 구간의 너비는 270~290cm이다. 중심토루의 안팎으로는 내피토루와 외피토루가 축조되어 있는데, 내피토루의 너비는 600cm, 외피토루의 너비는 470cm의 규모이다. 중심토루를 중심으로 각각 내, 외측으로 경사를 이루도록 축조했다.[140] 탄금대토성은 진흥왕이 행차했던 하림궁이 소재했던 낭성으로 비정된다.[141]

(3) 칠금동 제철유적

충청북도 충주시 칠금동 탄금대 인근에 위치한 '충주 칠금동 제철유적'은 충청북도 기념물 제170호로 지정됐다. 탄금대 남쪽 기슭에 위치한 해당 유적은 국립중원문화재연구소에서 2016년부터 연차적으로 발굴조사를 진행 중이다. 발굴 결과 삼국시대(백제) 제련로 26기와 단야로 1기가 조사됐으며, 이는 국내 최대 규모의 고대 철 생산 유적지로 확인되었다. 특히 제련로 축조 시 기존에 알려진 하부구조에 더해 탄화목을 촘촘히 깔아놓은 방식이 다수 조사되어 '칠금동식 제련로'라고 이름을 붙였다.

---

140 국립중앙과학관 : 성곽 축조 과학관.
141 丹齋申采浩先生紀念事業會,「朝鮮上古史」,『改訂版 丹齋申采浩全集(上)』, 螢雪出版社, 1987, 242쪽.

창동 철산에서 원료를 채광하고, 수룡리 산막골 탄요炭窯에서 연료를
생산하였다. 이렇게 확보한 원료와 연료로써 칠금동 제철 유적에서 철
을 생산했다. 생산된 철은 탄금대토성에서 남한강을 이용해 탑평리는
물론이고 한성으로 운송되었을 것이다.[142]

(4) 탑평리 유적

탑평리 유적은 남한강변을 따라 길게 형성된 4세기 후반에서 5세기
전반에 형성된 백제의 대규모 마을 유적이다. 유적은 달천과 남한강이
합류하는 탄금대에서 하류로 약 2.5km 떨어진 곳에 위치하고 있으며,
남한강변의 서쪽에 단구에 있는 평탄지에 해당된다. 조사 지역의 남쪽
에 소일마을부터 충적지가 나타나기 시작하여 점차적으로 넓어지는
충적대지에 중간지점이다. 충주 탑평리 유적은 백제-고구려-신라 순의
유구가 좁은 면적에 중첩되어 확인되고 있다. 백제 주거지는 총 13기
(2009년 3기 발굴)를 비롯하여, 신라 건물지와 주거지가 확인되며, 특히
2010년에 고구려의 구들 시설과 유물도 확인되었다. 탑평리 유적에서
는 화덕 및 노벽 · 송풍관 등이 확인되고 있다. 신라 · 백제 문화층에서
제철관련 공방시설로 추정되는 소토유구에서는 철재 · 목탄 등과 함께
송풍관이 확인되었다. 주거지 36기와 삼족토기 · 굽다리접시 · 아궁이

---

142 어창선, 「충주 제철 유적의 조사 현황과 성격」, 『제5회 중원문화 학술포럼, 중원의
   생산 유적』, 국립충주대학교 박물관, 2011.11.8, 193쪽.

테 등이 출토되었던 것이다.[143]

(5) 백제는 왜 충주를 주목했을까?

백제가 충주를 중시한 이유는 일단 접근성이 좋다는 것이다. 한반도 전체 수로水路의 1/4을 차지하는 한강, 특히 남한강 수로와 백제 국도 한성과 충주는 연결되고 있다. 인적 물적 교류에 있어서 가장 안전하고 유효한 수단이 내륙수로였다. 그러한 한강을 백제 국도가 소재한 지금의 서울 지역과 충주는 공유하였다. 한강수로를 이용하여 백제는 생필품 소금의 공급과 판매를 통해 일찍부터 충주 지역을 영향권에 넣을 수 있었다. 더욱이 남한강 상류 지역에 소재한 충주는 충적평야로 인한 비옥한 농경지가 펼쳐졌다. 이러한 미곡米穀의 확보와 더불어 유수한 제철산지가 무수히 확인되었다. 미곡 산지와 제철 산지는 대규모 소비처와 연계되었을 때 경제적 효용성이 한층 빛을 발하게 된다.

충주의 경제적 기반과 관련해 홀시할 수 없는 사실은 고대국가의 잠재적 국력의 척도이기도 한 철鐵과 동銅의 다량 산출이었다. 충주 일원에서 확인된 방대한 야철 유적은 이미 조사 보고되었다. 2011년까지만하더라도 충주 지역 제철 유적은 총 90곳이 확인되었다. 이 가운데 4곳

---

143 길경택, 「탑평리유적과 충주 주변의 백제유적」, 『충주 탑평리유적의 발굴과 그 의의』, 국립중원문화재연구소, 2016.

이 백제 유적이고, 1곳은 삼국시대 유적으로 밝혀졌다.[144] 문헌 기록만 뽑아보더라도 관련된 자료는 다음과 같다.

* 고려 충렬왕 3년, 원元의 요구로 충주에서 환도還刀 천千 자루 제작[145]
* 다인多仁 철소鐵所와 말흘금末訖金의 철장鐵場[146]
* 주연리周連里의 철鐵 산출[147]
* 이류면 본리의 용광로지[148]
* 송수산松秀山 동점銅店의 동銅 산출[149]
* 이류면 완오리의 제철 유적[150]

위의 자료와 더불어 「삼도부三都賦」의 다음과 같은 기사도 충주 지역 철장의 비중을 약여하게 시사해 주고 있다.

중원中原과 대령大寧은 철이 이곳에서 생산되는데, 빈철·납·강철·연 철이다. 돌을 뚫지 않아도 산의 골수처럼 철광석이 흘러나오니, 뿌리와

144 어창선, 「충주 제철 유적의 조사 현황과 성격」, 『제5회 중원문화 학술포럼, 중원의 생산 유적』, 국립충주대학교 박물관, 2011.11.8., 170~172쪽.
145 『高麗史』권28, 忠烈王 3년 조.
146 『世宗實錄』地理志, 忠州牧 條.
147 『新增東國輿地勝覽』권14, 忠州牧, 土産 條.
148 蘂城同好會, 『蘂城文化』6, 1984, 190쪽.
149 鄭永鎬, 「中原高句麗碑의 發見 調査와 研究 展望」, 『史學志』13, 1979, 17쪽.
150 충주박물관, 『충주 완오리 야철유적』1998.

그루를 찍고 파내도 끝이 없네. 홍로洪爐에 녹여 부으니 녹은 쇠가 물러, 물이 되어 화염에 달군 양문陽紋, 물에 담은 음문陰紋을 대장장이 망치 잡아 백번 천번 단련하니 큰 살촉·작은 살촉·모矛도 되고 갑옷도 되며, 칼도 되고, 긴창도 되며, 화로도 되고, 백철도 되며, 호미도 되고, 종[鏄]이 되며, 솥도 되고, 물통도 되니, 그릇으로는 집안에 쓰고, 병기로는 전쟁에 쓰네.[151]

위에서 중원은 충주를[152], 대령은 해주海州의 별호別號이다. 그리고 고려에서도 노철露鐵 광산鑛山이 소재한 충주가 철산지로서 명성을 얻었음을 뜻한다. 요컨대 이상의 자료들을 놓고 볼 때, 삼국기 충주에서 다량의 철 생산 가능성을 충분히 엿볼 수 있는데 칠금동 제철유적이 대표적이다.[153]

충주에서 산출된 미곡과 제철은 남한강 수로를 이용해 신속하게 백제 국도 한성으로 공급될 수 있었다. 그랬기에 통치거점으로서 장미산성이 축조되었다. 장미산성은 남한강과 달래강 수로를 모두 관제할 수 있는 요충지였다. 이와 관련해 나루터는 소통과 통신의 역할을 하는 단위 사회의 중심지였다. 주지하듯이 남한강변에 조성된 탑평리 주거 유

---

151 『東文選』권2, 賦, 三都賦.
152 『輿地圖書』忠淸道, 忠原, 郡名 條.
153 이와 관련해 『일본서기』神功 52년 조에 적혀 있는 '谷那鐵山'을 충주로 지목하기도 한다. 그러나 지명인 谷那와 충주는 전혀 연결되지 않는다(李道學, 『가야는 철의 왕국인가』, 학연문화사, 2019, 158~160쪽).

적 일대는 당시 충주의 물류 유통을 비롯한 중심 거점이었다. 이와 더불어 경기도 고양을 기점으로 한 봉수烽燧가 충주에서 끝나고 있다. 거대한 봉수체계가 설치되어 있음을 알려준다.[154]

2) 고구려사에서의 충주

(1) 영락 6년 광개토왕의 남정南征과 충주

충주는 당초 백제 영역이었다. 그러한 충주 지역이 고구려사에 편제되는 계기는 다음과 같은 「능비문」 영락 6년 조에서 찾을 수 있다.

百殘新羅 舊是屬民由來朝貢 而倭以辛卯年 來渡△破百殘△△[新]羅以爲臣民 以六年丙申 王躬率水軍 討伐殘國 軍△△[首]攻取寧八城 曰模盧城 各模盧城 幹氏利[城] △△城 閣彌城 牟盧城 彌沙城 △舍蔦城 阿旦城 古利城 △利城 雜珍城 奧利城 勾牟城 古[模]耶羅城 [頁]△△△△城 △而耶羅[城] [瑑]城 於[利]城 △△城 豆奴城 沸△△利城 彌鄒城 也利城 太山韓城 掃加城 敦拔城 △△△城 婁賣城 散[那]城 [那]旦城 細城 牟婁城 于婁城 蘇灰城 燕婁城 析支利城 巖門△城 林城 △△△△△△△[利]城 就鄒城 △拔城 古牟婁城 閏奴城 貫奴城 彡穰城 [曾]△[城] △△盧城 仇天城 △△△△ △其國城 殘不服義 敢出百戰 王威赫怒 渡阿利水 遣刺迫城 △△[歸穴]△便[圍]

154 李道學, 「고대·중세의 역사」, 『일산 새도시 개발지역 학술조사보고 2』, 한국선사문화연구소·단국대학교 한국민족학연구소, 1992, 13~14쪽.

城 而殘主困逼 獻出男女生口一千人 細布千匹 跪王自誓 從今以後 永爲奴

客 太王恩赦△迷之愆 錄其後順之誠 於是得五十八城村七百 將殘主弟幷大

臣十人 旋師還都

영락 6년(396) 조는 고구려 광개토왕이 수군 작전을 통해 백제 왕의
항복을 받아내고 백제의 58성城과 700개 촌村을 점령했다는 전승 기사
이다. 영락 6년에 대한 전쟁 과정은 광개토왕이 직접 이끈 수군 작전에
의해 지금의 한강인 아리수를 건너 백제 왕성을 급습 · 항복을 받아낸
것으로 적혀 있다. 이때 백제 왕은 광개토왕에게 노객奴客의 맹세를 하
고 남녀 생구生口 1천 명과 세포細布 1천 필, 그리고 왕제王弟와 대신大臣
10명을 볼모로 바쳤다. [155]

이때 고구려가 백제로부터 노획한 58성의 소재지는 영락 6년에 단행
된 광개토왕 친정의 성격 내지는 고구려 정복의 방향을 암시해 준다.
이와 관련해 「능비문」은 사실을 기록하는 데 목적을 두고 있는 단순한
역사 기록물이기 보다는 정치 선전문으로서의 성격이 농후한 훈적비
였음을 상기하지 않을 수 없다. [156] 게다가 「능비문」은 정토의 명분을 앞
세우고 있는 치밀한 구조문이므로 산발적인 백제와의 전투 사실까지
일일이 연대기식으로 기재하지 않았다. 영락 6년 조는 영락 원년에서

---

155 李道學, 「廣開土王陵碑文에 보이는 戰爭 記事의 分析」, 『高句麗硏究』 2, 1996,
    753~757쪽.
156 「능비문」의 성격에 대해서는 李道學, 「廣開土王陵碑文의 思想的 背景」, 『韓國學報』
    106, 2002, 2~21쪽을 참조하기 바란다.

6년에 걸친 백제 공격의 성과를 일괄 기록한 것이었다. 영락 6년은 광개토왕이 친정으로써 백제 아화왕의 항복을 받아내 백제 공격의 대미大尾를 장식한 기념비적인 해였다. 그러한 연유로 인해 영락 원년에서 5년에 걸쳐 공취한 백제의 성 숫자까지도 광개토왕의 친정년親征年인 영락 6년 조에 일괄 기재하여 광개토왕의 업적을 돋보이게 하려 한 것이었다.[157]

이러한 사실을 염두에 두고 검토한 결과, 58성 가운데 영락 원년에서 5년에 걸친 대백제전의 전과는 27성이었고, 그 소재지는 대략 예성강에서 임진강선으로 비정되어졌다. 나머지 31성의 점령 과정은 여러 가지 추리가 가능하지만 허를 찌르는 일종의 기습전으로 백제 왕성을 전격적으로 함락시켰던 것 같다. 이때 점령한 성들의 소재지는 백제 왕성의 북쪽이 아니라 그 동남부의 깊숙한 내지로 비정되었다. 요컨대 31성은 영락 6년 광개토왕 친정의 결과로서 아화왕에게 항복의 대가로 받아낸 성들로 보여진다. 이와 관련해 한인韓人과 예인穢人이 혼거하는 신래한예新來韓穢 지역에 소재한 사조성舍蔦城, 그리고 아단성阿旦城과 충주고구려비에서 고구려가 수사守事를 파견하여 관할했던 고모루성古牟婁城의 소재지를 검토해 보았다. 그 결과 지금의 인천인 미추성彌鄒城

---

157 武田幸男,「廣開土王碑文辛卯年條の再吟味」,『古代史論叢(上)』, 吉川弘文館, 1978, 50~84쪽 ; 武田幸男,「高句麗廣開土王紀の對外關係記事」,『三上次男博士頌壽記念東洋史考古學論集』, 三上次男博士頌壽記念會, 1979, 266~271쪽.
李道學,「永樂6年 廣開土王의 南征과 國原城」,『孫寶基博士停年紀念韓國史學論叢』, 지식산업사, 1988, 94쪽.

과 같은 경기만 일부 지역도 포함되었지만 대부분 남한강 상류 지역으로 소재지를 비정할 수 있었다.[158]

미추성을 포함한 경기만 지역은 전략적 측면에서 본다면 한강 하구로 진입하려는 고구려 선단의 후미를 차단할 수 있는 백제 군항軍港의 강타라는 측면과, 백제 왕실 직영 소금산지의 장악을 통해 백제에 대한 압박을 강화하기 위한 담보물로서의 성격을 지녔다.[159] 그런데 중요한 것은 31성 가운데 대부분을 점하고 있는 남한강 상류 지역은 신라·가라 경영 문제와 연계되어 있다. 즉 고구려가 소백산맥 이남으로의 진출 통로를 확보할 목적으로 광활한 보급·수송 루트인 그 이북의 충주와 단양·제천을 비롯한 강원도 내륙 지역을 장악한 것으로 보겠다. 그렇다면 이러한 31성 가운데 충주도 응당 포함되었겠지만, 당시 충주의 지명을 알지 못하고 있을 뿐이다.

396년에 남한강 상류 지역에 진출한 고구려에 의해 충주가 점령되었음은 그 행정지명을 통해서 짐작할 수 있다. 고구려는 국원성이라는 행정지명을 충주에 부여하였다.[160] 국원성이라는 행정지명은 고구려의 여느 지명과는 구분되는 것으로서, 특수 행정 구역일 가능성을 시사하고 있다. 국원성의 '國'은 국도를, '原'은 고구려어에서 토지를 가리키는 말인 내內·노奴·나那·양壤·낙洛·뇌惱의 역어譯語인 것이다. 그

---

158 李道學,「永樂6年 廣開土王의 南征과 國原城」,『孫寶基博士停年紀念韓國史學論叢』,
　　지식산업사, 1988, 88~102쪽.
159 李道學,「伯濟國의 성장과 소금 交易網의 확보」,『百濟硏究』23, 1992, 10~11쪽.
160 『三國史記』권35, 地理2. "中原京 本高句麗國原城 新羅平之 眞興王置小京"

러므로 국원성은 '국도 지역'이라는 의미가 담겨 있다. 고구려 국도인 국내성의 '국'이 국도의 의미를, '내'는 토지를 가리키는 '노奴'와 연결된다.[161] 국내성 역시 '국도 지역'이라는 의미가 된다. 따라서 국원성과 국내성은 동일한 의미를 지닌 행정 지명임을 알 수 있다.[162]

그러면 고구려가 국내성과 동일한 국도 성격의 국원성이라는 행정지명을 충주에 부여한 목적은 무엇이었을까? 그것은 일단 고구려가 또하나의 도읍 즉 별도의 기능을 충주에 부여했음을 뜻한다. 충주가 고구려의 별도가 된 시기는 문헌에서 상고할 수 없다. 그러나 이와 관련해 475년에 고구려가 지금의 경기도 고양시에 속한 북한산성北漢山城을 장악한 후에 남평양성南平壤城이라는 별도를 설치한 사실이 상기된다. 남평양성이라는 이름은 고구려 당시 국도 이름인 평양성에서 연유한 것이다. 이러한 맥락에서 볼 때 국원성이라는 별도 이름은 고구려가 국내성에 도읍하던 시기에 명명한 것으로 볼 수 있다. 충주가 고구려에 점령된 시기는 396년이고, 국내성 도읍기의 하한은 427년이다. 그러므로 고구려는 396년~427년 사이 어느 때 당시 국도였던 국내성에서 취하여 국원성이라는 행정지명을 부여한 것으로 볼 수 있다.[163] 최근 「충주

---

161 '內'와 '奴'는 土地를 가리키는 말로서 서로 연결되고 있다. 고구려 仍伐奴縣 管內였던 관악산 호암산성 한우물에서 출토된 숟가락에 새겨진 '仍伐內'라는 지명을 통해서 확인되어진다. 儒城을 『大東地志』에서 "本百濟 奴斯只 奴一作內"라고 한 데서도 奴와 內가 연결됨을 알 수 있다.

162 李道學, 「永樂6年 廣開土王의 南征과 國原城」, 『孫寶基博士停年紀念韓國史學論叢』, 지식산업사, 1988, 103~104쪽.

163 李道學, 「永樂6年 廣開土王의 南征과 國原城」, 『孫寶基博士停年紀念韓國史學論叢』,

고구려비문」 제액은 "永樂七年歲在丁酉"이며, 비석의 건립은 397년이나 그 직후라는 소견이 제기되었다.[164] 충주고구려비의 영락 7년 건립설에 따르면 비문의 시점은 횡서橫書인 제액題額 '永樂七年歲在丁酉'에 한정된다. 그랬기에 그 밑에 그어진 좁은 칸을 경계로 하여, 오른쪽부터 종서縱書로 "五月中高麗太王"으로 문장이 시작되는 것이다. 충분히 가능한 독법으로 판단된다. 이러한 판독에 따른다면 영락 6년에 고구려가 충주를 비롯한 남한강 상류 지역을 할양받았다는 앞서의 지견과도 정확히 부합한다.

신라가 충주 지역을 지배한 후에는 국원소경을 설치하고 통일 후에는 중원소경을 삼았다. 이러한 충주 지역의 정치적 위상을 역으로 고려할 때 고구려의 별도 설치는 결코 우연이 아니라고 하겠다.

(2) 국원성 설치의 배경과 그 역할

① 국원성 설치 배경

충주에 국원성이라는 고구려의 별도가 설치된 배경은 무엇일까? 일단 고구려는 4세기 중반경에 백제를 비롯한 전체 남진경영을 총괄하기 위해 평양성에 별도를 설치한 바 있다. 5세기에 접어들어 고구려는 평

1988, 지식산업사, 105쪽.

164 고광의, 「충주고구려비의 판독문 재검토-題額과 干支를 중심으로」, 『충주 고구려비 발견 40주년 기념 학술회의』, 동북아역사재단, 2019. 11. 22, 33쪽; 『韓國古代史硏究』 98, 2020, 93쪽.

양성만으로는 한반도의 중심부까지 급속히 확대되는 남진경영을 극대화시킬 수 없었다. 396년에 고구려는 이미 남한강 상류 지역까지 진출한 상황이었다. 400년에는 신라 구원을 명분삼아 5만의 고구려 보기步騎가 출병한 이후 그 정치적 영향력과 영토는 신라 지역과 낙동강 하류까지 깊숙이 미치고 있었다.[165] 그로 인해 고구려로서는 남한강 상류 지역을 교두보로 한 소백산맥 이남의 신라경영만을 전담할 또 다른 별도의 필요성을 느끼게 되었다.

고구려가 충주에 별도를 설치한 직접적인 배경은 몇 가지로 나누어서 살필 수 있다. 우선 지리적인 측면에서 볼 때 충주는 교통의 요지라는 전략적 중요성을 지니고 있었다. 즉 충주는 소백산맥 남북을 잇는 양대 교통로인 계립령과는 직접 통할 뿐 아니라 죽령과도 연결되어 있다. 더욱이 충주는 이러한 내륙 교통로를 다시금 남한강을 이용한 수운水運으로 연결시켜 주는 위치에 있었다. 고려의 12조창漕倉의 하나인 덕흥창德興倉과 조선의 가흥창可興倉이 있던 충주는 경상도 북부 지역과 충청북도 전역에 걸친 세곡을 모았다가 남한강의 수운을 이용해서 개성 및 서울의 경창京倉으로 운반하는 역할을 맡은 바 있었기 때문이다. 그리고 고구려가 충주에서 계립령을 넘어 문경 방면으로 진출하게 되면 대동강에서부터 한강과 낙동강을 잇는 거대한 전략 수로를 확보할

---

165 400년에 해당하는 「능비문」 영락 10년 조의 성격에 대해서는 李道學, 「加羅聯盟과 高句麗」, 『제9회 가야사 국제학술회의 : 加耶와 廣開土大王』, 김해시, 2003, 1~15쪽과 李道學, 「高句麗와 加羅聯盟」, 『고구려 광개토왕릉비문 연구』, 서경문화사, 2006, 433~435쪽을 참조하기 바란다.

수 있게 된다. 이러한 전략 수로는 평양성에서 남평양성과 국원성 그리고 낙동강 하구의 구야국狗耶國 지역을 잇는 최단 코스로서, 그 중간 거점이 충주가 되는 것이다.[166]

경제적인 측면에서 볼 때 충주는 비상하게 주목을 요하는 도회였다. 남한강과 넓은 충적평야를 끼고 있는 충주는 거주에 적합한 조건을 갖추고 있었던 관계로 인구 조밀 지역이었다. 따라서 자연 생산 활동도 활발하여 잉여 농산물 또한 풍부하게 집적되어 있었다. 아울러 교통의 요지인 관계로 충주는 내륙 경제의 중심지로서 번성하였다. 농업생산력의 증대와 국가 형성에 중요한 역할을 해 온 것이 철이었다. 「고려기高麗記」를 인용한 『한원』에서 "은산銀山은 안시安市의 동북쪽 100여 리에 있다. 수백 가호家戶가 있어서 은을 채취하여 국용으로 바친다"고 했다. 이처럼 국가적인 사업으로 철광 개발에 열을 올렸던 고구려가 충주 지역의 철광을 간과했을 리 없다. 고대에는 교통이 편리한 지역에 양질의 노천 광맥만 발견하여 채굴했다고 한다.[167] 이러한 점에서 볼 때 육로와 수로를 함께 이어주는 교통의 요지였던 충주는 철산지와 공급지로서 가장 적합한 입지적 조건을 갖춘 셈이었다. 이 같은 충주 지역의 철 산출은 고구려의 생산력과 무력 증강에 이바지하였을 것이다. 그 대부분은 철광의 입지적 여건상 남진경영과 관련하여 소용되었다고 보

---

166 李道學, 「高句麗의 洛東江流域 進出과 新羅·伽倻經營」, 『國學研究』 2, 1988, 97쪽. 101쪽.

167 文暻鉉, 『新羅史研究』, 경북대학교출판부, 1983, 160쪽.

겠다. 이러한 충주 지역에서의 철광 개발은 노동력의 집중을 초래하여 국원성의 인구를 증가시키는 요인이 되었을 것이다. 아울러 제철을 원료로 하는 각종 산업의 발달을 가져와 국원성은 번성하는 도시의 면모를 갖추게 되었던 것 같다.

② 신라 경영의 축으로서 국원성

국원성의 치지治址는 장미산성薔薇山城이나 탑평리 방면으로 비정하고 있다.[168] 당시 치소는 산성이었던 만큼 충주고구려비를 중심으로 한 반경 내에서 찾아 볼 때 장미산성으로 비정되어진다. 장미산성의 '薔薇'는 '長尾'로도 표기되고 있다. 여기서 부회나 아화 가능성이 높은, 꽃 이름 '장미' 보다는 아무래도 '長尾' 표기가 당초의 성명城名에 근사하다고 보여진다. 실제 장미산성이 소재한 장천리長川里라는 지명도 이와 연계될 수 있다. 게다가 삼국시대 때 충주를 탁장성託長城 혹은 완장성亂長城이라고 한[169] 그 '長'과도 무관하지 않을 것 같기 때문이다. 이와 관련해 국원성을 "一名 未乙省"[170]이라고 한 점을 주목하지 않을 수 없다. 주지하듯이 미을未乙은 '용龍' 또는 '長(긴 것)'을 가리키는 관계로 '장미長尾'와 무관하지 않아 보인다.

그런데 국원성의 별칭인 미을성 지명의 유래와 관련해 이와 다른 해

---

168 이에 관해서는 張俊植, 『新羅中原京研究』, 서경문화사, 2001, 105쪽을 참조하기 바란다.
169 『三國史記』 권37, 地理4. ; 『三國史記』 권7, 文武王 13년 9월 조.
170 『三國史記』 권37, 地理4.

석이 가능하다. 삼국시대 지명 가운데 미을성未乙省과 대응되는 지명으로서 달을성達乙省의 존재가 주목된다. 달을성은 고구려 통치기에 지금의 경기도 고양시 관내에 설치된 현縣 단위의 행정 구역으로서 신라 경덕왕 때 고봉현高烽縣으로 개칭되었다. 여기서 달을성의 달을에 대한 뜻 옮김은 '高'이고, '省'에 대한 뜻 옮김은 '烽·峰' 즉, '수루(봉우리의 뜻)'에 해당된다고 한다. 여기서 '수루'는 '봉우리'에서 신호를 위해 피우는 '봉화'를 뜻하는 것으로 풀이되고 있다. 그렇다고 할 때 '달을성達乙省'='고봉高烽'은 봉수 체계의 확립과 결부지어 살펴 볼 수 있는 지명이 된다. 실제 달을성현의 관내인 지금의 고양시 일산구에서 '고봉성산봉수高峰城山烽燧'가 확인되었다. '고봉'의 지명 유래를 "한씨漢氏 미녀가 높은 산마루에서 봉화를 피우고 안장왕을 맞이한 곳이라 하여 뒤에 고봉高烽이라 하였다"[171]는 기록을 통해서도 이 같은 추정을 가능하게 해 준다. 그러므로 고봉 지명과 관련한 봉수의 연원은 삼국시대까지 소급될 수 있다.

그런데 미을성은 달을성과는 대응되는 면을 보이고 있다. '달을'이 '高'의 뜻을 지녔다면, '末乙'은 '밑' 즉 '底'의 뜻으로 풀이할 수 있기 때문이다. 그러므로 미을성은 '저봉底烽'의 뜻이 된다. 이러한 맥락에서 볼 때 남한강 상류의 충주 지역을 가리키는 미을성은 한강 수계를 따라 그 하구 부근의 고양 지역과 연결되어 있다. 그러므로 이러한 지명은 봉수 체계선상에서 달을성은 그 수점首點에, 미을성은 그 종점에 소재한데서

---

171 『三國史記』 권37, 地理4.

유래한 것으로 추정할 수 있다.[172] 고구려 별도인 남평양성 서북편에서 작동된 봉수가 또 하나의 별도인 국원성에서 마무리되는 거대한 통신 망인 봉수 체계의 면면이 드러난 것이라고 하겠다.[173] 이러한 봉수 체계 는 백제의 그것을 계승한 것으로 보인다.

별도인 국원성에는 왕도와 동일한 도시 구획이 이루어졌던 것 같다. 충주시 노은면에서 출토된 건흥명建興銘 금동불상 광배명에서 그 조상 자造像者를 '佛弟子 淸信女 上部 兒奄'라고 하였다. 여기서 '상부上部'는 국원성의 도시 구획의 하나로 짐작된다. 이와 관련해 고구려 후기 3경 京의 하나였던 한성이나 별도였던 남평양성에서도 도시 구획 구간의 하나인 '후부後部'의 존재가 확인된 바 있다.[174] 이렇듯 '상부' 명은 별도 로서 국원성의 위용과 격조를 시사해 준다. 그리고 장미산성과 연접한 산정에 소재한 봉황성鳳凰城의 '봉황', 충주고구려비가 소재한 용전리龍 田里의 '용전', 그리고 능암리陵巖里의 '능암' 등과 같은 지명은 고구려의 별도다운 분위기를 엿보여주고 있다.[175]

고구려는 충주 지역에 별도를 설치한 것을 계기로 그 궁극적 목적인

---

172 충주에서 烽燧는 周井山 大林山 心項山 馬山 望耳山 등에서 확인되고 있다. 이러한 烽燧址가 모두 삼국시대 특히 고구려 당시에 사용되었는지는 알 수 없다. 그러나 적 어도 몇 개 烽燧址는 개연성을 부정하기 어렵다.

173 李道學, 「고대·중세의 역사」, 『일산 새도시 개발지역 학술조사보고 2』, 한국선사문 화연구소·단국대학교 한국민족학연구소, 1992, 13~14쪽.

174 李道學, 「아차산 堡壘와 그 출토 유물을 통한 몇 가지 새로운 해석」, 『고대문화산책』, 서문문화사, 1999, 24~25쪽.

175 李道學, 「高句麗의 洛東江流域 進出과 新羅·伽倻經營」, 『국학연구』 2, 1988, 103쪽.

소백산맥 이남의 신라 지역을 경영하였다. 고구려의 행정 통치가 직접 미친 곳은 영주·봉화·예안·청송·청하·영해·영덕에 이르는 구간이었다.[176] 이들 구간은 고구려 군대의 주요한 남하 통로인 죽령의 동남 지역에 해당한다. 즉 죽령을 통한 400년 고구려 군대의 남하로에 위치한 지역으로서, 군량미 조달이나 수송 등과 관련하여 1차적으로 고구려와 관련을 맺게 된 것을 기화로, 점진적으로는 이 지역을 발판으로 동해안 방면으로 영토를 넓혀 나간 것으로 보인다. 요컨대 고구려의 남부 교통로는 평양성을 기점으로 할 때, 평양→곡산→원산→강릉→울진→청하→경주에 이르는 것과, 평양→수안→신계→안협→평강→춘천→원주→제천→충주→단양→영주→임하→청송→영일만→경주에 이르는 교통로가 개척되었다.[177]

427년 평양성 천도 이후 고구려는 남진경영을 활기 있게 추진해 가면서 도로망 또한 정비·확대시켰다. 이러한 선상에서 평양을 축으로 하여 남으로 이어지는 북-남 교통로의 확장을 가져왔다. 집안 혹은 평양에서 남쪽으로 뻗은 도로의 한 갈래는 평강의 분수령을 넘고 남쪽으로 충청도 지방을 지나 경상도 동북방의 여러 군현郡縣들을 연결하였다.[178] 게다가 475년에 백제의 수도인 한성 공략에 성공한 후 이곳에 남평양성을, 그 후에는 황해도 재령(지금의 신원)에 한성을 설치하여 이곳

---

176 李道學, 「高句麗의 洛東江流域 進出과 新羅·伽倻經營」, 『국학연구』 2, 1988, 94~95쪽.
177 李道學, 「古代國家의 成長과 交通路」, 『國史館論叢』 74, 1997, 161쪽.
178 장국종, 「고구려에서의 도로 발전」, 『력사과학』 1985-2, 12쪽.

을 중간 거점으로 하였다. 동시에 고구려는 각 지방 행정단위들을 연결하면서 그 관하의 촌락들을 통제하여 중앙 집권력을 강화시킬 수 있는 교통망을 사방으로 확대시켜 나갔다.[179]

고구려는 한반도의 지형 조건상 개척이 비교적 용이한 서북-동남 방향의 교통로에 대한 일단의 완결을 지었다. 즉 국내성(집안)→의주→평양성→개성→남평양성(서울)→국원성(충주)→죽령→영주→안동→의성→영천→경주에 이르는 노선이 되겠다. 동북-서남 방향의 교통로는 옛 북옥저 방면에서 동해안을 타고 함흥→원산→추가령 구조곡→서울→천안→아산만에 이르는 노선을 개척하였다. 그럼에 따라 한반도 전역을 거의 X자형으로 관통하는 광대한 규모의 간선도로망을 확보하게 되었다. 이러한 고구려의 남하 교통로는 전선으로 군사력과 물자를 집중시킬 수 있는 교통로의 끊임없는 개척을 가져와 양국 군대가 대치한 최전방 군사 기지로까지 연속되었다.[180]

3) 국원성과 충주고구려비

최근의 연구 성과와 새로운 판독을 토대로 「충주고구려비문」(이후 「비석」과 「비문」으로 略記)의 석문釋文을 다음과 같이 작성해 보았다.

e-1. 五月中高麗太王祖王令△新羅寐錦世世爲願如兄如弟上下相和天守東

179 장국종, 「고구려에서의 도로 발전」, 『력사과학』 1985-2, 14쪽.
180 李道學, 「古代國家의 成長과 交通路」, 『國史館論叢』 74, 1997, 161쪽.

來之

e-2. 寐錦忌太子共前部太使者多亏桓奴主簿貴德△類△安△△去△△到至
　　　跪營

e-3. 大太子共△向△上共看節賜太霍鄒△食在東夷寐錦之衣服建立處用者
　　　賜之隨△節△△奴客人△敎諸位賜上下(衣)服

e-4. 敎東夷寐錦遝還來節敎賜寐錦土內諸(衆)人△△△△太王國土大位諸位
　　　上下衣服來受敎跪官之

e-5. 十二月二十三日甲寅東夷寐錦上下至于伐城敎來前部太使者多于桓奴
　　　主簿貴(德)△△境△募人三百新羅土內幢主下部拔位使者補奴△疏奴
　　　△△凶△盖盧共△募人新羅土內衆人△動△△△△△忠△△于伐城不
　　　△△村舍△△△△△△沙△△△△△△△△△刺功△△射△△△△
　　　△節人刺△△△△△△△△(辛酉)△△△△△△△△△△太王國土△
　　　△人△△△△△△△△△黃△△△△△△安△△△△△△△△△
　　　△△上右△(辛酉)△△△△△

e-6. 東夷寐錦土△△△△△△△△桓故△沙△斯色△太古鄒加共軍至于伐城
　　　去于△古车婁城守事下部大兄耶

△……前部大兄……部△△△泊……容……守自……

충주고구려비는 무엇 때문에, 그것도 충주 땅에 건립되었던 것일까? 이 문제는 비석의 건립 연대가 449년 경으로 비정된다고 할 때[181] 그 시대적 배경과 결부지어 살펴 보는 게 순리일 것 같다. 우선「비문」의 모두는 고려 태왕인 장수왕이 비석이 세워진 장소에 온 목적을 명시하고 있는 구절이다. 그 목적은 '祖王令'에 대한 언급에서 밝혀지고 있듯이 신라와의 관계 복원에 있었다. 장수왕은 자신이 국원성에 행차한 명분을 조왕祖王의 영令을 환기하면서 그것을 이행하는 데 두었다. 그런데 신라 매금寐錦은 고구려의 태자를 위시하여 그 신료들이 궤영跪營에 오는 것을 꺼려했다는 것이다. 여기서 궤영의 존재가 확인되어진다. 궤영은 일단 장수왕이 행차한 충주 지역 보다 남쪽에 설치된 고구려 군대가 주둔하고 있는 특별 구역으로 판단된다. 궤영의 성격은 불분명하다.[182] 그러나 '跪'가 무릎을 꿇는 종속 행위를 뜻하는 것이고, 신라 지역에 설치된 고구려의 군영임은 분명하다는 점이다. 그렇다면 궤영은 '신라인들이 절하러 오는 고구려 군영'의 뜻을 내포하고 있는 것으로 보인다. 그러니

---

181 李道學,「中原高句麗碑의 建立 目的」,『高句麗史研究』10, 2000, 274~279쪽에서 비석의 건립 연대에 대해 詳論하였다.

182 궤영의 성격을 종전에는 고구려 왕이 행차하여 머무는 行營으로 간주하는 견해(邊太燮,「中原高句麗碑의 內容과 年代에 대한 檢討」,『史學志』13, 1979, 45쪽)와 고구려가 남진을 위해 설치한 軍營으로 간주하는 견해(金昌鎬,「中原高句麗碑의 再檢討」,『韓國學報』47, 1987, 148쪽) 등이 있다.

까 신라인들이 종주국인 고구려로부터 선물을 받는 등 고구려와 신라 양국을 이어주는 일종의 연락소 격의 정치·경제적 성격을 띤 최일선 군영에 대한 고구려인들의 호칭이었던 것으로 보인다.

신라 매금이 고구려 태자 등이 궤영에 오는 것을 꺼려 한(e-2) 것은, 신속의례를 거부하는 행위였던 것으로 판단된다. 신라 매금은 고구려가 압박을 가하는 것에 부담을 가졌던 것이다. 그러자 장수왕은 태곽추太霍鄒와 매금의 의복을 하사하였다(e-3). 신라 왕이 뒤 미쳐서 궤영에 오자 신라 영토 내의 그 신료들에게도 하사가 있었다. 동시에 고구려 국토의 귀족들도 이곳에 와서 의복을 받았다(e-4). 12월 23일에는 동이東夷 매금과 그 신료들이 벌성伐城에 이르자 전부前部 태사자太使者를 위시하여 신라 영토 내의 고구려 당주幢主와 중인衆人 등이 일제히 이곳으로 집결했다는 것이다(e-5).

「비문」의 좌우측면과 후면은 글자의 박락이 심해서 전모를 살피기는 어렵다. 그러나 「비문」이 조왕의 영슈을 이행한다는 대전제하에 신라와의 관계 개선이 모색되고 있는 내용일 뿐 아니라, 벌성에 신라왕과 그 신료들이 오게 되었다. 그리고 신라 영역에 주둔하고 있던 고구려 고관들이 대거 그곳으로 오는 것을 볼 때, 「비문」 구조상 벌성에서 기념비적인 회동이 이루어졌을 것으로 짐작된다.[183] 또 「비문」은 그러한 내

---

183 申瀅植은 "5월에는 上下(兄弟) 關係의 會盟을 거부하였으나 12월에는 결국 고구려의 군사적 우위를 인정하는 선에서 衣服來受를 신라가 받아들였으며, 그 속에서 형식적인 互惠 관계를 인정하였다"고 했다(申瀅植, 「中原高句麗碑에 대한 一考察」, 『史學志』 13, 1979, 79쪽). 이는 「비문」의 골자를 요령 있게 지적한 것으로 보겠다.

용으로 대미를 장식하였을 것으로 파악되어진다. 이렇게 보아야만 「비문」 구조상 수미가 맞아 떨어지게 되는 것이다. 그렇지 않다면 비석을 세울 하등의 이유가 없지 않았을까?

사실 고구려의 국력이 백제와 사활을 건 수십년 간에 걸친 전쟁에 집중된 틈을 타고 자체 역량을 착실히 다져나간 신라는 자국 영역에 구축된 고구려 세력을 축출해 나갔다.[184] 450년에는 고구려 변장邊將을 살해하였고, 소백산맥 안에 주둔하고 있던 고구려군들을 축출하는 데 성공했다. 이러한 상황이었으므로 464년까지 신라 수도에 고구려군이 주둔했다는 설화적인 색채의 『일본서기』 기사, 적어도 그 연대에는 무게를 두기 어렵다. 게다가 신라는 서북 변경 지역에 대대적인 축성을 통해 지방 지배에 박차를 가하고 있었다. 즉 470년에서 490년에 걸쳐 축조된 산성들의 위치는 충청북도 보은·옥천·청원을 비롯하여 경상북도 군위·상주·의성에 걸쳐 있었다.[185] 전국적인 규모의 이 같은 대대적인 축성은 강력한 내적 힘의 결집을 통해서만이 가능한 일이었다. 그러므로 5세기 중반 경에는 적어도 소백산맥 안에 구축된 고구려 세력권은 퇴축 국면이었음이 분명하다. 이러한 위기적 상황에서 장수왕은 신라 지역에 확보된 거점을 계속 유지하는 동시에 아직까지는 비교적 느슨하다고 판단된 나제동맹을 해체시켜 백제를 견제·고립시키고자 했

---

184 「비문」의 '新羅土內'에 고구려인들이 주둔하였음은 申瀅植, 「中原高句麗碑에 대한 一考察」, 『史學志』 13, 1979, 79쪽에서 보인다.

185 李道學, 「新羅의 北進經略에 관한 新考察」, 『慶州史學』 6, 1987, 25~26쪽.

다. 고구려는 이탈해 나간 신라를 자국 영향권에 다시금 포괄하기 위한 목적으로 형제관계를 운위하면서 예전 관계로의 복귀를 호소하고 있다. 그러한 차원에서 장수왕은 신라 왕과의 회동을 시도하였다. 비석은 이 같은 선상에서 건립된 것으로 보여진다.[186]

충주고구려비는 장수왕이 행차하여 기념비를 세웠기에 별도인 국원성의 비중을 다시금 환기시켰다.[187] 그런데 비석의 다음과 같은 구절에 보이는 '共'에 대한 해석은 검증이 필요하다.

① 寐錦忌太子共前部大使者多亏桓奴奴 … ② 太子共△尚△上共看節賜

太翟鄒 … ③ 盖盧共△募人新羅土內衆人 … ④古鄒加共軍至于伐城

이 구절에서 '共'을 태자의 이름으로 상정하는 경우가 많았다. 그러나 이 경우 적어도 ③과 ④의 '共'은 태자 이름으로 간주할 수 없다. 이와 관련해 「景四年辛卯銘 金銅三尊佛立像」에 보면 "①景四年在辛卯比丘②共諸善知識那③婁賤奴阿王阿踞五人④共造无量壽像一軀⑤願亡師父母生生心中常⑥值諸佛善知識等值⑦遇彌勒所願如是⑧願共生一處見佛聞法"라는 구절이 있다. 여기서 '共'은 '함께'의 뜻으로 사용되었다. 그러므로 충주고구려비의 경우도 이와 같이 해석하는 게 좋을 것 같다.

---

186 이상의 충주고구려비에 대한 서술은 李道學, 「中原高句麗碑의 建立 目的」, 『高句麗研究』 10, 2000, 274~281쪽에 근거하였다.

187 李道學, 「中原高句麗碑의 建立 目的」, 『高句麗研究』 10, 2000, 271~294쪽.

'共'을 고유명사로만 본다면 충주고구려비의 ④는 해석이 부자연스러워진다. 게다가 ③의 '盖盧共'은 불통이 된다. 그 밖에 「비문」에 보이는 '募人'의 경우 '사람을 모집한다'는 뜻이 아니다. 동일한 「비문」에 보이는 '衆人'·'節人'·'奴客人'에서 유추되듯이 특정한 신분층을 가리키는 호칭으로 지목했다.

그런데 최근의 판독처럼 충주고구려비의 건립 시점이 397년 직후라면 광개토왕대의 일이 된다. 396년에 고구려가 확보한 충주에 신라 매금이 태자를 비롯한 고구려 고관들의 안내를 받아 궤영에 이르렀다는 것이다. 고구려 태왕이 거처한 곳은 하마비처럼 누구라도 '무릎을 꿇는 영'이었다. 396년에 광개토왕에게 항복한 백제 왕은 "跪王自誓"했다. 고구려 태왕 앞에서는 누구라도 무릎을 꿇는 '궤跪'를 하였다. 고구려의 인사법도 궤배跪拜였다.

2. 북한성北漢城

1) '지금 양주楊州이다'고 한 '평양'의 소재지

경기도 고양시와 관련한 대표적인 삼국시대 유적으로는 북한산성(사적 제162호)을 꼽는다. 북한산성의 규모는 길이 11.6km이며 내부 면적은 5.3km² 정도이다.[188] 북한산성 남쪽과 동쪽 성벽은 경기도와 서울을

---

188 북한산성문화사업팀, 『북한산성』, 고양시, 5쪽.

나누는 경계선이 된다. 북한산성은 현재 행정 구역으로는 경기도 고양시에 소재한다. 경기도 고양시 덕양구 북한동 산1-1이다.

이처럼 북한산성 성벽이 걸친 범위가 원체 넓다 보니까 그 연원에 대한 오류가 빚어지기도 했다. 북한산성 성벽 남쪽에 소재한 종로구 평창동은 경기도 고양군이었지만 1949년부터 서울시에 소속되었다. 이와 관련해 고양 지역의 남쪽 경역을 확인할 수 있는 중요한 자료가 보인다. 즉 구기동과 평창동의 남쪽에 소재한 종로구 신영동의 고려 전기 관할 지역이 된다. 신영동에는 장의사지莊義寺址가 소재했다. 현재 장의사지 당간지주幢竿支柱(보물 제235호)는 세검정초등학교 경내에 남아 있다.『삼국사기』헌덕왕 17년 조에는 다음에 보듯이 장의사 관련 기록이 보인다.

17년 봄 정월에 헌창의 아들 범문이 고달산적 수신 등 백여 명과 함께 반역을 도모하여 평양에 도읍을 세우고자 북한산주를 공격했다. 도독 총명이 병사들을 이끌고 그를 잡아 죽였다[평양은 지금 양주이다. 태조가 지은 장의사 재문에 "고려 옛 땅이요 평양 명산이다"라는 구절이 있다平壤今楊州也 太祖製莊義寺齋文 有高麗舊壤平壤名山之句].

위의 인용문에서 "평양에 도읍을 세우고자 북한산주를 공격했다"고 하였다. 통일신라의 9주州에는 한산주가 있을 뿐 북한산주는 없다. 그렇지만 전후 문맥상 평양과 북한산주는 관련 있어 보인다. 우선 북한산주는 북한산군을 가리키는 것 같다. 그렇지 않고서는 한산주라는 행정체계 속의 '북한산주'를 해석할 수는 없다.『삼국사기』지리지를 열면

"북한산군: 혹은 평양이라고도 한다北漢山郡 一云平襄(壤)"라고 했다. 즉 북한산군=평양은 동일한 곳이었다. 그리고 북한산군을 북한산주로 표기한 만큼 고신라의 북한산주와 동일한 곳일 가능성이다. 555년에 진흥왕이 순행한 곳을 '북한산'이라고 했다. 557년에 진흥왕이 몸소 다녀간 곳에 북한산주를 설치했다면 자연스럽다.

그러면 '평양'은 지금의 어느 곳일까? 먼저 위에서 인용한 문장 끝 구절에 적힌 재문의 '재'는 불교에서 공양을 올리면서 행하는 법회였다. 평양의 위치를 알려주기 위한 목적에서 고려 태조가 친히 지은 장의사 재문의 逸文이 『삼국사기』에 수록된 것이다. 장의사는 태종 무열왕이 죽은 장춘과 파랑이라는 신하를 위해 659년에 북한산주에 창건한 사찰이다(『삼국사기』 태종무열왕 6년 조). 『삼국사기』에서는 장의사가 소재한 지금의 서울시 신영동 일대와 관련해 "평양은 지금 양주이다"고 했다. 즉 위의 평양은 양주에 속했던 곳이다. 따라서 신영동 북쪽에 소재한 구기동과 평창동은 물론이고 북한산성도 적어도 『삼국사기』 편찬 때는 양주에 속했음을 알 수 있다.

여기서 또 고려해야할 사안은 '평양'의 소재지이다. 평양은 "한양군은 본래 고구려 북한산군[혹은 평양이라고도 한다]이었다"[189]고 했다. 『고려사』 지리1, 남경유수관 조에는 "양주는 본래 고구려 북한산군이다[혹은 남평양성이라고도 한다]"[190]고 하였다. 따라서 양주=북한산군=남평양

---

189 『三國史記』 권35, 地理2, 漢陽郡. "漢陽郡 本高句麗北漢山郡 一云平壤"
190 『高麗史』 권56, 地理1, 南京留守官 條. "楊州 本高句麗北漢山郡[一云南平壤城]"

성이라는 등식이 성립된다. 이러한 평양의 존재는 다음 『일본서기』에 서도 확인할 수 있다.

* 이 해에 백제 성명왕이 친히 무리 및 2국병[2國은 신라와 임나를 말한다]을 거느리고 가서 고려를 정벌하고 한성의 땅을 획득하고 또 진군하여 평양 을 토벌하였는데, 무릇 6군의 땅으로 드디어 고지故地를 회복하였다.[191]

* 이 해에 백제가 한성과 평양을 버렸다. 신라가 이로 인하여 한성에 들어 가 자리잡았다.[192]

백제가 76년만에 고토를 회복하고, 또 잃는 상황에서 평양이 한성과 함께 등장한다. 여기서 한성은 지금의 서울 송파구 일대 풍납동토성을 중심으로 한 구역이다. 평양은 한강 이북에 소재한 북한산의 남평양성 이 분명하다. 일본측 사서를 통해서도 남평양성의 존재가 확인된다.[193]

---

191 『日本書紀』권19, 欽明 12년 조. "是歲 百濟聖明王 親率二國兵[二國謂新羅・任那也]往 伐高麗 獲漢城之地 又進軍討平壤 凡六郡之地 遂復故地"
192 『日本書紀』권19, 欽明 13년 조.
193 혹자는 본 기록상의 평양을 대동강유역의 평양으로 지목했다. 남평양은 존재하지 않았던 허구라는 것이다. 즉 "백제가 한성을 취한 뒤 '진군'하여 평양에 이르고, 그 결과로 6군을 취하였다면 평양은 한성과 마주한 양주가 될 수 없다. 또한 백제가 두 곳을 버린 후 신라는 한성만 취한 것으로 나오는데, 진흥왕이 북한산까지 진출했으 므로 평양이 양주라면 한성과 함께 평양을 취했다는 기사가 나와야 한다"고 주장했 다. 그런데 한성은 풍납동토성이 소재한 한강 남쪽 지금의 서울시 송파구 일원이 다. 그리고 평양 즉 평양성은 지금 경기도 고양시에 속한 북한산성 안의 중흥동고성

앞에서 살폈듯이 『삼국사기』 지리지에서 고구려 북한산군을 평양이라
고도 했다. 그러면 평양 즉 남평양이기도 한 양주는 지금의 어느 곳일까?

이다. 중흥동고성은 풍납동토성에서 한강을 건너 멀리 서북에 소재했다. 양자 간의
거리는 직선거리로만 무려 17km에 이르고 있다. 그러니 兩者는 혹자 주장과는 달
리 마주할 수 없다. 게다가 "討平壤"하여 "凡六郡之地 遂復故地"라고 했듯이 백제가
점령한 6군 안에 '평양'이 포함된다. 그리고 백제가 "드디어 고지를 회복했다"고 했
는데, 대동강유역의 평양이 백제 영역이 된 적이 있던가? 그러니 이 기록상의 평양
은 '남평양'이 될 수밖에 없다. 그리고 "이 해에 백제가 한성과 평양을 버렸다"고 했
다. 즉 '棄'라고 하여 백제가 평양을 점령했던 사실을 분명히 알렸다. 그러나 혹자의
주장대로 백제가 551년에 점령한 평양이 대동강유역의 평양이라면 고구려 수도를
점령한 것이다. 그럼에도 한성에서 평양까지 6郡밖에 소재하지 않았다는 것은 당치
않다. 물론 혹자는 "평양에 이르고"라고 하여 백제가 평양을 점령하지 않았다고 했
다. 이러한 혹자의 주장은 사료와 정면으로 배치된다. 그럼에도 이에 대한 분석이
나 검토 없이 넘어갔다. 혹자 논지의 타당성을 잃게 한다. 그리고 "백제가 한성과 평
양을 버렸다"고 했으므로, 신라가 한성 뿐 아니라 평양까지 점령한 것은 쉽게 간과
할 수 있다. 혹자는 『일본서기』의 이러한 기사는 신라 자료를 채용한 것으로 추정되
므로 신뢰할 수 없다고 했다. 그렇다면 신라의 영유권을 주장하기 위해 만들어낸 기
록을 日人들이 왜 취했는지 해명해야 한다. 결국 혹자가 주장하는 남평양 허구론은
실증을 결여한 상상의 산물이었다. 그 밖에 『삼국사기』 지리지에서 "북한산군을 평
양이라고도 한다"는 기록이 오류임을 입증해야 한다.
혹자는 고려 태조의 「장의사재문」에 등장하는 '고구려 옛 땅 평양'은 대동강유역 소
재지를 양주 땅으로 내려와서 설정한 것으로 해석했다. 그러나 이러한 주장은 태조
가 「훈요십조」를 비롯하여 줄곧 西京 즉 평양을 중시했던 일과 배치된다. 게다가 고
려를 침공한 遼의 소손녕이 "그대의 나라는 옛 신라 땅에서 건국하였고, 고구려의
옛 땅은 우리 것인데, 어째서 당신들이 침범하였는가?"라고 물었다. 고려가 신라의
후예로 인정될 경우에는 대동강 이북의 땅에 대한 소유권을 주장할 수 없는 것이었
다. 그러자 서희가 말하기를 "그렇지 않다. 우리나라는 바로 고구려의 후예이다. 그
랬기에 나라 이름을 고려라 하였고, 평양을 국도로 정했다"고 응수했다. 태조 뿐 아
니라 고려시대인들은 평양을 양주가 아니라 대동강유역으로 여전히 인지하였다.
따라서 혹자의 주장은 도저히 성립하기 어려워서 어리둥절하게 한다(李道學, 『분석
고대한국사』, 학연문화사, 2019, 713쪽, 註 121).

다음은 지금의 고양시를 구성하고 있는 고양현과 행주현의 내력이다.

* 고양현: 본래 고구려 달을성현인데 신라가 고봉으로 고쳤다. 교하군 영
   현으로 삼았다[김부식이 이르기를 한씨미녀가 고산 봉우리에서 봉화를 올려
   고구려 안장왕을 맞이한 곳인 까닭에 고봉이라 이름했다高陽縣 本高句麗 達乙省
   縣 新羅改名高烽 爲交河郡領縣[金富軾云 漢氏美女於高山頭燃烽火 迎高麗 安藏王
   之處 故名高烽].

* 행주: 본래 고구려 개백현인데 신라가 우왕으로 이름을 고쳐 한양군의
   영현으로 삼았다. 혹은 왕봉현이라고도 한다[김부식이 이르기를 한씨미녀
   가 안장왕을 맞이한 땅인 고로 왕봉으로 이름했다]. 고려가 고쳐서 행주로 했
   다[별도로 덕양이라고도 하는데, 순화 연간에 정한 것이다幸州 本高句麗 皆伯縣
   新羅改名遇王 爲漢陽郡領縣 一云王逢縣[金富軾云 漢氏美女迎安臧王之地 故名王
   逢] 高麗改爲幸州[別號德陽 淳化所定].

* 위의 2현縣은 현종 무오년에 모두 양주 경내에 속했다.[194]

현종 9년(무오년)인 1018년에 현재 고양시를 구성하는 고양현(일산
구)과 행주현(덕양구)이 양주 경내로 들어갔다. 『삼국사기』가 편찬되는
1145년 이전의 양주 관하에는 응당 고양시가 속해 있었다. 서울시 종

---

194 『世宗實錄』地理志, 京畿道, 高陽縣 條. "右二縣 顯宗戊午 皆屬楊州任內"

로구 일대도 양주 땅이었다. 이 점 분명히 알아야 할 것 같다.

2) 백제 왕도 북한성

(1) '이도한산移都漢山'의 위치

북한산성은 백제와 어떤 관련을 맺고 있었을까? 『삼국사기』에 따르면 개루왕 5년 조에 "봄 2월 북한산성을 쌓았다"고 기록되어 있다. 327년에는 "9월 내신좌평 우복이 북한성에 웅거하여 반란을 일으켰다. 왕이 군대를 보내 이들을 토벌했다(비류왕 24년 조)"[195]고 하였다. 백제가 북한산성을 축조하여 활용한 사실이 확인되는 것이다. 이어 백제는 평양성까지 진격하여 고구려 고국원왕을 살해한 직후인 371년에 "도읍을 한산으로 옮겼다"[196]고 하였다. 『삼국유사』에서는 "북한산으로 도읍을 옮겼다"[197]고 했다. 그리고 "고구려 남평양을 취하여 도읍을 북한성으로 옮겼다. 지금 양주楊州이다"[198]고 하였다. 『삼국유사』는 구체적으로

---

195 『三國史記』권24, 比流王 24년 조. "九月 內臣佐平優福 據北漢城叛 王發兵討之"
　　　北漢城은 南漢城에 대응하는 城名이다. 한성 함락 때 등장하는 北城과 南城이 북한성과 남한성인 풍납동토성을 각각 가리키는 방증이 된다. 북성과 남성을 한강을 격하고 있는 하북위례성과 하남위례성일 가능성은 李道學, 「백제 한성도읍기 도성제에 관한 몇 가지 검토」, 『백제 도성의 변천과 연구상의 문제점』, 국립부여문화재연구소, 2002. 5. 15, 52쪽에서 제기되었다.
196 『三國史記』권24, 近肖古王 26년 조. "移都漢山"
197 『三國遺事』권1, 王曆. "辛未移都北漢山"
198 『三國遺事』권2, 紀異, 南扶餘 · 前百濟 · 北扶餘. "取高句麗南平壤 移都北漢城 今楊州"

국도 소재지를 북한산(북한성)으로 명시했다. 『세종실록』 지리지에서는 "양주도호부는 본래 고구려 남평양성인데 혹은 북한산이라고도 한다. 백제 근초고왕이 이곳을 취하여 25년 신미에 남한산에서 이곳으로 도읍을 옮겼다"고 했다. 따라서 근초고왕이 천도한 한산은 한강 이북의 북한산성이 분명하다.

백제가 도읍을 북한산성으로 옮긴 사실은 이처럼 명백했다. 그럼에도 천도 배경을 고구려의 보복을 두려워한 데서 찾거나 그 위치도 한강이남에서 구하는 견해를 추종하는 이들이 많았다. 그러나 이러한 주장은 모두 설득력이 없다. 왜냐하면 천도 직전인 근초고왕 26년(371)에 백제군은, 평양성 전투에서 고구려 고국원왕을 전사시킬 정도로 대승을 거둔 기세등등한 상황이었다. 그러한 백제가 고구려의 보복을 두려워하여 천도했다는 것은 정황상 맞지 않다. 게다가 당시 고구려는 전연의 침탈로 인한 수도 복구 등 국가 재건에 총력을 기울이고 있었다. 백제와의 전쟁을 추진할 상황이 되지 못했다. 따라서 기존의 근초고왕대 천도 동기는 따르기 어렵다. 근초고왕대에 천도한 한산은 북한산성 일원이 분명하다.

고구려는 남진경영을 위해 평양성 천도를 단행하였다. 백제 역시 승세를 타고 고구려와의 전쟁을 적극 주도할 필요가 있었다. 그랬기에 백제는 고구려를 바짝 조이기 위한 북진책의 일환으로 그 중심축인 왕성을 좀더 북쪽인 한강이북, 그것도 전략적으로 방어가 용이한 북한산성으로 옮긴 것이다. 백제는 물론 근구수왕 사후 고구려에 밀렸기에 방어하기에 유리한 한강이남으로 재천도하였다.

(2) 북한산성과 중흥동고성

근초고왕이 천도한 북한산성과 1711년(숙종 37)에 축조한 지금의 북한산성은 어떤 관련이 있을까? 백제 때 축조한 '북한(산)성'은 북한산성 안의 중흥동고성重興洞古城이 분명하다. 우선·백제 중엽에 이곳에 도읍했다"[199]는 기록이 보인다. 『대동지지』에서는 "중흥동고성: 북한산성 안에 있으며 산영루山映樓의 좌우편에 유지遺址가 있다. … 고려 우왕 14년에 최영에게 명하여 한양의 중흥산성을 수리하게 한 것은 장차 왜적을 피하고자 하였던 것이다. 성의 둘레는 9517척인데 지금은 북한산성 안에 들어간다. 이 성은 백제 때 시작했으나 백제의 도성은 아니다(양주목 조)"고 했다. 그렇지만 "백제 옛성이 삼각산 중흥사 북쪽에 있다. 석축으로 둘레가 9517척인데, 더러 퇴락하였거나 혹은 완전하기도 한데, 기초는 잘 남아 있다. 절 앞의 내를 건너가면 성을 쌓은 모습이 있다. 중봉에는 중성 옛터가 있다. 절 남쪽에는 또 돌로 작은 문을 만들었다. 돌문짝이 아직도 남아 있다. 세상에 전하기로는 백제 중엽에 일찍이 이 성에 도읍했다고 한다. 돌문은 곧 그 궁문이다. 역사에 전하는 기록은 없다"[200]고 했다.

중흥동고성의 존재는 이 밖에도 "고적에서 이르기를 옛 석성은 중흥사 북쪽에 있다. 둘레가 9417척이다. 돌문과 문터가 있다"[201]고 하였다.

---

199 『東國輿地備考』권2, 漢城府, 關防 條. "百濟中葉都于此"
200 『疎齋集卷』권11, 雜著, 北漢山城. "百濟古城 在三角山重興寺北 石築周九千五百十七尺 或頹或完 基址宛然 寺前有跨川 作城之形 中峰有中城舊址 寺南又有石作小門 石扉尚存 世傳百濟中葉 嘗都于此城 石門即其宮門 史傳無記"
201 『冠巖全書』册18, 記, 漢北山城記. "古蹟曰古石城在重興寺北 周九千四百十七尺 有

중흥동고성은 1685년(숙종 11)에 부호군副護軍 김중신金重信의 상소에서 "돌아가신 상신相臣 이덕형문집李德馨文集을 열람해 보니, 그 소위 중흥동산성 형세를 아뢰기를…"[202]라고 하여 '중흥동산성'으로 등장한다. 그리고 "석문石門 옛터가 있는데 곧 서문이라고 말한다. 성은 비록 붕괴되었지만, 아직도 석축 터가 남아 있다. 그리고 내성內城으로 진입하면 또 석문이 있다. 이곳은 절과의 거리가 겨우 수백보 남짓이다. 만약 조금 수리를 하면 역시 소와 말에 싣고도 통행할 수 있다. 그리고 성터 안의 산골짜기 곳곳에는 물이 있어, 비록 대군이 머물고 주둔하더라도 부족함의 걱정이 없는 것 같다. … 성벽은 퇴락했어도 사람들은 보수하면 가능하다고 말한다. 그러나 만약 개축하지 않으면 가능하지 않다. 이미 옛성의 남는 돌과 다닥다닥한 산돌이 있으니 심지어 공력을 줄일 수 있다"[203]고 하여 옛성을 활용하면 공력을 줄일 수 있다고 건의했다. 이로써도 북한산성 옛터가 확인되는 것이다.

중흥동고성의 존재는 "우왕이 최영과 더불어 몰래 요동을 공격하려고 상의하면서, 경성의 방리군을 징발하여 한양 중흥성을 수리했다"[204]

石門及門址"

202 『承政院日記』肅宗 11년 1월 9일. "及閱故相臣李德馨文集 至其所謂中興洞山城形勢 啓者 反覆詳覽而後 始知宣廟朝 有此重修之意 而益信傳者之非妄也"

203 『承政院日記』肅宗 36년 10월 13일. "有石門舊址 卽所謂西門也 城雖崩 尙有石築基址 而進入內城 又有石門 此則距寺僅數百步許 若稍加修治 亦可以通牛馬任載 而城基內山谷之間 處處有水 雖大軍留屯 似無不足之患 … 頹毁城子 人雖曰修補則可 而若非改築 則不可矣 既有舊城餘石及纍纍山石 雖可省功"

204 『高麗史』권137, 禑王 14년 2월 조. "禑與崔瑩 密議攻遼 發京城坊里軍 修漢陽重興城"

고 하여 보인다. 1481년에 간행된 기록에서 "중흥동석성: 중흥사 북쪽에 있는데 둘레가 9417척이다. 성 안에 산이 있어 높이 솟은 것이 노적같으므로 세상에서는 노적산이라고 한다"[205]고 했다. 어떤 척尺을 적용하든 중흥동고성은 대략 3km 규모의 큰 성이었다.

1711년(숙종 37) 4월부터 북한산성을 축조하기 이전에 이미 옛성이 소재했던 것은 분명하다. 실제 발굴 결과 중취봉 아래 부왕동 암문 구간의 성벽 단면 조사에서 현재 북한산성 축조 이전 시기의 별도 성벽이 드러났다.[206] 6개월이라는 아주 짧은 기간에 무려 11.6km에 이르는 거대한 축성이 가능했던 요인도 기존의 중흥동고성에서 찾을 수 있다. 앞서 거론한 『승정원일기』에서 "이미 옛성의 남는 돌과 즐비한 산돌이 있기에 공력을 줄일 수 있습니다"고 하였다. 이렇듯 중흥동고성의 성벽과 석재를 활용했기에 공기工期가 6개월밖에 소요되지 않았다. 따라서 고려 말에 수리했던 '중흥성'이 백제 때 북한산성이 분명하다. 그 외에는 비정할 수 있는 대상이 기록상으로는 전혀 없다. 아울러 백제 때 북한산성 또한 석축이었을 가능성이 크다. 근거는 다음과 같다.

첫째, 근자에 서울시 광진구에 소재한 아차산성을 북한산성으로 지목하기도 한다.[207] 그렇지만 이는 맞지 않다. 첫째, 북한산성=아차산성설의 근거인 '北漢' 명銘 기와는 서울 강동구 암사동을 비롯하여 경기도

---

205 『東國輿地勝覽』권3, 漢城府, 古蹟 條.
206 북한산성문화사업팀, 『북한산성』, 고양시, 17쪽.
207 서울대학교 박물관 외, 『아차산성-시굴조사보고서-』 2000, 212쪽.

하남시 등지에서 출토되었다. 이처럼 유동성을 띤 명문 기와를 토대로 지역을 특정할 수 없다. 오히려 '北漢受國' 기와 명문류에 불과할 수 있다.[208] 부여에서 출토된 '定林寺大藏當草' 명銘 기와도 모두 4곳에서 출토되었다. 현재의 정림사지는 백제는 물론이고 고려 때도 그러한 이름으로 불리지 않았다.[209] 그리고 '北漢'으로 추정한 두 글자 사이의 간격은 무려 6cm나 떨어진 경우도 보인다[210]. 더욱이 '北'이라는 명중도 없는 것이다. 게다가 '漢'으로 판독한 글자 위로 최소 10cm에 이르기까지 글자가 없다.[211] 따라서 두 글자를 '北漢'으로 연결시키는 것도 어렵다. 그 밖에 '漢山' 명 기와는 경기도 화성시에 소재한 당성에서도 출토되었다.[212]

둘째, 아차산성 4차 발굴조사를 통해 장대지에서 '北漢山城' 명 기와가 출토되었다고 한다(2018.7.12). 그렇지만 이 역시 확인이 불가하다. 왜냐하면 '北漢' 2자는 전혀 확인이 되지 않기 때문이다. 그리고 '山城'의 '山'으로 추정하는 글자도 본 기와 상에서는 필획의 방향이 전혀 맞지 않다.

셋째, 신라가 점령한 현재의 북한산성 안에는 안양사安養寺라는 사찰이 소재했다.[213] 반면 현재의 아차산성에 사찰이 소재했다는 기록이나

---

208 서울대학교 박물관 외,『아차산성-시굴조사보고서-』2000, 212쪽.
209 이도학,「百濟 泗沘都城과 '定林寺'」,『白山學報』94, 2012, 125~129쪽.
210 서울대학교 박물관 외,『아차산성-시굴조사보고서-』2000, 277쪽.
211 서울대학교 박물관 외,『아차산성-시굴조사보고서-』2000, 278쪽.
212 한양대학교 문화재연구소, 제4차발굴조사, 2017.
213『三國史記』권5, 太宗武烈王 8년 조.

물증은 없다.

넷째, 북한산이 아차산으로 바뀌었다는 기록 자체가 없다. 최소한 고려 말까지는 아차산이었다. 조은홀(1332~1404)의 자찬 묘지명에 "옛 양주의 아차산峨嵯山 남쪽 마가야摩訶耶에 장사지냈다"고 하였다. 그럼에도 아차산을 북한산으로 일컬었다는 문헌 근거는 제시하지 못했다. 북한산이 언제 아차산으로 이름이 바뀌었는지에 대한 해명이 없다.

다섯째, "신라 진흥왕 13년 계유에 (신라가) 백제의 동북쪽 변방을 취하고, 15년 을해에 왕이 북한산성에 이르러 국경[封疆]을 정하였으며"[214]라고 했다. 실제 "겨울 시월에 왕이 북한산에 순행하여 영토를 개척하여 정했다"[215]고 하였다. 진흥왕이 순수하여 영토 획정 비를 세운 비봉은 북한산에 속한다. 따라서 "북한산에 순행하여" 비를 세운 사실은 자연스럽다. 반면 북한산이 아차산이라면 이곳과 비봉과는 너무 떨어져 있다.

여섯째, 맨 앞에서 거론했듯이 북한산성=평양 즉 남평양성이었다. 북한산성이 남평양성과 동일한 곳을 가리킨다. 따라서 아차산성=북한산성은 도저히 성립되지 않는다.

일곱째, 신라가 점령한 후 아단성 즉 아차산성을 북한산성으로 이름을 바꿔 사용했다는 주장이다. 여기서 아단성과 을아단성은 평양성과 남평양성과의 관계와 동일하다. 그런데 신라가 남평양성을 점령한 후

---

214 『世宗實錄』地理志, 京畿道, 楊州都護府 條.
215 『三國史記』권4, 眞興王 16년 조. "冬十月 王巡幸北漢山 拓定封疆"

지명을 바꾸지 않았다. 590년 이후 고구려 장군 온달이 출정하여 회복을 시도한 곳 또한 '아단성'이었다. 여전히 (을)아단성이었던 것이다. 이 사실은 신라가 아단성을 점령한 후 북한산성으로 바꿔 사용했다는 주장이 근거 없음을 말해준다.

지금까지 검토한 이러한 이유로써 북한산성=아차산성설은 전혀 타당하지 않았다.

3) 고구려 별도 남평양성南平壤城

(1) 또 하나의 평양성

고구려가 고양을 장악한, 지배 시점은 재검토할 필요가 있다. 「능비문」에 따르면 영락 6년(396)에 고구려는 백제로부터 58성과 700촌을 장악했다. 고구려가 이때 장악한 백제 지역 가운데 지금의 인천을 가리키는 미추성彌鄒城이 포함되었다. 그 이유는 한강 하구와 연계된 인천 지역을 장악함으로써 생필품인 소금 산지의 공급 차단이라는 전략적 목표가 담겼을 것이다. 이와 더불어 한강 하구의 차단이라는 전략적 의도가 작동했을 수 있다. 한반도 전체 물길의 1/4을 차지하고 있는 한강을 적절하게 활용했던 나라가 백제였다. 그런데 고구려가 396년에 인천을 포함한 한강 하구를 차단했다면 백제는 내륙수로와 해로를 연계하는 경제와 교통 수단을 일거에 상실하게 된다. 실제 그렇게 볼 수 있는 정황이 있다.

고구려는 지금의 충주를 장악한 후 국원성이라는 행정지명을 부여

했다. 국원성은 고구려 수도였던 국내성과 동일한 의미를 지녔다. 즉 '서울 지역'이라는 의미를 지닌 국내성과 동일한 지명이 국원성이었다. 고구려는 427년에 평양성으로 천도한 후에 남진을 거듭하였다. 475년에 고구려는 백제 국도 한성을 함락시키고 한반도 중부 이남으로 내려왔다. 이때 국도 이름인 평양성에서 취하여 별도를 설치했다. 바로 그곳이 평양의 남쪽에 소재한 또 하나의 평양성인 '남평양성'이었다. 이와 마찬 가지로 국원성도 고구려가 국내성에 도읍하던 427년 이전에 설정했음을 알 수 있다. 결국 이에 걸맞은 시기는 396년이 합당해 보인다. 고구려는 소백산맥 이남으로 진출하는 통로 확보 차 남한강 상류 지역을 이때 확보한 것이다.[216]

고구려가 인천과 충주를 396년에 장악했다고 하자. 이러한 상황에서는 한강 하구 북안인 지금의 고양 역시 고구려 지배하에 들어갔다고 본다. 백제로서는 (남)한강 상류와 한강 하구를 봉쇄당한 상황에 직면했다. 결국 백제는 당항성이 소재한 경기도 화성을 통해 대중국 혹은 대왜 교류를 추진할 수밖에 없었을 것이다. 고구려에 의한 한강 차단이 396년 이후 백제가 시종 고구려에 고전한 요인으로 보여진다.

고구려는 북한성에 남평양성을 설치하여 별도를 운영했다. 남평양성은 문자 그대로 '남쪽의 평양성'이다. 고구려의 주요한 남진경영기지로서 별도였다. 그러한 남평양성 판도와 접하고 있는 아차산의 고구려

---

216 李道學, 「永樂 6年 廣開土王의 南征과 國原城」, 『孫寶基博士 停年紀念 韓國史學論叢』, 지식산업사, 1988, 105쪽.

제4보루에서 출토된 토기에 '後 ▯都' 명문銘이 새겨져 있었다. 그런데 '후부도' 명문은 토기가 깨어진 관계로 그 밑의 2~3 자 정도는 알 수 없다. 그렇지만 출토된 토기 명문의 '後部'는, 별도인 남평양성을 구획한 5부 가운데 하나로 지목하는 게 자연스럽다. 고구려 뿐 아니라 신라에도 별도격인 소경에도 도성인 경주와 마찬가지로 6부部가 존재하였기 때문이다.[217]

(2) 한강유역 봉수 체계의 출발점 달을성

고구려는 현재 고양시 관내의 행정 구역으로서 달을성현達乙省縣과 계백현皆伯縣이라는 2개 현을 설치하였다.[218] 달을성현은 지금의 일산구 일대, 그리고 개백현은 지금의 덕양구 일대였다. 여기서 '달을성'의 '달을'에 대한 뜻 새김은 '高'이고, '성'에 대한 뜻 새김은 '烽=峰' 즉, '수루(봉우리의 뜻)'에 해당된다고 한다. '수루'는, '봉우리'에서 신호를 위해 피우는 '烽火'를 뜻하고 있다.[219] 그러므로 '달을성(고봉)'은 봉수체계의 확립과 결부지어 살필 수 있는 지명이다. 『신증동국여지승람』에 의하면 '고봉성산봉수高峰城山烽燧'가 확인되고 있다. '고봉'의 지명 유래를 기록한 『삼국사기』 지리지에 의하면 "한씨미녀가 높은 산마루에서 봉화를 피우고 안장왕을 맞이한 곳이라하여 뒤에 '고봉'이라 하였다"는 기록이 있

---

217 李道學, 「아차산 보루와 그 출토 유물을 통한 몇 가지 새로운 해석」, 『고대문화산책』, 서문문화사, 1999, 23~25쪽.
218 『三國史記』 권37, 地理 2.
219 류렬, 『세 나라 시기의 리두에 대한 연구』, 과학백과사전 출판사, 1983, 244쪽.

다. 따라서 이곳 지명과 관련된 봉수의 연원은 삼국시대까지 소급된다.

'달을성'이라는 지명의 기원을 이와 같이 정리했다. 그러면 이제는 충주의 백제 때 지명인 '미을성未乙省'²²⁰의 존재를 주목하게 된다. 미을성은 달을성과 대응되는 면을 보이기 때문이다. 즉 '달을'이 '高'의 뜻을 지녔다면, '미을'은 '밑' 즉 '底'의 뜻으로 풀이된다. 미을성은 '저봉底烽'의 뜻이었다. 이는 봉수체계선상에서 달을성은 그 수점에, 미을성은 그 종점에 자리잡은 데서 비롯된 듯하다. 달을성 지역에 남아있는 봉수 이름인 '고봉산高峰山'의 '高'에서도 엿볼 수 있다. 고구려가 한강유역에 설정한 거대한 봉수체계를 살필 수 있는 지명이 달을성이었다.²²¹

4) 국도였던 고양

경기도 고양시의 영역은 현재의 서울 북부 지역인 종로구 일대까지 미쳤다. 1018년(현종 9)에 지금의 고양 지역은 양주 관내에 속하였다. 그럼에 따라 북한산성을 비롯한 고양 일대의 유적이 경기도 양주나 지금의 서울 북부 종로구 등에 소재한 것처럼 비쳐졌다. 이 점 똑바로 직시해야 한다.

고양은 국도와 부수도인 별도 그리고 주치州治의 소재지였다. 이와 관련해 1456년(세조 2)에 집현전 직제학 양성지의 상소에 의하면 "경도

---

220 『三國史記』 권37, 地理4.
221 이도학, 「고대 · 중세의 역사」, 『일산 새도시 개발지역 학술조사보고 2』, 한국선사문화연구소 · 단국대학교 한국민족학연구소, 1992, 13~14쪽.

京都의 사보四輔입니다. 대개 경도는 곧 이른바 북한산성입니다. 삼국시대에 있어서는 삼국이 교전하던 땅이며, 고려[前朝]가 삼국을 통합하고 본조가 도읍을 정한 뒤로는 이곳을 가지고 사방을 공제하니"[222]라고 하였다. 양성지는 경도로서 북한산성과 관련해 '삼국이 교전하던 땅이다'고 설파했다. 북한산성의 위상에 대해 정곡을 찌르는 말이었다.

고양은 국도였었다. 국도의 거점은 북한산성이었다. 조선시대의 북한산성 안에 소재한 중흥동고성은 백제의 북한(산)성이었다. 또 백제 근초고왕이 천도한 한산이기도 했다. 바로 북한산성에 고구려가 남평양성을 설치하여 별도로 삼았다.

한강 하구에 소재한 고양은 남한강 상류에 소재한 고구려의 또 하나의 별도인 충주 국원성과 짝을 이루었다. 양자는 백제 이래 한강유역 봉수 체계의 시작과 끝이었다. 남평양성과 국원성이라는 별도를 축으로 짜여진 고구려의 거대한 봉수체계의 존재가 드러났다. 물론 이러한 봉수체계의 기원은 백제 때까지 소급될 수 있다.

앞으로의 과제는 북한산성에 대한 치밀한 지표조사와 더불어 발굴이 남아있다. 북한산성 안의 신라인들을 결집시켰던 호국사찰 안양사의 터를 찾아 발굴하는 작업도 필요하다. 북한산에 순행하던 길에 도인道人이 석굴에서 살고 있는 광경을 목도한 이가 진흥왕이었다. 이때 진흥왕이 용단을 내려 창건한 사찰이 북한산성 안의 안양사로 추정된다.

---

222 『世祖實錄』 2년 3월 정유 조. "一, 京都四輔 蓋京都 卽所謂北漢山城也 在三國之時 則三國交戰之地 及前朝統三本朝定都之後 則以之控制四方"

신라가 557년에 설치한 북한산주의 치소가 북한산성이었다. 이렇듯 북한산성은 백제 이래 고구려와 신라에서도 중요한 정치적 거점으로 활용했다. 비중이 큰 북한산성에 대한 발굴 조사를 한다면 백제 왕성이 었던 북한산성과 고구려 남평양성, 신라 북한산주의 주치가 한꺼번에 층위를 두고 드러나게 될 것이다.

3. 한성漢城

1) 별도 한성의 설치

고구려는 427년 이후부터 국도였던 평양성 외에 과거의 국도였던 국내성과 별도 지위를 부여한 한성을 묶어 3경제京制를 운영했다. 다음의 기사를 통해 확인할 수 있다.

* 치소는 평양성이다. 그 성은 동서 6리인데, 남으로는 패수浿水에 임하였 다. 성 안에는 오직 군량과 무기를 비축하여 두었다가 적들이 쳐들어 올 때는 곧 들어가 지킨다. 왕은 별도로 그 곁에 집을 마련했으나 항상 그 곳에서 거주하지는 않는다. 그 밖에 국내성 및 한성이 있는데, 역시 별 도이다.[223]

223 『周書』 권49, 異域上, 高麗 條. "治平壤城 其城 東西六里 南臨浿水 城內唯積倉儲器 備 寇賊至日 方入固守 王則別爲宅於其側 不常居 其外有國內城 及漢城 亦別都也"

* 평양성에 도읍했는데, 역시 장안성長安城이라고도 한다. 동서 6리인데, 산을 따라 굴곡졌으며, 남으로는 패수에 임하였다. 다시 국내성과 한성이 있다. 모두 그 나라의 도회지이다. 그 나라에서는 3경三京이라고 부른다.[224]

고구려가 당시 국도인 평양성 외에 과거 국도였던 국내성과 별도인 한성을 3경으로 일컬었다고 한다. 고구려는 국도의 북과 남에 별도를 설치하여 3경제를 운영한 것이다. 이 가운데 현재나 과거의 국도도 아닌 한성의 비중이 지대했음을 알 수 있다. 그러면 별도가 설치된 한성은 어디에 소재했을까? 이와 관련해 다음의 기사를 본다.

* 한성군漢城郡은 한홀漢忽이라고도 한다. 식성息城이라고도 한다. 내홀乃忽이라고도 한다.[225]

* 안주安州는 본래 고구려 식성군息城郡[한성군漢城郡이라고도 한다. 한홀漢忽이라고도 한다. 내홀乃忽이라고도 한다]이다. 신라 경덕왕이 고쳐서 중반군重盤郡을 삼았다. … 고려 초에 다시 지금 이름을 사용했다. 고종 4년에 거란병을 막아낸 공으로 재령현령관載寧縣令官을 삼았다.[226]

---

224 『隋書』권81, 東夷傳, 高句麗 條. "都於平壤城 亦曰長安城 東北六里 隨山屈曲 南臨浿水 復有國內城 漢城 並其都會之所 其國中呼爲三京"

225 『三國史記』권37, 地理4, 高句麗, 漢山州. "漢城郡 一云漢忽 一云息城 一云乃忽"

226 『高麗史』권58, 志12, 地理3. "安州本高句麗息城郡[一云漢城郡 一云漢忽 一云乃忽] 新羅景德王 改爲重盤郡 高麗初 更今名 成宗十四年 置防禦使 顯宗初 廢防禦使 來屬 睿宗元年 置監務 高宗四年 以禦丹兵有功 陞爲載寧縣令官"

『세종실록』지리지에서 "載寧郡: 本高句麗 息城[一云漢城郡 一云漢忽 一云乃忽]"라고 하였다. 한성은 황해도 재령을 가리킴을 알 수 있다. 이와 관련해 762년에 "여름 5월에 오곡五谷·휴암鵂巖·한성漢城·장새獐塞·지성池城·덕곡德谷에 6성을 쌓고 각각 태수太守를 두었다"[227]는 기사에 한성이 등장한다. 762년 5월에 신라는 오곡(황해도 서흥)·휴암(황해도 봉산)·한성·장새(황해도 수안)·지성(황해도 해주)·덕곡(황해도 곡산)에 6성을 축조하여 각각 태수를 파견하여 직접 통치하였다. 따라서 이 기록에 등장하는 한성이 재령을 가리킴은 분명해진다. 한성의 위상과 관련해 다음의 기사를 주목해 본다.

6월에 고구려 수림성水臨城 사람인 대형大兄 모잠牟岑이 남은 백성들을 모아서 궁모성窮牟城으로부터 패강 남쪽에 이르러 당唐 관리와 승려 법안 등을 죽이고 신라로 향하였다. 서해 사야도史冶島에 이르러서 고구려 대신 연정토의 아들인 안승安勝을 보고 한성 안으로 맞아들여 받들어 임금으로 삼았다. 소형小兄 다식多式 등을 (신라에) 보내 슬프게 아뢰었다. "망한 나라를 일으키고 끊어진 세대를 잇게 하는 것은 천하의 올바른 도리이니, 오직 대국에게 이것을 바랄 뿐입니다. 우리나라의 선왕이 도를 잃어 멸망을 보았지만, 지금 우리들은 본국의 귀족 안승을 맞아 받들어 임금으로 삼았습니다. 바라는 것은 변방을 지키는 울타리가 되어 영원히 충성을 다하고자

---

227 『三國史記』권9, 景德王 21년 조. "夏五月 築五谷·鵂巖·漢城·獐塞·池城·德谷 六城 各置太守"

하는 것입니다." 왕은 그들을 나라 서쪽 금마저金馬渚에 머물게 하였다.[228]

위의 기사에 따르면 검모잠이 고구려를 재건하는 상황에서 안승을 한성으로 맞아들여 왕으로 삼은 것이다. 당시 평양성과 국내성은 당唐이 장악한 상황이었다. 검모잠은 고구려 3경 가운데 남아 있는 한성에서 국왕을 추대한 것이다. 고구려 왕은 고구려 영역 내의 도성에서 즉위하는 게 합당하였다.

한성은 본시 황해도 재령을 가리키지만, 지금의 행정구획상 황해남도 신원군 신원읍의 동부와 그 동쪽의 아양리, 월당리를 중심 지구로 하고 있다.[229] 신원군은 원래 황해도 재령군과 벽성군의 일부였다. 1952년 북한이 행정구역 개편을 하면서 재령군의 남부 지역에 해당하는 신원면·하성면·상성면·은룡면(3개 리)과 벽성군 나덕면(7개 리)·금산면(3개 리)을 분리하여 신원군을 신설하였다. 신원新院이라는 이름은 군 신설 당시 신원읍으로 되었던 재령군 신원면 신원리에서 따온 것이다.[230]

한성의 북쪽에는 바로 뒤에 장수산이 둘러막고 있고, 동쪽과 서쪽 남쪽에는 멸악산 줄기와 수양산 줄기의 높은 산들이 가로막고 있어서 방어에 유리한 자연지세를 갖추었다. 그리고 수륙의 교통이 편리한 곳이

---

228 『三國史記』권6, 文武王 10년 조, "六月 高句麗水臨城人牟岑大兄 收合殘民 自窮牟城至 浿江南 殺唐官人及僧法安等 向新羅行 至海史冶㠀 見高句麗大臣淵淨土之子安勝 迎致 漢城中 奉以爲君 遣小兄多式等 哀告曰 興滅國 繼絶世 天下之公義也 大國是望 我國先 王 以失道見滅 今臣等得國貴族安勝 奉以爲君 願作藩屛 永世盡忠 王處之國西金馬渚"

229 손영종, 『고구려사1』, 과학백과사전종합출판사, 1990, 179쪽.

230 「나무위키」, 신원군.

었고, 양질의 갈철광을 비롯한 철광산지를 끼고 있고, 준평원과 평야를 끼고 있어 농경에도 적합하여 인구가 몰려 있었다.[231]

신원군 아양리와 월당리에서는 동서 약 4km, 남북 약 4.5km 범위의 구획된 도시 유적이 확인되었다.[232] 한성의 통치와 방어 거점은 "군郡 북쪽에 있다. 군인郡人들이 진산鎭山으로 삼는다"고 한 장수산이었다. 장수산에는 "장수산석성長水山石城: 군郡 북쪽 10리에 있다[둘레 1886보이고, 안에는 우물과 샘이 6개이고, 또 군창軍倉이 있다]"고 한 장수산성이 축조되어 있었다.[233] 장수산성은 "둘레 31908척"으로 적혀 있다.[234] 장수산성은 내성(상성), 외성(하성)으로 구성되어 있는데, 총 둘레는 약 10km, 외성의 이중 성벽, 내성의 성벽까지 합친 총 길이는 11.5km에 이른다.[235] 한성 유적에서는 무려 1,000여 기에 이르는 고구려의 적석총과 석실분이 분포하였다.[236]

신원군의 도시 유적이 소재한 곳을 '하성'으로 부르고 있다. 고구려 때 행정지명 '한성'이 그대로 남아 있는 것이다.[237] 그러한 한성의 도시 구획은 평양성에서 발견된 각자刻字의 "丙戌十二月中漢城下後 卩小兄文達節

231 손영종,『고구려사1』, 과학백과사전종합출판사, 1990, 179쪽.
232 손영종,『고구려사1』, 과학백과사전종합출판사, 1990, 179~181쪽.
233 『世宗實錄』地理志, 黃海道, 海州牧, 載寧郡. "長水山石城在郡北十里[周回一千八百八十六步 內有井泉六 又有軍倉]"
234 『萬機要覽』, 軍政編四, 關防, 黃海道. "[載寧] 長壽山城 周三萬一千九百八尺"
235 손영종,『고구려사1』, 과학백과사전종합출판사, 1990, 181쪽.
236 손영종,『고구려사1』, 과학백과사전종합출판사, 1990, 182쪽.
237 채희국,『고구려력사연구』, 종합대학출판사, 1985, 108~109쪽.

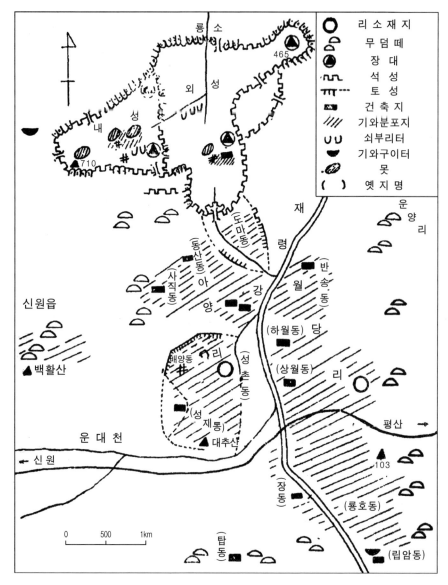

세 기호 범례:

리 소 재 지
무 덤 떼
장 대
석 성
토 성
건 축 지
기와분포지
쇠부리터
기와구이터
못
( ) 옛 지 명

롱 소

외 성

465

내 성

710

(도마동)

재 령 강

운 양 리

(동산동)

(반송동)

아 양 리

신원읍

사직동

월 당 리

신원읍

백활산

배양동

(성촌동)

(하월동)

(상월동)

평산

(성제동)

대추산

103

운 대 천

신 원

(장동)

(룡호동)

0   500   1km

탑동

(립암동)

〈그림 5. 장수산 일대의 고구려 유적 분포도〉238

自此西北行涉之(제4석)"라는 구절에서 유추된다. 이 구절의 일부를 한성[239]의 하후부下後部에 속한 소형 문달이라는 의미로 해석했다. 그러나 '漢城下後 卩'의 '漢城下'는 '都於丸都之下'[240]의 용례에 따르면, '下'는 '目下'처럼 접미사로 분류된다. 그렇다면 '한성이라는 곳의 후부'로 해석이 가능하다. 한성은 고구려 도성 내의 5부와 동일한 도시 구획이었다. 이는 신라 소경이 대경인 경주처럼 6부로 구획된 사실과 연결된다.

2) 재령=남평양설의 검증

사서에서는 재령 일원을 고구려 3경의 하나인 한성으로 명시하였다. 그러나 이곳을 남평양으로 지목하는 견해가 제기되었다.[241] 근거한 기사를 다음에 인용하여 검토해 보고자 한다.

고전기古典記를 살펴보면 이르기를 "동명왕의 제3자第三子인 온조가 전한 홍가 3년 계유에 졸본부여로부터 위례성에 이르러 도읍을 세우고 왕을 칭했다. 14년 병진에 한산으로 도읍을 옮겼다[지금 廣州]. (그리고) 389년을 지나 13세 근초고왕 함안 원년에 이르러 고구려 남평양을 취하여 북한성

238 사회과학원 력사연구소, 『조선전사(3) 중세편 고구려사』, 과학백과사전종합출판사, 1991, 72쪽.
239 채희국, 『고구려력사연구』, 종합대학출판사, 1985, 109쪽.
240 『三國志』 권30, 東夷傳, 高句麗 條.
241 손영종, 『고구려사1』, 과학백과사전종합출판사, 1990, 175~178쪽.
      사회과학원 력사연구소, 『조선전사(3) 중세편 고구려사』, 과학백과사전종합출판사, 1991, 71~73쪽.

으로 도읍을 옮겼다[지금 楊州]. (그리고) 105년이 지났다."[242]

위와 동일한 기사는 이 보다 앞서 출간된『삼국사기』에서도 보인
다.[243]『삼국사기』에 인용된『고전기』에 따르면 백제가 371년에 공격한
평양성은 남평양성이다. 이 점은 당시 백제와 고구려 간의 경계선이
패하 즉 지금의 예성강선이었고, 양국 간의 전투도 369년의 수곡성(신
계), 373년의 청목령(개성) 선에서 크게 벗어나지 않았다. 그러므로 371
년에 백제가 지금의 평양까지 불쑥 등장할 수는 없다.『고전기』에 적혀
있듯이 또 하나의 평양 즉 '남평양'이 분명하다. 결국 재령의 장수산성
을 중심으로 한 한성 유적이 기실은 남평양 유적이다.[244]

그러나 남평양=한성 유적설은 정황 의존도가 지나치게 높다. 먼저
위에서 인용한 구절의 문맥을 보면 남평양을 취하여 북한성으로 도읍
했다고 하였고, 그 위치를 지금의 경기도 양주라고 했다. 그리고 고구
려와 백제가 각각 달리 일컬었지만 남평양과 북한성은 곧 동일한 곳임
을 알 수 있다. 그럼에도 이 구절에서 백제가 고구려의 남평양을 취한

---

242 『三國遺事』권2, 紀異, 南扶餘 · 前百濟 · 北扶餘. "按古典記云 東明王第三子溫祚 以
   前漢鴻佳三年癸酉 自卒夲扶餘至慰礼城 立都稱王 十四年丙辰移都漢山[今廣州]歷
   三百八十九年 至十三世近肖古王咸安元年 取高句麗南平壤移都北漢城[今楊州]歷
   一百五年"

243 『三國史記』권37, 地理4, 百濟. "按古典記 東明王第三子溫祚 以前漢鴻嘉三年癸卯
   自卒夲扶餘至慰礼城 立都稱王 歷三百八十九年 至十三世近肖古王 取高句麗南平壤
   都漢城 歷一百五年"

244 손영종,『고구려사1』, 과학백과사전종합출판사, 1990, 176~177쪽.

기사만 떼어서 해석하였다. 남평양과 한성을 별개 지역으로 만든 것이다. 그런 후 근초고왕이 371년에 공격한 평양성을 남평양으로 지목하였다. 근거는 다음의 기사인 것이다.

겨울에 왕이 태자와 함께 정병 3만을 거느리고 고구려를 침공하여 평양성을 공격했다. 고구려 왕 사유斯由는 힘을 다해 이를 막다가 조준하지 않은 화살에 맞아 죽었다. 왕이 군대를 이끌고 돌아왔다. 도읍을 한산으로 옮겼다.[245]

위의 『삼국사기』 기사는 『삼국사기』와 『삼국유사』에 함께 인용된 『고전기』 기사를 핵심만 서로 비교하면 다음과 같다.

* … 侵高句麗 攻平壤城 … 移都漢山(『삼국사기』)

* 取高句麗南平壤 移都北漢城(『고전기』)

위의 두 기사를 비교하면 『삼국사기』에서는 "평양성을 공격했다"고 했지만, 『고전기』에서는 "고구려 남평양을 취했다"고 하였다. 평양성이라면 지금의 평양을 가리킨다. 그러나 남평양이라면 북한산성을 가리

---

245 『三國史記』 권24, 近肖古王 26년 조. "冬 王與太子帥精兵三萬 侵高句麗 攻平壤城 麗王斯由力戰拒之 中流矢死 王引軍退 移都漢山"

키는 것이다. 백제가 본시 자국 영역인 북한산성을 공취할 리는 없다. 고구려 영역 내의 남평양을 가리키는 것이다. 고구려가 재령(신원군)을 남평양으로 설정했다면 가능한 기사가 된다. 그리고 백제가 이곳을 취하여 영역으로 삼을 수도 있다. 그러나 재령을 '평양'이나 '남평양'으로 일컬은 적이 없다.[246] 오히려 재령은 한성으로 일컬어졌나. 새팅=남평양설의 치명적 맹점인 것이다. 물론 남평양으로 일컬었다가 후에 한성으로 개명했을 수 있다. 그렇지만 입증할 수 있는 근거가 없다.

3) 남방 별도의 한성 명명 배경

고구려가 황해도 재령에 백제 도성 이름을 취하여 별도 이름을 부여한 이유는 무엇일까? 교치僑置라는 차원에서 생각해 볼 수 있을 것 같다. 이와 관련한 교군僑郡의 사례가 도움이 될 것으로 본다. 교군은 원래 설치되었던 지역을 떠나 다른 지역에서 일시적으로 설치·운영되었다. 중국에서 발생한 교군은 영가永嘉의 난(307~312) 이후 고향을 버리고 남방에 이주했던 사람(流民)들의 망향望鄕의 상처를 치유하고, 그들을 동진과 남조 왕조에 애착을 갖게 하기 위한 의도였다. 가령 서진의 옹주雍州는 장안長安을 치소로 한 주州였지만, 옹주를 호족胡族에게 뺏긴 동진 정부는 형주荊州 양양襄陽의 지도 위에다 새로운 옹주雍州를 교립僑立했다. 그 위에 경조京兆 등 7교군僑郡을 세웠지만 실토實土가 아

---

246 남평양성 유지가 어렵자 옮긴 것이라는 견해가 있다(채희국, 『고구려력사연구』, 종합대학출판사, 1985, 112쪽). 그렇다고 지명이 남평양이 되는 것은 아니다.

닌 교주僑州였다. 그러나 449년에는 형주荊州의 5군郡을 분할시켜 실토
인 주州로서 옹주雍州가 나타나게 되었다. 옹주자사雍州刺史가 임명되
고, 옹주 지역 유민들을 안치하였다. 양양襄陽을 중시한데서 나온 조치
였다.[247]

교주군현僑州郡縣은 북방의 군현郡縣 명名을 빌려서 남토南土에 이름
만 두었던 실제의 경계는 없는 무실토無實土 군현이었다. 교민들의 북
토北土 회귀回歸의 염원을 만족시키고, 교민들을 흡수하여 동진 정권
을 공고히 하기 위한 목적에서 교주군현이 태동한 것이다.[248] 이러한
교주군현은 백제에서도 자국 조정에 속한 중국계 인사들의 출신지를
근거로 중국대륙에도 설정한 것으로 보인다. 이들을 남조로부터 책봉
을 받게 하여 중국계 지배층에 대한 흡수를 강화하려한 조치였다.

고구려의 한성이 교치의 산물이라면 고구려 영역에 백제 한성인들
이 거주해야 한다. 그리고 한성인들에게는 갈 수 없는 곳이 한성이어야
된다. 그러면 이와 관련해 고구려가 백제 국도 한성을 점령하게 되는
과정을 다음의 인용을 통해 살펴 보도록 한다.

* 9월에 왕이 병력 3만을 거느리고 백제를 침공하여, 왕이 도읍한 한성을

---

247 朴漢濟, 「東晉·南朝史와 僑民-僑民體制의 형성과 그 전개-」, 『東洋史學研究』 53,
    1996, 27쪽. 29~30쪽.
248 박수정, 「東晉時代 僑州郡縣制의 성립」, 『中央史論』 12·13합집, 1999, 185쪽.
    197쪽.

함락하고, 그 왕 부여경을 죽이고 남녀 8천을 붙잡아 돌아왔다. [249]

* 가을 9월에 고구려 왕 거련이 군사 3만 명을 거느리고 와서 수도 한성을 포위했다. 왕이 싸울 수가 없어 성문을 닫고 있었다. 고구려 사람들이 군사를 네 방면으로 나누어 협공하고, 또한 바람을 이용해서 불을 질러 성문을 태웠다. 백성들 중에는 두려워하여 성 밖으로 나가 항복하려는 자들도 있었다. 상황이 어렵게 되자 왕은 어찌할 바를 모르고, 기병 수십 명을 거느리고 성문을 나가 서쪽으로 도주하려 하였으나 고구려 군사가 추격하여 왕을 죽였다. [250]

475년에 고구려군은 백제 국도 한성을 함락시켜 개로왕을 포살하고, 8천 명의 주민들을 붙잡아 개선했다. 고구려는 백제와 신라 동맹군에게 한성을 빼앗기는 551년까지 76년 간 이곳을 지배하였다. 한성을 점령한 고구려는 몽촌토성을 거점으로 삼았다. 그리고 한강 북안北岸의 아차산과 용마봉 능선에 보루를 이용하여 한강 이남의 한성을 관제하였다. 아울러 북한산성에 평양성을 설치했는데, 곧 남평양성이었다.

---

249 『三國史記』권18, 長壽王 63년 조. "九月 王帥兵三萬 侵百濟 陷王所都漢城 殺其王扶餘慶 虜男女八千而歸"
250 『三國史記』권25, 蓋鹵王 21년 조. "秋九月 麗王巨璉帥兵三萬 來圍王都漢城 王閉城門 不能出戰 麗人分兵爲四道夾攻 又乘風縱火 焚燒城門 人心危懼 或有欲出降者 王窘不知所圖 領數十騎 出門西走 麗人追而害之"

551년에 고구려는 한성을 상실했다. 그렇지만 고구려는 백제 국도를 무려 2세대 반, 76년 간이나 지배했었다. 사실 고구려가 백제 국도를 함락시키고 지배한다는 자체가 커다란 정신적 자산이었을 것이다. 고구려로서는 강대한 국력을 동아시아 세계에 떨친 쾌거였다. 고구려는 이로써 왜倭를 비롯한 주변부 세력들을 공포 속에 가둘 수 있었다. 왜왕 무武가 신랄하게 고구려를 비난하고 있는 것도 공포감의 정도를 반영해 준다. 동맹인 백제의 좌초는 신라에도 닥쳐 올 수 있는 두려움 그 자체였다.

고구려가 한성을 점령했다는 사실은 동아시아 세계에 일대 사변이었다. 주변국들에게는 고구려가 한성을 지배하고 있는 동안 지속적으로 위협이 되었을 것이다. 고구려는 한성을 함락시켰을 때 잡아온 왕족과 귀족들을 포함한 8천여 명을 기반으로 옛 백제의 도성에 백제를 운용했을 수 있다. 고구려로서는 백제 개로왕의 혈육을 백제 왕으로 삼았을 가능성이다. 문주왕과 그를 이은 백제 왕실에 대한 우월감을 내세우며, 심리적으로 교란하고 제압하려는 의도였다. 고구려가 점령한 아산만 이북의 백제 유민에 대한 수습책이기도 했다.

그런데 고구려는 551년에 백제와 신라 동맹군에게 한성을 빼앗겼다. 553년에는 신라가 한성을 지배하였다. 백제 국도였던 한성은 이제 신라 영역에 속한 것이다. 고구려는 비록 한성을 빼앗겼지만, 그러나 한성이 지닌 상징성과 위상을 살리고자 하였다. 그 결과 재령의 장수산성을 거점으로 한성을 교치한 것으로 보인다. 한성 지명을 "한성군은 한홀이라고도 한다. 식성이라고도 한다. 내홀이라고도 한다"고 했다. 여기서 한성은 한홀과 동일한 지명이다. 식성과 내홀의 동일 여부는 알수 없다. 그러나 분명한 사실은 한성 이전에 있던 식성이나 내홀 지명 위에 한성을 씌웠다는 것이다.

고구려는 교치한 한성을 별도로 삼았다. 그럼으로써 고구려 영역에 거주하는 백제인들의 구토 회귀 염원을 만족시켜 줄 수 있었다. 아울러 구토 한성 회복을 위한 응징전과 탈환전의 명분을 갖추는 효과를 확보했다. 고구려 영역 백제인들로 하여금 고구려에 애착을 갖게 하기 위한 조치였다. 고구려는 백제를 보호하고 배려하는 존재로 자리매김하게 했다. 그러면서 고구려의 적대국을 신라로 설정하여 백제 유민들을 결집시키는 효과를 노렸다.

제2부

왕 릉

제2부 왕릉

Ⅰ. 고구려 왕릉 연구의 현단계와 문제점

1. 머리말

집안集安 지역 고구려 왕릉의 피장자 비정과 관련해서는 적지 않은 논고가 제출된 바 있다. 이러한 논의에 활기를 넣은 자료가 2004년에 간행된 지린성문물고고연구소 · 지안시박물관 편저, 『集安高句麗王陵』(文物出版社)이었다. 그리고 2007년에 간행한(香港亞洲出版社) 張福有, 『高句麗王陵統鑒』, 張福有 · 孫仁杰 · 遲勇, 『高句麗王陵通考』, 張福有 · 孫仁杰 · 遲勇, 『集安高句麗墓葬』과 같은 3권의 시리즈가 일단의 그 완결판이라고 할 수 있다. 물론 후자의 보고서들은 사실 왜곡이 심한 관계로 자료집 이상의 의미도 찾기는 어렵다. 그리고 2007년 12월 20일에 동북아역사재단에서 개최한 비공개 워크숍 성과가 2009년 4월에 『고구려 왕릉 연구』라는 저작물로 출간되었다. 이때 토론자로서 워크숍에 참여했던 필자는 지금까지의 연구 성과를 토대로 최근 제출된 성과에 대한 일단의 점검을 하고자 했다. 그러한 차원에서 본고를 작성한 것이다.

본고에서는 수릉제壽陵制의 근거와 관련한 몇 가지 검토를 시도했다. 그리고 태왕릉 주변에서 출토되었다는 '好大王' 명銘 동령銅鈴에 관한 재검증을 하였다. 또 추모왕릉을 비롯한 고구려 왕릉의 소재지 파악과 관련한 논의, 고구려 왕릉 피장자 비정상의 문제점으로 미천왕릉 이장설移葬說에 대한 검증을 시도했다. 그 밖에 고국원故國原과 서천원西川原 지역과의 입지立地 관계 검토는 물론이고, 고국원왕릉=우산하 992호분

및 우산하 0540호분설에 대한 검증을 하였다. 그리고 평양에 소재한 전傳 동명왕릉東明王陵에 관한 최근 연구상의 문제점을 지적해 보기로 했다. 요컨대 고구려 왕릉 연구의 현단계에 대한 검증을 통해 문제점을 제시함으로써 관련 연구의 전전에 약간의 보탬이 되기를 바란다.

끝으로 본고에서 집중적으로 검토한 논고는 그 학문적 비중이 적지 않았던 데 말미암았을 따름이다. 기실 이는 본고의 제목인 '고구려 왕릉 연구의 현단계와 문제점'에 딱 부합되는 대표적인 논고라고 판단해서였다. 다른 이유 없음을 밝혀두며 이에 대한 오해 없기를 바랄뿐이다.

2. 수릉제壽陵制 문제

고구려 왕릉의 피장자 파악은 수릉제 시행 여부와 긴밀한 관련을 맺고 있다. 왕릉급 분묘에서 출토된 간지干支 명銘 와瓦를 통한 조성 시기 판정은 수릉제 여부에 따라 피장자가 판이하게 달라지게 된다. 즉 왕릉의 조성 시기를 왕 재위시와 사망 후로 지목하느냐에 따라 전혀 다른 양상이 전개된다. 수릉제에 의한 고구려 왕릉의 조성 여부는 장군총=장수왕릉설 여부와 직접 관련된 긴요한 사안이기도 했다. 그런데 최근까지의 이 방면 연구 성과를 놓고 볼 때 수릉제에 대해서는 회의적인 견해가 많았다.[251] 과거에는 고구려 왕릉을 수릉으로 단정하는 논거로

---

251 정호섭, 「고구려 적석총의 被葬者에 관한 재검토」, 『韓國史研究』 143, 2008, 25쪽.

서 백제 무령왕릉에서 출토된 명문전銘文塼을 거론하고는 했다. 그런데 강현숙은 최근 이와 관련해 다음과 같은 소견을 피력하였다.

> 그런데 무령왕릉 축조에 사용된 벽돌 중에 '… 士壬辰年作'이라는 글자가 있는 벽돌이 발견되었다. 임진년은 512년이므로, 이는 무령왕 재위시이며, 임진명 벽돌에 사용되었음을 고려해 볼 때, 수릉의 가능성을 완전히 배제할 수 없다고 본 것이다. 그러나 이 벽돌이 무덤 폐쇄에 사용되었으므로, 무령왕릉 축조에 사용하기 위해 제작되었다고 단언하기 어려우며 무령왕이 수릉하였다는 적극적인 증거라고 할 수 없다.[252]

위에서 인용한 강현숙의 견해는 신선한 지적으로 받아들여질 수 있다. 그러나 이러한 주장은 아쉽게도 다음에 보듯이 이미 제기된 견해인 것 같다.

> 국내성에서 즉위한 장수왕은 중국 황제들의 수릉壽陵과 마찬가지로 생전에 자신의 분묘를 조영하였다. 평양성으로 천도한 후에는 선왕先王들의 능이 있는 집안集安으로 귀장하였다는 것이다. 그런데 이러한 주장은 실증적인 근거를 제시하지 못하였다. 다만 무녕왕릉에서 출토된 '壬辰年作' 명문전塼을 통해 523년에 사망한 무녕왕이 생전인 임진년 즉 512년에 자신의 능

---

252 강현숙, 「고구려 왕릉복원 시고」, 『고구려왕릉연구』, 동북아역사재단, 2009, 323~324쪽, 註 20.

을 조영했다는 것을 알 수 있다고 한다(原註 72) : 백제문화개발연구원,『百濟
瓦塼圖錄』1983, 423쪽). 또 이것은 고구려 왕릉의 경우도 마찬 가지 일 것이
므로 장수왕 생전에 集安에 장수왕릉이 조영되었을 것이라고 했다. 여기서
정황적 근거가 되는 '壬辰年作' 銘文塼은 무녕왕릉의 통로인 연도 폐쇄전閉
鎖塼에서 상단이 부러진채로 발견되었다(原註 73) : 백제문화개발연구원, 앞책,
423쪽). 문제는 이 전이 현실 내부가 아니라 무녕왕릉을 마지막으로 폐쇄하
는 전 가운데 하나라는 것이다. 그리고 이 전의 상단이 부러져 있었다는 것
은 다른 폐분廢墳에서 빼온 전일 가능성을 제기해 준다. 이와 관련해 송산
리 6호분의 경우 연도 입구 부분에서는 전이 모자라 교촌리 폐분의 전을 가
져다가 사용한 것으로 밝혀졌다(原註 74) : 金元龍,『한국의 고분』1974, 111쪽).
그러므로 무녕왕릉의 조영과는 직접 관련이 없을 수도 있는 '壬辰年作'과 같
은 명문전에 근거하여 무녕왕릉 수릉설을 제기하고, 나아가 장수왕릉도 수
릉이라는 주장은 지나친 비약임을 알 수 있다.[253]

공교롭게도 위의 인용은 서로 내용이 동일하다. 필자의 견해가 더 앞
선 것이지만 혹, 강현숙의 글에는 깊은 뜻이 담긴 것인가? 더욱이 2007
년 12월의 워크숍 때는 강현숙이 발표하지 않았던 내용이 뒤에 다시 추
가된 것이다. 그러니 이 문제는 독자가 판단할 몫인 것 같다. 그런데 장
군총을 수릉제의 입장에서 보지 않는다면 그 피장자는 보다 명료해진
다. 이와 관련해 강현숙은 다음과 같은 주장을 남겼다. "… 장군총을 적

---

253 李道學,「太王陵과 將軍塚의 被葬者 問題 再論」,『高句麗研究』19, 2005, 137쪽.

석총의 최하한으로 보아 장수왕일 가능성이 높다고 판단한 바 있다(강현숙 200b) … 필자는 태왕릉의 연대가 4세기 후엽에서 5세기 초 사이에 위치한다고 보고 있지만, 4세기 후엽 입장인가 5세기 초 입장인 가에 따라 왕릉 비정이 달라지기 때문에 태왕릉의 피장자로 광개토왕을 생각하고 있다는 이도학의 지적은(이도학 2008: 113쪽) 필자의 입장을 잘못 이해한 것이다. 필자는 아직도 태왕릉의 주인공보다 태왕릉의 정확하고 구체적인 편년안에 대해서 고민 중이다"[254]고 했다. 그러나 그녀는 "평양 천도 즈음으로 편년되는 장군총이나…"[255]라고 했듯이 여전히 장군총을 장수왕릉으로 간주하는 입장을 버리지 못하고 있다. 광개토왕릉은 414년에 조성이 완료되었다. 427년의 평양성 천도 무렵에 조성 가능한 왕릉은 수릉으로서의 장수왕릉 밖에 없다. 따라서 그녀의 논지대로 한다면 장군총은 광개토왕릉이 될 수 없다. 그렇다면 그녀가 장군총의 선행 왕릉으로 인정하고 있는 태왕릉이 광개토왕릉 후보가 되는 것이다. 그러면 역시 이와 관련해 강현숙이 언급한 필자의 관련 부분을 전문 인용하면 다음과 같다.

한편 장군총은 장수왕이 생전에 조영한 수릉壽陵이었다. 그런데 평양성 천도 후 평양에 능이 조성된 관계로 장군총은 시신이 안치되지 않은

---

254 강현숙, 「전 동명왕릉과 진파리 고분군의 성격 검토」, 『호서고고학』 18, 2008, 44쪽, 註 10.
255 강현숙, 「고구려 왕릉복원 시고」, 『고구려왕릉연구』, 동북아역사재단, 2009, 324쪽, 註 23.

빈 무덤 즉 허릉虛陵으로 남았다는 견해가 제기된 바 있다(原註 102) : 魏存成,『高句麗遺蹟』2002, 167쪽). 강현숙도 자신이 작성한 '집안 지역 왕릉 비정 고분'에서 "Ⅲ 형식의 하한은 5세기 중엽으로 비정하고자 한다. … 집안 지역에서 초대형 계단식 석실적석총은 5세기 중엽경까지는 축조되었을 것이다(原註 103) : 姜賢淑,「중국 길림성 집안 지역 고구려 왕릉의 구조에 대하여」,『韓國古代史硏究』41, 2006, 38쪽)"고 했다. 그러면서 "… 장군총이 상징적인 허묘였기 때문에 나타난 현상일 가능성도 배제할 수는 없다(原註 104) : 姜賢淑,「중국 길림성 집안 지역 고구려 왕릉의 구조에 대하여」,『韓國古代史硏究』41, 2006, 41쪽, 註 58)"고 서술하였다. 이러한 주장을 볼 때 강현숙은 장군총을 5세기 중엽에 조성된 '상징적인 허묘'였을 가능성을 제기하고 있음을 알 수 있다. 이와 더불어 "장군총을 5세기 말로 비정하는 것은 장군총의 주인공을 장수왕으로 보았기 때문이지만(原註 105) : 姜賢淑「중국 길림성 집안 지역 고구려 왕릉의 구조에 대하여」,『韓國古代史硏究』41, 2006, 38쪽, 註 57)"라고 하면서 장군총=장수왕릉설에 대한 애매한 입장을 보이고 있다. 물론 강현숙은 장군총의 피장자를 직접 거명하지는 않았다. 그러나 '5세기 중엽에 조성된 왕릉인 장군총'의 피장자로는 412년에 사망한 광개토왕이 될 수가 없다. 더구나 강현숙은 태왕릉의 조영 시기를 "4세기 후엽 이후부터 5세기 초 사이로(原註 106) : 姜賢淑,「중국 길림성 집안 지역 고구려 왕릉의 구조에 대하여」,『韓國古代史硏究』41, 2006, 38쪽)"규정하였기 때문이다(原註 107) : 이는 수릉제까지 염두에 두고 태왕릉의 조영 시기를 말한 것임이 분명하다. 강현숙은 흉중에 태왕릉의 피장자로서 광개토왕을 생각하고 있음을 간파할 수 있다). 따라서 장군총 피장자는 곧 장수왕 외에는 달리 없

다고 하겠다. 결국 강현숙은 장수왕릉=장군총=허릉설에 무게를 두고 있음을 알 수 있다.[256]

필자는 위에서 인용한 관련 문장의 註 107)에서 "강현숙은 흉중에 태왕릉의 피장자로서 광개토왕을 생각하고 있음을 간파할 수 있다"고 한 바 있다. 여기서 그녀는 "(태왕릉의 연대가) 4세기 후엽 입장인가 5세기 초 입장인 가에 따라 왕릉 비정이 달라진다"고 했다. 그러나 곧 이 시기에 해당하는 고구려 왕으로서는 고국양왕과 광개토왕 밖에는 없다. 더욱이 그녀는 장군총의 피장자를 평양성 천도 무렵과 결부짓고 있기 때문에 광개토왕이 될 수는 없다고 본다. 그녀가 장군총을 장수왕과 결부 짓는다면 장군총 보다 바로 앞선 시기의 왕릉으로 지목하는데 동의했던 태왕릉은[257] 자연 광개토왕릉이 될 수밖에 없다. 그래도 강현숙은 "필자의 입장을 잘못 이해한 것"이라고 할 것인가? 요컨대 필자는 강현숙이 대놓고 거론은 하지 않았지만 '흉중'에 담긴 의중을 찔러 본 것이다. 특히 수릉제를 수용하는 듯한 생각을 갖다가 이제는 대세가 수릉제를 부정하는 입장을 명확하게 천명할 상황에 이르자 과거에 들켜버린 '흉중'의 생각을 지우고 싶어서 예민하게 반응한 것일까?[258] 한편 그녀

---

256 李道學, 「集安 地域 高句麗 王陵에 관한 新考察」, 『高句麗渤海硏究』 30, 2008, 113쪽.

257 강현숙, 「중국 길림성 집안 지역 고구려 왕릉의 구조에 대하여」, 『한국고대사연구』 41, 2006, 38쪽.

258 이와 관련해 장군총에 대해 광개토왕릉설과 장수왕릉설이 병존한다고 했지만 집필자의 胸中은 장수왕릉으로 비정하였다(동북아역사재단, 『고구려를 찾아서』, 동북

는 5세기 중엽으로 편년된다는 장군총을 '상징적인 허묘'라고 했다. 이는 웨이춘청魏存成이 제기한 장군총=장수왕 허릉설[259]이나 윤명철의 추모왕릉 상징 유구설[260]과 무슨 차이가 있는 지 궁금하다. 그녀의 주장처럼 만약 장군총='허묘虛墓'가 성립되려면 장군총 주변 배총의 존재와 그 안에서 관정棺釘이 출토된 이유를 해명해야 할 것이다.

이왕 거론되었으니까 덧 붙여서 언급할 사안이 있다. 동천왕이 사망했을 때 순사殉死한 이들에 대한 해석을 강현숙은 여전히 잘못하였다. 이에 대해 그녀는 "삼국사기 기록과 관련한 지적은(이도학 2008; 95쪽) 순장과 순사를 구별하지 않은데서 기인한 것으로 타당한 지적이라고 판단된다"[261]고 했다. 문제는 '순장과 순사'가 아니라 사료 해석을 엉뚱

아역사재단, 2009, 83~87쪽). 그렇게 간주하는 근거는 장군총 사진이 3컷이나 게재된 86~87쪽의 소제목이 '고구려를 완성한 장수왕'이고, 능비와 장군총에 관한 서술의 주체도 장수왕이었다. 항목 제목이 '장군총'이므로, 장군총을 광개토왕릉으로 지목한다면 소제목에는 장수왕 대신 광개토왕이 적혀 있어야 마땅하다. 그리고 "장군총은 1500년이 넘는 세월을 어떻게 변함없이 굳건하게 서 있는 것일까(83쪽)"라고 했다. 광개토왕은 412년에 사망했고, 본서의 출간 시점인 2009년을 제하면 1597년이라는 세월이 된다. 이러한 경우는 "1600년에 가까운 세월을"라고 서술하게 마련이다. 반면 장수왕은 491년에 사망하였기에, 1518년의 세월이 흐른 것이다. 이 경우는 "1500년이 넘는 세월에" 부합한다. 게다가 집필자는 앞 장에서 태왕릉의 피장자를 광개토왕으로 단정하였다. 그러니 장군총은 그 다음 왕인 장수왕이 될 수밖에 없다. 결국 집필자는 장군총의 피장자를 장수왕으로 지목한 게 분명하지만 무슨 이유인지 대놓고 언급하지 못하고 있다.

259 魏存成, 『高句麗遺跡』, 文物出版社, 2002, 167쪽.
260 尹明喆, 「壇君神話의 해석을 통한 장군총의 성격 이해」, 『단군학연구』 19, 2008, 163~201쪽.
261 강현숙, 「전동명왕릉과 진파리 고분군의 성격 검토」, 『호서고고학』 18, 2008, 51쪽,

하게 했던 것이다. 즉 이 구절을 "고구려 동천왕이 죽자 따라 죽으려는 자가 많자 중천왕이 이를 금하였음에도 대신 백여 명이 따라 죽었다고 하는 삼국사기 기사로 미루어 고구려에서 순사의 가능성을 엿볼 수 있다"[262]라고 풀이한 것이다. 이러한 해석의 문제점은 필자가 과거에 지적해서 일부 고쳐지기는 했다. 그러나 그때도 지적했던 "대신 백여 명이 따라 죽었다'는 내용은 눈씻고 봐도 존재하지 않는다"[263]고 한 바 있다. 한 가지는 수정되었지만 또 한 가지는 여전히 고쳐지지 않았던 것이다. 참고로 관련 구절의 원문을 다시금 소개하면 다음과 같다. 즉 "秋九月 王薨 葬於柴原 號曰東川王 國人懷其恩德 莫不哀傷 近臣欲自殺以殉者 衆 嗣王以爲非禮禁之 至葬日 至墓自死者甚多 國人伐柴以覆其屍 遂名 其地曰柴原"[264]라고 하였다. 그런데 2009년에 출간된 그녀의 논문에서는 "동천왕이 죽자 서천왕이 예가 아니라고 말렸음에도 동천왕의 은덕을 생각하여 스스로 죽은 자가 많았다는 기록"[265] 운운하고 있다. 그녀 스스로 논문에서 원문까지 수록했음에도 불구하고 이제는 왠 '서천왕'인지? 2008년에 간행된 논문에서는 '중천왕'으로 표기했는데, 한해 뒤인 2009년에 출간된 논문에서는 돌연히 '서천왕'으로 바뀌고 있다. 상식적으로는 이해하기 어려운 일이 그녀의 논문에서 자주 발생하는 것

註 10.
262 강현숙, 「전동명왕릉과 진파리 고분군의 성격 검토」, 『호서고고학』 18, 2008, 50쪽.
263 李道學, 「集安 地域 高句麗 王陵에 관한 新考察」, 『高句麗渤海硏究』 30, 2008, 95쪽.
264 『三國史記』 권17, 동천왕 22년 조.
265 강현숙, 「고구려 왕릉 복원시고」, 『고구려왕릉연구』, 동북아역사재단, 2009, 329쪽.

같아 의아하게 생각한다.

수릉제와 관련해 흔히 천추총에서 출토된 '永樂' 명 기와가 거론된다. 이 명문은 '未在永樂'으로 판독되고 있다.[266] 이와 관련해 "'영락'은 광개토왕의 연호이며, '未'는 간지이다. 광개토왕 재위 기간 중 '未'가 들어가는 해는 을미乙未와 정미丁未 두 해이며, 을미는 395년, 정미는 407년이 된다. 따라서 395년이나 407년 중 어느 입장이든 수릉제를 인정하는 중국측의 논리대로라면…"[267]라는 주장을 검토해 본다. 그런데 주지하듯이 간지는 연호 뒤에 표기된다. 즉 「능비문」에서처럼 '永樂五年 歲在乙未'와 같이 기재하는 것이다. 이 상황에서는 영락 연호 앞에 기재된 '未在'는 어떤 글귀의 일부인지 알 수 없다. 그러나 분명한 것은 연호와 관련된 간지는 아니라는 것이다. 설령 '未在'가 간지와 관련 있다고 하더라도 395년이든 407년이든 논지 전개나 천추총의 수릉 상황을 파악하는 데는 아무런 지장이 없다. 그러니 고민할 필요는 없지 않나 싶다. 이런 경우는 "천추총에서는 영락(395~407) 연호가 새겨진 암키와가 보이기 때문에"[268]라는 식으로 논지를 전개하면 되는 것이다. 모모자키유우스케桃崎祐輔도 이미 '未在'를 간지와 관련 지었는지 '영락

---

266 吉林省文物考古研究所·集安市博物館 編著, 『集安高句麗王陵』, 文物出版社, 2004, 193쪽.

267 강현숙, 「고구려 왕릉 복원시고」, 『고구려왕릉연구』, 동북아역사재단, 2009, 324쪽.

268 桃崎祐輔, 「고구려 왕릉 출토 기와·부장품으로 본 편년과 연대」, 『고구려왕릉연구』, 동북아역사재단, 2009, 225쪽. 그런데 氏가 "그 중에서도 영락은 호태왕 치세의 을미년(395)에서 정미년(407)까지 이용된 연호인 점으로 미루어(228쪽)"라고 한 구절은 錯誤에 따른 것으로 보인다.

(395~407)'라고 연대를 명시했다. 그러나 이것은 논지 전개에 직접 관련이 없다고 판단해서인지 ( ) 속에서 처리하고 만 듯한다. 이와 더불어 본 명문은 서대총에서 출토된 '歲戊子年△在牟造' 명 기와와의 비교가 필요하다고 본다. 사족을 붙인다면 '未在'의 '未' 자는 자형으로는 분명히 '夫' 자이다. 만약 그렇다면 더욱이나 간지와의 관련성은 희박해진다.

3. '好大王' 명銘 동령銅鈴 문제

태왕릉[269] 인근에서 출토되었다는 '好大王' 명 동령에 관해서는 지금까지 많은 논의가 진행되어 왔다. '好大王' 명 동령은 태왕릉의 피장자를 확정 짓는 데 중요한 요체라고 판단했기 때문이다. 실제 중국에서는 이 동령의 '好大王'을 광개토왕의 시호의 일부인 '好太王'과 결부지어 태왕릉을 광개토왕릉으로 확정 짓다시피했던 것이다. 이와 관련해 신묘

---

269 태왕릉의 구조를 棺 · 槨 · 室의 3중 구조로 파악하기도 한다(강현숙, 「중국 길림성 집안 지역 고구려 왕릉의 구조에 대하여」, 『韓國古代史硏究』41, 2006, 2007, 159쪽 ; 강현숙, 「전 동명왕릉과 진파리 고분군의 성격 검토」, 『호서고고학』18, 2008, 46쪽, 註 11). 그러나 태왕릉은 석실 안에 석곽이 설치된 게 아니다. 家形 石槨 자체가 석실 기능을 하고 있다(李道學, 「集安 地域 高句麗 王陵에 관한 新考察」, 『高句麗渤海 硏究』30, 2008, 107쪽, 註 90). 그렇기에 석곽 안에 棺臺가 설치되어 있는 것이다. 석곽 外形인 家形 자체가 피장자의 안식 공간인 室을 상징한다고 보기 때문이다. 물론 일본열도에서의 가형 석곽은 석실 안에서 확인되지만, 태왕릉의 경우는 석실이 없는 상황에서 석곽이 곧 석실 역할을 하고 있다. 이 점 분명히 구분해서 이해해야 할 것이다.

년辛卯年은 광개토왕의 즉위년이라는 점에 착목해서 즉위나 전승 의례와 관련된 방울로 파악하기도 했다. 결국 "이 같은 사실은 태왕릉의 주인공이 바로 광개토왕이었음을 확인시켜준다"[270]고 하였다. 최근 이 명문은 "辛卯年 好大王陵 造鈴 九十六"으로 판독하면서 그 뜻을 "신묘년에 호대왕릉을 위하여 만든 영鈴 제96호"[271]라고 해석했다. 이 견해 역시 태왕릉의 피장자를 광개토왕으로 결론 내리고 있다.

'好大王' 명 동령에 대해서는 일단 차분해질 필요가 있을 것 같다. 태왕릉 부근에서 출토되었다는 3개의 동령 가운데 1개만 명문이 있는 것이다. 그렇다고 이 동령에 명문을 남겨야만 할 정도의 특이 사항이나 정성도 면에서 결코 우월한 것도 아니다. 이 동령은 나머지 2개 뿐 아니라 천추총에서 출토된 3개의 동령들과 비교하더라도 특이점이 보이지 않는다. 이 점을 환기시키지 않을 수 없다. 그러면 '好大王' 명 동령에 대한 검토를 해 본다.

첫째, '好大王' 명 동령의 출토지가 되겠다. 그 출토지는 태왕릉 남쪽 제1 계단석 중앙 호석의 서쪽에서 2.9m 떨어진 곳에서 발견되었다.[272] 더구나 공반 유물 없이 이 동령 1개만 반출된 것이다. 그런데 태왕릉 주변에서 출토되었다는 유물들은 당초의 부장처가 태왕릉인지 여부 자체가 불투명한 것으로 드러나고 있다. 일례로 만가幔架의 경우 태왕

---

270 조법종,『고조선 · 고구려사 연구』, 신서원, 2006, 439쪽.

271 張福有,『高句麗王陵統鑒』, 香港亞洲出版社, 2007, 203쪽.

272 吉林省文物考古研究所 · 集安市博物館 編著,『集安高句麗王陵』, 文物出版社, 2004, 232쪽.

릉 석곽 안에 설치될 수 없음이 밝혀졌다.[273] 그런 만큼 태왕릉 부근에서 출토된 유물들이 태왕릉에 부장되었다는 증거도 없을뿐더러 막연한 믿음에 불과했음을 알 수 있다. 결국 이들 유물의 태왕릉 부장은 허구로 드러난 셈이었다. 이러한 맥락에서 볼 때 '好大王' 명 동령 역시 태왕릉에 부장되지 않았을 가능성을 십분 고려하면서 논의해야 될 것이다. 다시 말해 당초의 부장처가 분명히 드러나지 않는다면 이 동령을 기초로 한 논의 자체가 무의미해진다.

둘째, 자체字體 판독상에서 미심한 점이 많지만 이 문제는 차후의 과제로 넘기고 분명한 사실만 놓고서 검토해 보기로 한다. 우선 '好大王' 명 동령에 새겨진 서체의 경우 「능비문」의 그것과 동일하다고 했지만 억지춘향에 불과한 것으로 밝혀졌다.[274] 「능비문」과 호우총의 명문은 서로 동일하지만 동령과는 연결 짓기 어렵다. 그런 만큼 이 동령을 광개토왕과 연결지으려는 시도 역시 설득력을 잃고 말았다.

셋째, 동령 명문의 내용에 대한 접근이다. 이 명문대로 한다면 신묘년인 광개토왕 즉위 원년에 호대왕릉이 조성되었음을 뜻한다. 바로 그러한 호대왕릉에 부장할 목적으로 동령을 만든 것이 된다. 주지하듯이 이제 광개토왕릉은 수릉이 아닌 것으로 밝혀진 만큼, 광개토왕 즉위년에 조성된 호대왕릉은 광개토왕릉이 될 수가 없다. 이 동령의 태왕릉

273 李道學, 「集安 地域 高句麗 王陵에 관한 新考察」, 『高句麗渤海硏究』 30, 2008, 101~102쪽.
274 李道學, 「太王陵과 將軍塚의 被葬者 問題 再論」, 『高句麗硏究』 19, 2005, 130~131쪽.

부장 여부를 떠나 태왕릉이 광개토왕릉이 될 수 없다는 사실이 드러난 것이다. 나아가 호대왕好大王이 광개토왕에게만 적용되는 시호의 일부 내지는 미칭적 존호가 될 수 없다는 게 다시금 밝혀졌다. 후대에도 호대왕 즉 호태왕好太王의 존재가 확인되었지만, 이제는 광개토왕 이전에도 호태왕이 존재했음이 밝혀진 것이다.[275]

지금까지의 논의를 통해 '好大王' 명 동령이 더 이상 광개토왕릉 비정의 준거가 될 수 없음이 밝혀졌다. 사족을 붙인다면 그럼에도 "'辛卯年'의 글자체는 광개토왕비문의 것과 유사하다'·"好太王'의 '好' 자는 광개토왕비문의 문자와 유사하다'·"동령의 글자체는 전체적으로 광개토왕비문과 유사하다. 광개토왕비문의 건립년(414) 전후에 유행하였던 글자체이다"[276]는 주장이 나왔다. 그러나 이러한 주장은 동령의 서체를 적극 분석했던 조법종마저도 약간의 서체상의 차이와 시기적인 선후관계를 언급했던 만큼[277] 아즈마우시오東潮의 견해는 수용하기 어렵다. 더욱이 그는 태왕릉의 전塼과 동령의 '太(大)'가 서로 다르다는 것을 의식하였기에 "동령의 탁본, 사진 등의 원자료가 보고되어 있지 않으므로

---

275 광개토왕의 공식 시호명에 보이는 '平安'을 생시의 칭호 즉 諱로 간주했다(임기환, 「고구려 王號의 변천과 성격」, 『韓國古代史硏究』 28, 2002, 32쪽). 이러한 주장의 타당성을 떠나 "광개토왕 이름을 安이라고 했다는 說도 있지만 이것은 존칭인 平安好太王의 처음 1字를 이름으로 본 것일 게다"라고 한 바 있다(今西龍, 『百濟史硏究』, 近澤書店, 1934, 83쪽).

276 東潮, 「고구려 왕릉과 능원제」, 『고구려왕릉연구』, 동북아역사재단, 2009, 71~72쪽.

277 조법종, 『고조선 · 고구려사 연구』, 신서원, 2006, 430~433쪽.

'大'인지 '太'인지 확증을 얻을 수 없다"[278]고 했다. 아즈마우시오는 동령에 '好太王'이 아닌 '好大王'으로 새겨진 것을 의식하고, '大'가 아니기를 바라는 마음에서 이러한 생각을 표출한 게 분명하다. 다케다유키오武田幸男도 '太'일 가능성을 찾고자 했다.[279] 그 만큼 비록 '·'한 개 차이에 불과하다고 해도 그 존부에 따라 성격이 판이하게 달라짐을 의식한 증거인 것이다. 이와 관련해『집안고구려왕릉』보고서에는 동령의 탁본 사진과 그 실물 사진을 꽤 큰 크기로 수록한 바 있다.[280]『고구려왕릉통감高句麗王陵統鑑』에서도 동령 사진을 모두 4컷이나 큼지막하게 게재한 바 있다.[281] 그러니 아즈마우시오의 "동령의 탁본, 사진 등의 원 자료가 보고되어 있지 않다"는 주장은 명백한 거짓이다. 동령의 관련 명문은 의심없이 '大'임은 너무나 명백하다. 아즈마우시오는 '九十六'으로 판독하는 '九' 자가 환도산성 2호 문터에서 출토된 기와에 새겨진 3개의 '九' 자와도[282] 연결되지 않는다는 점에 유의했어야 한다. 그리고 동령 사진을 자세히 보면 '九' 자의 乁 획의 '一'이 오른쪽으로 길게 지나가고 있음을 알 수 있다. 이 점은 너무나 분명하기 때문에 판독상 재고 가능성마저 보인다.

---

278 東潮,「고구려 왕릉과 능원제」,『고구려왕릉연구』, 동북아역사재단, 2009, 73쪽.

279 武田幸男,『廣開土王碑との對話』, 白帝社, 2007, 305쪽.

280 吉林省文物考古研究所・集安市博物館 編著,『集安高句麗王陵』, 文物出版社, 2004, 272쪽. 도판 81.

281 張福有,『高句麗王陵統鑑』, 香港亞洲出版社, 2007, 202~203쪽.

282 吉林省考古文物研究所・集安市博物館 編著,『丸都山城』, 文物出版社, 2004, 도판 18.

요컨대 지금까지의 검토를 통해 '好大王' 명 동령을 태왕릉의 피장자와 연관 짓는 견해는 설자리를 잃었다고 본다. 곧 이 동령에 근거한 태왕릉=광개토왕릉설은 성립되지 않음을 재확인하였다.

4. 장지葬地 문제

고구려 왕릉은 일정한 왕릉원에 군집분의 형태로 조성되지는 않았다. 이는 왕릉으로 비정되는 분묘군이 집안의 동서로 길게 조성되어 있는데다가 장지명식 시호를 통해 볼 때 일정한 곳에 함께 조성되지 않았음을 알게 된다. 고구려의 경우는 백제에서 석촌동이나 송산리 및 능산리와 같이 한 곳에 군집분으로 존재하는 양상과는 사뭇 다르다. 이와 관련해 고구려 왕들의 장지를 시사해 주는 기사가 있다. 유리왕과 모본왕의 경우가 그것이다. 유리왕은 7월에 두곡豆谷에 행차했다가 10월에 두곡이궁豆谷離宮에서 사망하자 두곡동원豆谷東原에서 장례를 치렀다.[283] 모본왕의 장지 관련 기사는 다음과 같다.

> 6년 겨울 11월에 두로杜魯가 임금을 죽였다. 두로는 모본인으로 왕의 좌우에서 시중하였는데 죽임을 당할 것을 염려하여 우니, 어떤 사람이 말하였다. "대장부가 왜 우느냐? 옛 사람이 말하기를 '나를 쓰다듬으면 임금이

---

283 『三國史記』권13, 琉璃王 37년 조.

요, 나를 학대하면 원수로다.'고 하였다. 지금 왕의 행함이 잔학하여 사람을 죽이니 백성의 원수다. 네가 그를 죽여라." 두로가 칼을 품고 왕 앞으로 나아가니 왕이 (그를) 끌어다 앉자, 이에 칼을 뽑아 왕을 죽였다. 마침내 모본원慕本原에 장사지내고 왕호를 모본왕이라고 하였다.[284]

유리왕은 자신의 이궁에서 숨지자 그 인근을 장지로 삼았다. 모본왕은 전후 정황을 놓고 볼 때 모본에서 살해되자 모본원을 장지로 삼은 것 같다. 아마도 모본은 모본왕의 이궁이 존재하였든지 어떤 연고가 있는 곳이었기에 그곳에 행차하여 머물다가 살해된 것으로 보인다.[285] 모본왕의 경우도 그 성격은 유리왕이 이궁에서 사망하여 그 인근에 묻힌 사실과 동일하다. 비록 유리왕과 모본왕, 이 2가지 사례에 불과하지만 고구려 왕들 가운데는 자신의 이궁이 소재했던 세력 근거지 인근을 장지로 삼는 경우가 있었음을 알려준다. 민중왕의 경우도 사냥 갔다가 발견한 동굴에 묻히게 된다. 이 사실은 고구려 왕들의 장지는 자신들의 익숙한 활동권 내에 묻혔음을 뜻한다. 이미 널리 지적되고 있듯이 고구려 왕들의 장지는 생전에 그 왕과 깊은 연고를 맺고 있던 지역으로 추정할 수 있다.

그런데 고구려 시조인 추모왕의 장지로서 용산龍山이 보이지만 어디까지나 유품장에 불과하다. 고구려 당대의 기록인 「능비문」에 보면 추

---

284 『三國史記』 권14, 慕本王 6년 조.
285 이와 관련해 조인성, 「모본인 두로」, 『역사학보』 87, 1980, 171~182쪽이 참고된다.

모왕은 홀본 동강東岡에서 승천했다고 한다. 혹자는 그러한 홀본 동강을 추모왕의 장지로 운위하고 있다. 즉 "장지를 전하는 왕으로는 추모왕(鄒牟王, 東明聖王 : 忽本 東岡)이 있다"[286]거나 "추모왕의 장지인 홀본 동강이나"[287]고 했다. 그러나 홀본 동강은 추모왕의 승천 장소일 뿐 장지는 아니다. 추모왕에 대한 승천 인식과 관련해 추모왕의 능묘는 존재하지 않았다는 게 고구려 당대의 인식이었다.[288] 따라서 추모왕의 장지를 비정하는 일은 도로에 불과한 것이다. 그리고 임기환은 광개토왕의 장지를 '산릉山陵'이라고 하였다.[289] 산릉은 「능비문」에서 "以甲寅年九月卄九日乙酉遷就山陵 於是立碑 銘記勳績 以示後世焉"라고 하여 보인다. 그러한 산릉은 『고려사』나 『조선왕조실록』 등에 보이듯이 왕릉을 가리키는 범칭에 불과하다. 가령 "이에 견여肩輿를 타고 산릉에 이르러 장사를 마치자 백관을 거느리고 대림大臨하였다. 혼여魂輿를 모시고 돌아와 영진전靈眞殿에 봉안하였다"[290]·"금조今朝 선대의 여러 산릉의 능실陵室 보수步數를 원릉原陵의 예에 따라 사방 각각 1백 61보로 하소

286 임기환, 「고구려의 장지명 왕호와 왕릉 비정」, 『고구려왕릉연구』, 동북아역사재단, 2009, 20쪽.
287 임기환, 「고구려의 장지명 왕호와 왕릉 비정」, 『고구려왕릉연구』, 동북아역사재단, 2009, 30쪽.
288 李道學, 「高句麗 王陵에 관한 몇 가지 檢討」, 『전통문화논총』 6, 한국전통문화학교, 2008, 134~138쪽.
289 임기환, 「고구려의 장지명 왕호와 왕릉 비정」, 『고구려왕릉연구』, 동북아역사재단, 2009, 19쪽.
290 『高麗史』 권64, 志 18, 忠宣王 조.

서"[291]라고 하여 보이지 않은가? 요컨대 '산릉'이라는 장지가 별도로 존재한 것은 아니었다. 산릉은 특정한 묘역이 아니라 제왕의 능묘를 가리키는 범칭으로 사용되었다.

한편 임기환은 대수림왕릉과 소수림왕릉의 소재지와 관련해 "장지명만으로 대수림과 소수림이 같은 장소라는 추정은 옳지 않다"[292]고 했다. 그러면서 씨는 "물론 대수림원과 소수림이 서로 연관된 장소일 수도 있지만, 장지명만으로 그러한 추정을 하는 것은 논거가 부족하다"[293]고 하였다. 그런데 정작 이러한 주장은 임기환 자신이 관련 논문 집필의 방법론으로서 "이 글에서는 고구려 왕릉 비정을 시도하면서, 기왕의 고고학적 접근과 달리 고구려 왕호가 장지명이라는 점에 초점을 맞추어 장지명을 통해 당시 국내성 일대 지역 구분의 양상을 추적하고, 이를 현 집안의 왕릉 후보 고분과 대응하여 검토하도록 하겠다"[294]고 하지 않았던가? 따라서 '장지명만으로' 운운은 임기환의 자가당착적인 서술이 된다.

그러니 이 보다는 다르게 접근하는 게 임기환의 논지에 보탬이 될 것 같다. 가령 장지명을 보면 대주류왕은 장지가 '대수촌원大獸村原'인 데

---

291 『太宗實錄』, 6년 11월 정사 조.

292 임기환, 「고구려의 장지명 왕호와 왕릉 비정」, 『고구려왕릉연구』, 동북아역사재단, 2009, 22쪽.

293 임기환, 「고구려의 장지명 왕호와 왕릉 비정」, 『고구려왕릉연구』, 동북아역사재단, 2009, 22쪽, 註 12.

294 임기환, 「고구려의 장지명 왕호와 왕릉 비정」, 『고구려왕릉연구』, 동북아역사재단, 2009, 18쪽.

반해 소수림왕의 장지는 '소수림小獸林'이었다. 즉 '原'과 '林'이므로 서로 입지 여건이 다르다. 보다 중요한 사실은 제3대 대주류왕 즉 대무신왕을 포함한 제9대 산상왕 이전 고구려 왕릉들은 환인에 소재하였다. 고구려는 209년에 환인에서 집안으로 천도했기 때문이다.[295] 고구려 제3대 대무신왕의 능은 환인에 소재하였다. 그러므로 제17대 소수림왕과 대무신왕은 장지상으로는 연결되지 않는다. 고구려의 궁宮과 위궁位宮, 백제의 구수왕과 근구수왕처럼 대무신왕과 소수림왕도 친연성에서 비롯한 인명일 수는 있다. 아니면 대무신왕처럼 짐승이 나오는 장지였기에 시호를 소수림이라 했을 가능성이다. 양자는 공간적으로 연결되지 않지만 특이하게 수림獸林이 장지였기에 구분하는 차원에서 선후 관계에서 '大·小' 수림으로 명명했을 수는 있다.[296]

그 밖에 임기환의 서술에는 앞뒤가 맞지 않은 서술이 많다. 가령 "동천, 중천, 서천은 방위에 따른 지역 구분임이 분명하며, 미천도 동일한 맥락에서 이해할 수 있다"[297]고 했다. 그렇지만 다른 구절에서는 "… 미천이라는 하천이 있었다기 보다는 동천, 중천, 서천으로 구분되는 국내 지역의 일정 구역을 뜻하는 개념으로 이해하는 것이 합리적이지 않을까 한다"[298]고 했다. 이는 의미 전달이 명료하지 못하다는 인상을 준다.

295 李道學, 『三國史記』의 高句麗 王城 記事 檢證」, 『韓國古代史研究』79, 145~151쪽.

296 '大獸村原'의 '村'이 '林'의 誤刻일 가능성도 배제할 수는 없을 것 같다.

297 임기환, 「고구려의 장지명 왕호와 왕릉 비정」, 『고구려왕릉연구』, 동북아역사재단, 2009, 24쪽.

298 임기환, 「고구려의 장지명 왕호와 왕릉 비정」, 『고구려왕릉연구』, 동북아역사재단,

더욱이 이러한 임기환의 주장에 대해 "미천지원美川之原이라고 표현된 것을 보면 (일정 구역이 아니라) 하천으로 보아야할 듯하다"[299]는 반론이 즉각 제기되었다. 실제 임기환이 서대총을 미천왕릉으로 지목하는 견해를 취한다면 그 인근 하천이 미천이 되어야 하는 게 아닐까? 더욱이 씨는 "그러나 필자는 그 중에도 '제대祭臺'로 추정되는 장방형 적석 구조물을 왕릉급 고분의 가장 중요한 지표로 상정하고자 한다"[300]고 했다. 그럼에도 그는 "천추묘의 경우에도 '제대' 시설 자체는 확인되지 않으나, 이 고분이 왕릉임은 거의 분명하다"[301]고 하였다. 또 "우산하 992호 역시 '제대'로 추정되는 공통된 시설을 갖추고 있다는 점에서 역시 왕릉급 고분으로 상정하고자 한다"[302]고 했다. 이 경우 일관성 없는 분류라고 하겠다. 그러면 왕릉 분류에서 소위 제대는 무슨 의미일까?

한편 임기환은 "비록 강 전체 이름이 '압록鴨淥'이라고 하더라도, 국도의 옆을 흐르는 강을 특정하여 국내 지역에서 '국천國川'이라고 부를 가능성은 충분히 있다. 비록 백제의 예이지만, 금강을 웅진시대에는 웅천

2009, 28쪽.

299 정호섭, 「고구려 적석총의 被葬者에 관한 재검토」, 『韓國史硏究』143, 2008, 17쪽, 註 49.

300 임기환, 「고구려의 장지명 왕호와 왕릉 비정」, 『고구려왕릉연구』, 동북아역사재단, 2009, 43쪽.

301 임기환, 「고구려의 장지명 왕호와 왕릉 비정」, 『고구려왕릉연구』, 동북아역사재단, 2009, 29쪽.

302 임기환, 「고구려의 장지명 왕호와 왕릉 비정」, 『고구려왕릉연구』, 동북아역사재단, 2009, 35쪽.

熊川, 사비시대에는 사비하泗沘河라고 지칭한 예가 참고가 될 것이다"[303]
고 했다. 그럴듯한 주장이지만 전혀 근거가 없다. 이러한 주장대로 한
다면 백제의 웅천이나 사비하처럼 고구려에서도 국천國川이라는 하천
이름이 확인되어야만 한다.『삼국사기』에는 '압록'이라는 강 이름은 총
21회나 등장하지만 '국천'은 단 한 차례도 나온 바 없다. 이는 국천이 그
것도, 가장 비중이 큰 국도인 국내성 지역을 통과하는 압록강이 될 수
없음을 반증한다. 실제 '서압록곡西鴨淥谷(고국천왕 13년 조)'의 존재는
압록강 구간을 동서로 구분해서 동압록東鴨淥 · 서압록西鴨淥으로 일컬
었음을 가리킨다. 압록강의 일정 구간을 '국천'이라고 했다는 상상이 비
집고 들어갈 틈을 용납하지 않고 있다. '압록원鴨淥原(동천왕 20년 조)'의
존재 역시 '국천國川'이나 '국양國壤'이 압록강과 연계된 원原이 아님을
분명히 해준다. 게다가 "밀우에게 거곡巨谷과 청목곡靑木谷을 내려주고,
옥구에게는 압록鴨淥 두눌하원豆訥河原을 내려주어 식읍으로 삼게 하였
다"[304]라는 기사에 보이는 두눌하원은 두눌하豆訥河 유역의 원原을 가리
킨다. 여기서 압록강 지류로서 두눌하의 존재가 확인된다. 이 사실은
지금의 압록강이 고구려 당시에도 구간에 관계 없이 압록강으로 일컬
었음을 반증한다. 동시에 국천은 압록강의 지류로서 국내성 곁을 지나
는 통구하를 가리킨다는[305] 사실을 다시금 확인해 준다. 아울러 압록강

---

303 임기환, 「고구려의 장지명 왕호와 왕릉 비정」, 『고구려왕릉연구』, 동북아역사재단,
　　2009, 28쪽, 註 22.
304 『三國史記』 권45, 密友 · 紐由傳.
305 李道學, 「集安 地域 高句麗 王陵에 관한 新考察」, 『高句麗渤海研究』 30, 2008, 90쪽.

=국천설은 신기루에 불과했음이 드러났다.

국천이 압록강이라면 임기환이 동천왕릉으로 비정하는 데 동의한 임강총은 실개천인 동천과 결부 지을 게 아니다. 동천왕에게는 압록강과 연관 지어 '국천왕國川王'으로 시호를 부여했어야 마땅하지 않을까? 또 이러한 논리라면 압록강변에 가장 가깝게 인접한 천추총도 소수림왕릉이라기 보다는 고국양왕릉으로 간주하는 게 훨씬 논리적이다. 소수림왕릉은 소수림에 소재하였다.[306] 압록강변에 소재한 천추총의 입지가 수림獸林과 연결되지 않는다. 오히려 소수림왕릉을 유수림자楡樹林子에서 찾는[307] 견해가 설득력이 있다.

5. 맺음말

고구려 왕릉의 수릉제 여부는 그곳에서 출토된 간지 명 기와의 조성 시기를 측정할 수 있는 근거가 된다. 그런데 지금까지의 연구를 통해 고구려 왕릉 수릉설은 타당성이 희박해졌다. 그럼에 따라 간지 명 기와를 통해 왕릉의 조성 연대를 측정하려는 시도는 효용성을 상실했다. 그리고 '好大王' 명 동령은 숱한 의문점과 석연찮은 점이 많은 관계로 사

---

306 『三國史記』권18, 小獸林王 14년 조. "冬十一月 王薨 葬於小獸林 號為小獸林王"
307 高裕燮, 「高句麗 古都 國內城 遊觀記」, 『朝光』 1938-9; 又玄 高裕燮全集 發刊委員會, 『又玄 高裕燮全集 9』, 悅話堂, 2013, 223쪽.

료로 이용하거나 태왕릉의 피장자를 구명할 수 있는 단초로 삼기는 어렵다고 보았다. 특히 동령의 서체는 더 이상 「능비문」이나 「호우명」과의 유사성을 찾기는 어렵다. 한편 고구려 왕릉의 장지와 관련해 추모왕의 장지는 존재하지 않는다는 사실을 재확인했다. 그리고 『삼국사기』에서 압록강은 21회나 거론되었지만 국천은 단 한 차례도 등장하지 않았다. 이는 국천이 압록강이 될 수 없음을 반증한다. 오히려 압록강의 지류로서 '압록鴨淥 두눌하豆訥河'의 존재가 포착되었다. 이렇게 볼 때 국천도 압록강의 지류에 불과했다고 본다. 곧 통구하가 국천임을 반증해 주고 있는 것이다. 따라서 압록강=국천설에 근거했던 기존의 왕릉 비정은 전면 재검토될 수밖에 없다. 일례로 압록강변에 근접한 임강총을 압록강이 아닌 동천과 결부지어 동천왕릉으로 비정하고 있다. 그러면서도 정작 임강총 보다 안쪽에 소재한 태왕릉을 압록강과 결부지어 국양왕릉 즉 고국양왕릉으로 비정하는 것은 어불성설이다. 더구나 태왕릉=고국양왕릉설은 압록강=국천설이 무너짐에 따라 버팀목을 잃은 격이 되었다.

미천왕릉은 전연의 도굴로 인해 이장설이 통설이 되었다. 그러나 미천왕릉은 비록 도굴되었지만 파괴되지 않은 관계로 이장 사유가 발생하지 않았다. 따라서 서대총을 도굴된 미천왕릉으로 지목하는 견해 등은 타당성을 잃었다. 한편 국도의 범칭으로 사용된 고국원 즉 '국원'이 서천원을 포괄하는 광의의 지역으로 사용되었음을 확정했다. 따라서 "서천왕릉의 위치가 고국원에 있다"는 고국원=서천원 주장은 성립하기 어렵다. 그 밖에 고국원왕릉=우산하 992호분과 우산하 0540호분설을 검토하였다. 이러한 2기基의 고분은 중국에서 고구려 왕릉으로 비정한 바 있다. 그러나 이들 고분 가운데는 국강國罡이라는 입지 조건과 부합되지 않을 뿐 더러 규모나 부속 시설에서 미비하였다. 따라서 앞서 거론한 2기의 고분은 왕릉일 가능성은 낮다고 본다. 마지막으로 전 동명왕릉을 실묘實墓가 아닌 정치적 의도에서 조성된 상징물이라는 주장의 맹점을 지적하였다.

요컨대 지금까지의 작업을 통해 고구려 왕릉 연구의 현 단계에서 문제점들을 검증해 보았다. 이와 관련해 필자는 몇몇 논고들을 비판했다. 그러나 이는 어디까지나 필자의 소견일 뿐이다. 필자 논고의 오류들 역시 비판받고 또 그것을 극복해 가는 과정 속에서 고구려 왕릉 연구의 진전을 기대해 보고자 한다.

II. 고구려 왕릉 비정 근거 검증

1. 고구려 왕릉의 구성 요건과 소재지

고구려 왕릉 소재지는 크게 환인과 집안 그리고 평양 일대로 나누어 진다. 그런데 환인 지역 고구려 왕릉 비정과 관련해 선결할 문제가 있다. 『삼국사기』에 따르면 고구려 제2대 왕인 유리왕 22년에 '국내國內'로 천도했다고 하였다. 이 '국내'를 지금의 길림성 집안으로 지목하여 왔다. 그런 관계로 환인에는 시조인 추모왕의 능만 존재하거나 왕릉이 아예 없는 것으로 인식하였다. 그러나 유리왕이 천도한 '국내國內 위나암성尉那巖城'은 근자에 환인의 오녀산성으로 밝혀졌다.[308] 그러므로 유리왕은 집안에 묻히지 않은 게 분명하다. 209년에 제10대 산상왕의 환도성 이도移都 이전의 고구려 왕릉은 환인에 소재한 것이다. 이렇게 되면 제3대 대무신왕의 별호別號인 대해주류왕大解朱留王의 '대해주류'를, 제17대 소수림왕小獸林王의 별호인 소해주류왕小解朱留王의 '소해주류小解朱留'와 대응시켜 집안에서 장지를 비정한 견해는 의미를 잃게 된다. 제9대 고국천왕의 능도 장지명 시호로 간주하여 국내성 즉 집안 지역에서 찾아 왔다. 그러나 고국천왕릉도 환인에서 찾아야 한다. 이에 따르면 고구려 왕릉 연구는 출발점부터 전면적으로 재검토되어진다.

---

308 李道學, 「『三國史記』의 高句麗 王城 記事 檢證」, 『韓國古代史研究』79, 2015, 145~151쪽.

왕성과 왕릉은 함께 가게 마련이다. 왕성이 이동하면 왕릉도 근처에 소재할 수밖에 없다. 차후 환인 지역 고구려 왕릉에 대한 치밀한 연구가 긴요하다고 본다. 다만 지린성문물고고연구소와 지안시박물관에서 간행한 집안 지역 고구려 왕릉 보고서에 따르면 집안에서 확인되는 왕릉급 고분은 다음과 같은 특징을 지닌 것으로 밝혔다.[309]

1) 동일한 시기 분묘 가운데 규모가 가장 크다.

2) 분묘 위에 기와를 사용했다.

3) 배총陪塚과 제대祭臺가 있다.

4) 분묘의 입지는 전통 관습과 풍수사상이 결합되어 선정하였다.

5) 독립적인 묘역을 확보하고 있다.

6) 출토 유물 가운데 왕권을 상징하는 의장품儀狀品이 있다.

위와 같은 기준 가운데 소위 '제대祭臺'의 경우는 '제대'로 곧이 수용하기 어렵다. 더욱이 '제대'가 확인되는 분묘의 경우에도 왕릉으로 단정하기 어려운 요소가 포착된다. 가령 위의 보고서에서 왕릉으로 단정했던 우산하 992호분의 경우는 '제대'가 확인되지만, 왕릉이 아닌 왕족이나 귀족의 분묘로 지목하는 견해가 많기 때문이다.[310] 그렇지만 이것

---

309 吉林省文物考古研究所·集安市博物館 編著,『集安高句麗王陵--1990~2003年 集安 高句麗王陵調査報告』, 文物出版社, 2004, 4쪽.

310 余昊奎,「集安地域 고구려 超大型積石墓의 전개과정과 그 被葬者 문제」,『韓國古代 史研究』41, 2006, 128~129쪽.

의 속성이 무엇인지 여부를 떠나 왕릉의 조건으로 볼 수 있는 대체적인 경향성을 제기하기도 한다. 그리고 배총의 존재가 가장 확실한 장군총의 경우 강돌이 깔린 방형 외곽 바깥에 배총이 소재하였다. 그렇더라도 배총인 것은 분명하다. 물론 고구려 전 기간에 걸친 왕릉에서 배총의 배치가 필수적인 요소는 아니라는 것이다. 그렇지만 배총은 마선 2378호분과 마선 626호분, 그리고 산성하전창 36호분 등 여러 곳에서 확인되고 있다.[311] 그러므로 배총은 집안에서 가장 늦은 시기의 왕릉인 태왕릉과 장군총에서만 뚜렷하게 나타난 현상이라고[312] 단정할 수도 없다. 결국 집안 지역 고구려 왕릉의 조건에 대한 전면적인 재검토가 필요하다.

이러한 점을 염두에 두면서 환인 지역 고구려 왕릉을 살펴보면 시조 추모왕릉과 제2대 유리왕릉부터 제9대 산상왕릉까지가 해당 된다. 그리고 집안 지역 고구려 왕릉의 분포를 상기해 본다. 국내성 도성 구역에는 5부部가 구획되었다. 이러한 부 중심으로 고분군이 자연스럽게 조성되었을 것이다. 그러나 고구려 왕릉은 국내성이나 환도성 주변에만 조성된 게 아니었다. 도성의 전역에 걸쳐 광범위하게 왕릉이 조

---

311 吉林省文物考古研究所·集安市博物館 編著, 『集安高句麗王陵--1990~2003年 集安高句麗王陵調査報告』, 文物出版社, 2004, 5쪽.

312 이에 대해서는 姜賢淑, 「중국 길림성 집안 지역 고구려 왕릉의 구조에 대하여」, 『韓國古代史研究』41, 2006, 38~40쪽을 참조하라. 그런데 姜賢淑은 태왕릉의 조영 시기를 "4세기 후엽 이후부터 5세기 초 사이로" 규정하였고, 장군총은 5세기 중엽으로 간주했다(姜賢淑, 「중국 길림성 집안 지역 고구려 왕릉의 구조에 대하여」, 『韓國古代史研究』41, 2006, 38쪽).

성되었다. 가령 한변의 길이 30~40m 이상되는 대형 고분은 총 42기이다. 이러한 대형 고분은 앞서 언급한 집안 지역 5곳의 고분군 전역에서 조성되었고, 왕릉급인 40~50m 이상의 초대형 고분의 경우도 4곳에서나 확인되었기 때문이다.[313] 왕릉급 고분인 장군총과 서대총 간의 동東·서상西上의 직선 거리만 해도 무려 11km가 넘을 정도로 넓다. 이는 서울 석촌동이나 공주 송산리, 그리고 부여 능산리에 일정한 구간을 설정한 후에 왕릉을 조성한 백제나, 적석목곽분 단계 신라 왕실의 능원이 한정된 공간에만 소재한 것과는 커다란 차이를 보이고 있다. 반면 왕릉급 초대형 고분의 분포를 놓고 볼 때 고구려의 경우는 국왕의 능묘 설정에 지역적 경계가 없음을 알려준다. 국내성의 5부 거의 전역에 걸쳐 왕릉이 조영된 것이다. 그리고 보고서에서 언급하였듯이 고구려에서는 능원陵垣의 존재를 비롯한 국왕 일개인의 단독 능역이 확립되었다. 이는 강화된 왕권의 표상일 수 있다. 특히 국강상에 소재한 분묘들은 왕릉의 위용을 거대하게 보이는데 유리한 봉강峰岡을 의도적으로 확보한 것이다. 이는 입지 선정상 왕실의 우월성을 반영해주는 중요한 지표로 해석된다.

한편 '왕릉의 구성 요소'와 관련해 『삼국사기』 동천왕 22년 조 기사를 원용하는 견해가 있기에 검토해 본다. 즉 이 기사를 이용하여 "동천왕이 순장을 금하자 대신 백 여 명이 따라 죽었다는 기록을 고려해 볼

---

313 余昊奎, 「集安地域 고구려 超大型積石墓의 전개과정과 그 被葬者 문제」, 『韓國古代史研究』 41, 2006, 90쪽.

때 고구려에서는 순장과 배장이 있었을 가능성이 있지만…"[314]라는 추론을 도출하고 있다. 그런데 이 기사는 다음에서 보듯이 정작 그런 내용이 아니다. "가을 9월에 왕이 돌아가시자 시원柴原에 장례지내고 시호를 동천왕이라고 하였다. 국인들이 그 은덕을 생각하여 서러워하지 않는 사람이 없었다. 근신近臣 가운데는 자살하여 따라 죽고자 하는 이가 많았다. 사왕嗣王이 이것을 비례非禮라고 하여 금지시켰는데, 장례를 치르는 날에 이르자 묘墓에 와서 스스로 죽는 자가 심히 많았다. 국인이 섶을 베어 그 시체를 덮어주었다. 드디어 그 땅을 시원이라고 이름했다."[315] 여기서 순사殉死를 금지시킨 '사왕嗣王'은 동천왕의 뒤를 잇는 중천왕을 가리킨다. 사망한 동천왕이 순사를 금할 수도 없을 뿐더러 사왕은 동천왕을 가리키지도 않는다. 그리고 "대신 백 여 명이 따라 죽었다"는 내용은 눈씻고 봐도 존재하지 않는다. 사료를 멋대로 해석한 후에 마치 '순장과 배장'에 대해 '혼자 심각하게 고민'하는 척 했음이 드러났다.[316]

---

314 姜賢淑, 「중국 길림성 집안 지역 고구려 왕릉의 구조에 대하여」, 『韓國古代史研究』 41, 2006, 23쪽.

315 『三國史記』권17, 東川王 22년 조.

316 논문 심사에서 이러한 점을 지적해야 한다. 기초적인 實證에 대해서만이라도 誤謬를 지적해 준다면 보다 완성도 높은 논문이 나올 수 있지 않을까 한다. 또 이것이 집필자를 도와주는 길이라고 본다. 그런데 강현숙의 논문이 발표된지 아직껏 그러한 지적이 공식적으로 제기되지 않았다. 실제로 2007년 12월 20일에 동북아역사재단에서 강현숙이 발표한 「고구려 왕릉 복원을 위한 구조 검토」, 『고구려 왕릉 연구 워크숍』 161쪽에서도 동일한 내용을 수정없이 발표했다. 그런 관계로 아주 간단하게나마 이 점을 언급할 수밖에 없었다. 필자의 論考를 읽고 수정되리라고 믿는다. 曲

2. 추모왕릉의 존재 양상

고구려 시조인 추모왕의 능의 소재지에 관한 논의는『삼국사기』의
추모왕 사망 기사가 출발점이 된다. 이와 관련해『삼국사기』에는 "가을
9월에 왕이 승하했는데 그 때 나이가 40세였다. 용산에 장사지냈다.
시호를 동명성왕이라 했다"[317]고 하였다. 물론 동명왕은 부여 시조이므
로, 이는 추모왕을 잘못 인식한 것이다. 동명왕릉 곧 추모왕릉의 소재
지에 대해서는『신증동국여지승람』중화군 능묘 조에 다음과 같이 적
혀 있다.

> 동명왕묘: 용산에 있는데 세상에서는 진주묘眞珠墓라고 부른다. 세상에
> 전하기를 고구려 시조가 항상 기린마를 타고 하늘에 올라 일을 아뢰었다.
> 40세에 이르러 결국 승천하고 돌아 오지 않았다. 태자가 남겨진 옥채찍[玉
> 鞭]을 용산에 장사지내고는 동명성왕이라 하였다.[318]

위에서 용산은 평안남도 중화군 동쪽 30리에 소재한 것으로 밝히고
있다. 이곳은 과거에 중화군 진파리라고 불렀던 곳이다. 현재는 평양
시로부터 동남쪽으로 22km 떨어진 평양시 역포 구역 무진리 왕릉동에

解 없기를 바란다.

317『三國史記』권13, 東明聖王 19년 조.

318『新增東國輿地勝覽』권52, 中和郡, 陵墓 條.

속한다. 이 무덤을 종래 왕릉으로 불렀기 때문에 마을 이름을 왕릉동이라고 하였다.[319]

동명왕릉은 방형의 기단석이 돌려진 석실봉토분인데, 한변의 길이 22m, 높이 8m로 웅장하다. 동명왕릉은 큰 돌을 쌓아서 만든 석축 기단 위에 높이 흙을 돋웠다. 이는 고구려 왕릉이 계단식 석실 적석총에서 석실 봉토분으로 넘어가는 평양성 천도 전후한 시기의 묘제임을 뜻한다.[320] 이러한 동명왕릉은 고구려가 427년에 평양성으로 천도할 때 만주 환인에 소재했던 분묘를 이장한 것으로 해석하고 있다. 13세기에 고려 왕조가 몽골의 침략을 받아 강화도로 천도할 때 태조의 능을 이장한 사례가 있기 때문에 가능한 논리라고 한다.[321] 이 문제의 검토와 관련해 일단 고려 태조의 관棺을 옮긴 사례를 다음과 같이 인용해 본다.

* 임신에 태조의 관[太祖梓宮]을 받들어 다시 현릉顯陵에 옮겨 장사지냈다. 경술년 난리 때 그관을 부아산負兒山 향림사香林寺에 옮겼다가 이에 이르러 옮겨 장사지낸 것이다.[322]

* 신사에 태조의 관棺을 받들어 다시 현릉에 장사했다.[323]

---

319 전제헌,『동명왕릉에 대한 연구』, 사회과학출판사, 1994, 16~17쪽.
320 전제헌,『동명왕릉에 대한 연구』, 사회과학출판사, 1994, 20~21쪽. 41~51쪽.
321 전제헌,『동명왕릉에 대한 연구』, 사회과학출판사, 1994, 15쪽.
322 『高麗史』권4, 顯宗 7년 1월 조.
323 『高麗史』권4, 顯宗 10년 11월 조.

* 병술에 동면도감관관 이당필을 보내어 대묘신주大廟神主를 대상부大常府
  에 옮겼다. 장군 기윤위를 보내 현릉에 나가 태조의 재궁梓宮을 봉은사奉
  恩寺에 봉천奉遷하게 하였다.[324]

* 이 해에 세조世祖와 태조의 두 재궁을 신도新都에 이장하였다.[325]

* 갑진에 다시 세조의 재궁을 창릉昌陵에, 태조 재궁을 현릉에 다시 묻는
  의례를 올렸다.[326]

위의 기사를 보면 도굴의 화禍를 피하기 위해 일시적으로 고려 태조
의 관을 안전한 곳으로 옮겼음을 알 수 있다. 가령 1010년 요遼의 침공
때는 지금의 서울 부아산 즉 북한산에 소재한 향림사에 관을 안치했다
가 1016년에 현릉으로 옮겼다. 즉 수도가 안전하게 확보되었을 때는
현릉에 다시금 장례 지냈다. 요컨대 일시적으로 태조의 관을 안전한 후
방으로 옮긴 사례는 두어 차례 더 있다. 그러나 이것이 영구적인 이장
을 뜻하는 것은 전혀 아니었다. 그러므로 천도하면 시조릉을 신수도에
이장한다는 주장은 근거 없다. 이러한 논리대로라면 국내성으로 천도
할 때 추모왕릉은 이미 환인에서 집안으로 이장했어야 하지 않은가?

324 『高麗史』 권22, 高宗 4년 3월 조.
325 『高麗史』 권23, 高宗 19년 末尾 조.
326 『高麗史』 권28, 忠烈王 2년 9월 조.

동명왕릉은 규모와 능묘의 배치 상태, 그리고 원찰願刹인 정릉사와의 관계를 놓고 볼 때 왕릉이 분명하다. 그러나 이것은 소위 동명왕릉이 추모왕릉인지 여부와는 별개의 문제에 속한다. 이와 관련해 고구려 당시의 금석문으로서 고구려인들의 시조 인식을 반영하고 있는 「능비문」을 살펴 본다. 이에 의하면 추모왕의 사망을 "세위世位를 좋아하지 않으서서 (천제께서) 황룡을 보내 내려와 왕을 맞았다. 왕은 홀본 동쪽 언덕에서 용의 머리를 밟고 하늘로 올라 갔다"327고 하였다. 여기서 추모왕의 시신을 장례지냈다는 구절은 없다. 『구삼국사』를 토대로 한 「동명왕편」에는 "가을 9월에 왕이 하늘로 올라 가고는 내려오지 않았다. 그때 나이가 40이었는데, 태자는 남겨진 옥채찍을 용산에 장사지냈다고 한다"고 했다. 『제왕운기』에도 "남기신 옥채찍으로 무덤을 이룩터라[지금 용산의 묘이다]"고 했다. 이러한 기록에 비추어 볼 때 추모왕은 승천했다고 믿어졌다. 따라서 그 능묘는 유품장遺品葬에 불과한 것일 수 있다. 이 경우 추모왕이 40세에 사망했다고 하는데, 어떤 이유인지는 몰라도 시신을 수습하지 못하였을 가능성이다. 그랬기에 유품장을 치렀다고 보아야 하지 않을까.

---

327 한국고대사회연구소, 『譯註 韓國古代金石文 I』 1992, 8쪽. "不樂世位 因遣黃龍來下迎王 王於忽本東罡 履龍頁昇天"

『史記』 권12, 孝武本紀 12에 龍이 내려와 黃帝를 맞아 하늘로 올라갔다는 이야기가 적혀 있다. 이 모티브를 「능비문」에서 추모왕에게 채택했다는 것이다(大林太良, 『東アジアの王權神話』, 弘文堂, 1984, 315쪽).

이러한 추모왕의 승천 설화는 다음과 같은 로마제국의 시조인 로물루스의 승천과도 맥이 닿고 있다.

로물루스는 아무도 모르게 행방불명이 되었는데 그것이 7월 7일이었다는 것 밖에는 아무 것도 알 수가 없다. 옷자락 하나도 남기지 않았기 때문에 그가 죽었다는 증거도 찾을 수 없었다. … 원로원 의원들은 "이제는 왕의 행방을 찾거나 그 때문에 수고할 필요가 없소. 그 보다는 차라리 로물루스 왕을 찬양하는 것이 좋을 것이오. 왕께서는 신의 부름을 받아 사라진 것이며, 땅 위에 있을 때 어진 임금이듯이 지금은 자비로운 신이 되어 그대들 위에 계신다오"라고 말했다. … "왕께서는 신의 부름을 받아 사라진 것이며, 땅 위에 있을 때 어진 임금이듯이 지금은 자비로운 신이 되어 그대들 위에 계신다오." … "나는 신의 나라에서 와 오랫동안 인간 세상에 살았으며, 권세와 영광이 세상에서 으뜸 가는 도시를 건설했소. 그러니 이제는 하늘로 돌아가는 것이 신의 도리라고 로마 사람들에게 전해주시오." … "나 퀴리누스(로물루스가 죽은 뒤에 받은 이름: 필자)는 신이 되어 언제까지라도 그들을 지켜볼 것이오."… 로물루스가 세상에서 사라진 것은 그의 나이 53세, 왕위에 오른 지 38년 때 되던 해의 일이었다고 전해진다.[328]

『플루다르크 영웅전』에 전하는 로물루스의 승천 설화는 추모왕의 그것과 확실히 비견되고 있다. 로물루스는 신의 나라에서 내려와 으뜸 가는

328 플루타르코스 著 · 이성규 譯,『플루타르크 영웅전(1)』, 사닥다리, 1994, 93~97쪽.

도시 건설을 한 후 승천했다는 것이다. 추모왕도 천상에서 내려와 고구려 건국의 사명을 완수한 후 승천했다고 한다. 이러한 추모왕의 승천 설화는 다음에서 인용한 중국의 황제 승천 설화와 계통적으로 닿고 있다.

> 황제黃帝가 수산首山에서 구리를 캐어 형산荊山 밑에서 솥鼎을 만들었다. 솥이 이미 완성되자 용이 거의 수염을 끄떡거리면서 내려 와서 황제를 맞았다. 황제가 올라 타자 군신群臣과 후궁도 따라서 올라타니 70여 명이었다. 용이 곧 올라 가자 나머지 소신小臣들은 올라 가지 못하자 이에 모두 용의 수염을 잡거나 용의 수염을 뽑아서 떨어뜨렸다. 황제의 활도 떨어졌다. 백성들이 우러러 보는데 황제가 이미 하늘로 올라가자 곧 그 활과 턱수염을 껴안고 있었기에 이로 인하여 후세에 그곳을 정호鼎湖라고 하였고, 그 활을 일컬어 오호烏號라고 했다.[329]

위의 인용에서 보듯이 하화족夏華族의 시조인 황제 역시 하늘에서 신룡神龍이 내려와 맞았다. 그가 신룡의 등을 타고 승천할 때 보궁寶弓을 떨어뜨렸다고 한다. 지상의 사람들이 황제가 남긴 보궁을 집어 무덤을 조성했다는 것이다.[330] 즉 "옛날 황제가 용을 타고 하늘로 올라가면서 활을 떨어뜨리자 백성들이 이 활을 부여잡고 울부짖었다는 "임금의 죽

---

329 『史記』권28, 封禪書 第6.
330 袁珂 著 · 鄭錫元 譯, 『中國의 古代神話』, 文藝出版社, 1987, 153쪽.
　　위앤커 著 · 전인초 · 김선자 譯, 『중국 신화 전설(1)』, 민음사, 1999, 223쪽.

음에 대한 슬픔을 나타내는 '궁검지통弓劍之痛'이라는 속담의 유래가 된다.[331] 어쨌든 이러한 맥락에서 볼 때 추모왕릉은 당초부터 없었거나, 존재했더라도 유품만 부장한 것일 수 있다. 아니면 추모왕 사당만 존재했을 가능성도 높다. 설령 추모왕릉이 존재했다고 하더라도 시신이 안장되지도 않은 무덤을 이장할 리는 없다. 그러므로 소위 동명왕릉은 평양성 천도를 단행한 장수왕의 능으로 지목하는 견해가 설득력을 얻는다. 참고로 승천할 때 소지품을 투하하는 전설은 『구약』에도 다음과 같이 보인다.

엘리야가 말하였다. "너는 어려운 청을 하는구나. 주님께서 나를 데려가시는 것을 네가 보면 그대로 되겠지만, 보지 못하면 그렇게 되지 않을 것이다." 그들이 이야기를 하면서 계속 걸어가는데, 갑자기 불 병거와 불 말이 나타나서 그 두 사람을 갈라놓았다. 그러자 엘리야가 회오리바람에 실려 하늘로 올라갔다. 엘리사는 그 광경을 보면서 외쳤다. "나의 아버지, 나의 아버지! 이스라엘의 병거이시며 기병이시여!" 엘리사는 엘리야가 더 이상 보이지 않자, 자기 옷을 움켜쥐고 두 조각으로 찢었다. 엘리사는 엘리야에게서 떨어진 겉옷을 집어 들고 되돌아와 요르단 강 가에 섰다. 그는 엘리야에게서 떨어진 겉옷을 잡고 강물을 치면서, "주 엘리야의 하느님께서는 어디에 계신가?" 하고 말하였다. 엘리사가 물을 치니 물이 이쪽 저쪽

---

331 『大東野乘』 권12, 乙巳傳聞錄.
　　 임종욱, 『한국한자어 속담사전』, 이회, 2001, 156쪽.

으로 갈라졌다. 이렇게 엘리사가 강을 건너는데, 예리코에서 온 예언자 무리가 멀리서 그를, "엘리야의 영이 엘리사에게 내렸구나" 하고 말하였다. 그리고 나서 그들은 엘리사를 맞으러 나와 땅에 엎드려 절하고, 그에게 말하였다.[332]

여기서 엘리야가 떨어뜨린 겉옷을 통해 엘리야의 영검이 엘리사에게 전이轉移되고 있음을 알 수 있다. 마찬 가지로 추모왕이 승천하면서 남긴 옥채찍을 통해 기승騎乘에 대한 신묘한 능력이 지상의 사람들, 곧 고구려인들에게 전승되었음을 상징한다.

3. 이장설의 검토

1) 추모왕릉 이장 문제

전 동명왕릉傳東明王陵은 평양시 력포 구역 룡산동에 소재한 고구려의 왕릉급 고분이다. 이러한 전 동명왕릉의 피장자에 대해서는 몇 가지 견해가 제기되었다. 그러나 여전히 이장설의 입장에서 "첫 수도 졸본에 위치한 장군묘, 새로운 수도 평양에 위치한 전동명왕릉. 이 두 무덤은 같은 시기에 조성되었으며, 같은 무덤 구조에, 벽화의 주제도 연꽃으로 매우 비슷하다. 그렇다면 이 두 무덤을 하나의 맥락에서 연관시켜 파악

---

332 『舊約』, 열왕기(하), 2장, 10-15.

해 볼 수 있겠다. 이 두 무덤을 관통하는 어떤 의도, 즉 장수왕이 평양 천도 이후 왕실의 신성성 및 왕권의 권위를 드러내는 기념물로서 새 수도 평양과 옛 수도 졸본에 각각 시조 동명왕릉을 구축하였으리라는 추정이 마냥 지나치지만은 않을 것이다. 이 두 동명왕릉은 평양 천도를 기정사실화하고 이를 시조 동명왕의 뜻을 이은 것이라는 표상이 충분히 될 수 있지 않았을까?"[333]라는 주장도 있다.

북한에서 당초 제기한 동명왕릉 즉 추모왕릉설에 대한 반론으로 장수왕릉설이 유력하게 제기되었다.[334] 그러나 최근에는 전 동명왕릉의 장수왕릉설에 대해서 낱낱이 비판한 후에 상징물로 간주하는 '신설'이 제기되었다. 즉 "결국 전 동명왕릉과 정릉사는 평양 천도를 즈음하여서 정치적 이념과 불교적 관념이 결합된 상징물로서 기능하였다고 할 수 있다"[335]고 단언했다. 이러한 '신설'을 검증해 보고자 한다. '신설'에서는 일단 전 동명왕릉이 장수왕릉이 되기 위해서는 귀장 여부가 확정되어야 한다는 전제를 달았다. 그러면서 장수왕의 귀장 가능성은 그리 높아 보이지 않는다고 했다.[336] 장수왕은 귀장되지 않았기에 전 동명왕릉에 대한 장수왕릉설이 제기된 게 아닐까? 그러니 하나마나한 의문을 제

---

333 임기환, 「고구려사 명장면-69, 동명왕릉인가, 장수왕릉인가?」, 『매일경제』 2019. 4. 19.

334 傳 東明王陵에 대해서는 강현숙, 「전 동명왕릉과 진파리 고분군의 성격 검토」, 『호서고고학』 18, 2008, 30~53쪽에서 지금까지의 연구 성과와 고분의 구조에 대해 치밀하게 잘 분석해 놓았다.

335 강현숙, 「전 동명왕릉과 진파리 고분군의 성격 검토」, 『호서고고학』 18, 2008, 50쪽.

336 강현숙, 「전 동명왕릉과 진파리 고분군의 성격 검토」, 『호서고고학』 18, 2008, 44쪽.

기한 듯한 인상을 준다. 그리고 전 동명왕릉의 "규모를 기준으로 볼 때 역사상 가장 넓은 영역을 가졌던 장수왕의 무덤으로 보기에는 주저된 다"[337]고 했다. 이러한 단순 논리라면 태왕릉보다 규모가 훨씬 작은 장 군총은 고구려의 대표적 정복군주인 광개토왕의 릉이 될 수가 없다. 그 밖에 전 동명왕릉에 관대 시설이 없다는 것은 특정 왕의 실묘일 가능성 을 떨어뜨리는 증거로 간주했다. 즉 "특정 왕의 무덤이라기 보다는 정 치적 의도로 조성된 상징물일 여지를 제공하는 것으로 판단하였다"[338] 고 했다. 그런데 실묘도 아니라는 전 동명왕릉에서 관정棺釘과 관편冠片 이 출토되고, 능사陵寺까지 조성될 수 있을까? 관대 여부와는 상관없이 관못이 출토되었다면 관이 안치된 사실을 명백히 하는 것이다. 결국 이 는 실묘의 증좌가 아니겠는가? 이것 보다 더 확실한 근거가 어디 있을 까 싶다.

끝으로 "…소수림왕대에 시조묘를 안전한 곳에 모시기 위하여 <u>평양 에 동명왕릉을 축조하였다는 역사 기록과 결부시켜서</u> 장수왕이 평양 으로 천도하면서 동명왕의 시신을 옮겨 매장한 것으로 보았다"[339]라는 구절이다. 여기서 밑줄 친 부분은 북한측 자료를 언급한 형식이지만, 그러한 '역사 기록'은 존재하지도 않는다. 조선시대의 지리지에서 언급 한 '동명왕릉'의 존재는 전승에 불과할 뿐 '축조하였다는 역사 기록'과는

---

337 강현숙, 「전 동명왕릉과 진파리 고분군의 성격 검토」, 『호서고고학』 18, 2008, 45쪽.
338 강현숙, 「전 동명왕릉과 진파리 고분군의 성격 검토」, 『호서고고학』 18, 2008, 46쪽.
339 강현숙, 「전 동명왕릉과 진파리 고분군의 성격 검토」, 『호서고고학』 18, 2008, 39쪽.
　　註 6.

관련이 없다. 차라리 강현숙은 관련 북한측 자료를 직접 인용했으면 논지의 신뢰도를 높이지 않았을까 싶다.

2) 미천왕릉 이장설의 문제

고구려 역사상 도굴이 공식적으로 확인된 왕릉은 서천왕릉과 미천왕릉이다. 『삼국사기』에서 관련 사료를 인용해 보면 다음과 같다.

* 5년 가을 8월에 모용외가 침입해 와서 고국원에 이르러, 서천왕묘를 보고 사람을 시켜 이것을 열게 하였다. 역자役者 중에 폭사자가 생기고, 또 광내壙內에서 음악 소리가 들리므로 귀신이 있을까 두려워 곧 (군사를) 이끌고 물러갔다.[340]

* … (모용)황이 그 말을 좇아 미천왕묘美川王廟를 열어 그 시신을 싣고, 창고 안의 여러 대의 보물을 거두고, 남녀 5만여 명을 사로 잡고 그 궁실을 불지르고, 환도성을 허물고는 돌아갔다.[341]

위의 기사를 통해 제13대 서천왕의 능과 제15대 미천왕의 능이 296년과 342년에 각각 도굴되었음을 알 수 있다. 이와 관련해 집안 지역에

---

340 『三國史記』 권17, 烽上王 5년 조. "五年 秋八月 慕容廆來侵 至故國原 見西川王墓 使人發之 役者有暴死者 亦聞壙內有樂聲 恐有神乃引退"
341 『三國史記』 권18, 故國原王 12년 조. "皝從之 發美川王廟 載其尸 收其府庫累世之寶 虜男女五萬餘口 燒其宮室 毀丸都城而還"

소재한 왕릉급 고분인 칠성산 211호와 서대총이 주목되었다. 이 두 무덤은 모두 무덤 한 가운데가 도굴을 당하여 마치 봉분이 두 개인 것처럼 보인다. 그런데 도굴의 규모가 크고 철저한 관계로 보통 도적들이 할 수가 없고, 군대나 전쟁과 관련 있을 것이라고 했다. 그러면 이 두 고분은 어느 왕릉으로 비정될 수 있을까? 도굴된 사실이 기록된 서천왕릉과 미천왕릉에 해당되어 질 수 있다. 이 점은 무덤 주변에서 출토된 간지干支 명문이 있는 기와와 연결된다. 가령 2003년에 발굴할 때 칠성산211호 무덤에서 통기와와 판기와만 나오고 수막새가 나오지 않았다. 고구려에서 수막새가 사용된 것은 4세기 초로 간주하기 때문에 칠성산 211호는 축조 연대를 3세기 말을 상회하지 않을 것으로 보았다. 한편 서대총에서 '己丑' 명銘 수막새가 출토되었다. 그런데 서천왕 재위기간 23년 동안에는 '기축'년이 없다. 반면 미천왕 30년인 329년이 기축년이고, 미천왕은 익년에 사망했다. 이것을 근거로 '칠성산 211호=서천왕릉', '서대총=미천왕릉'으로 각각 비정하였다.[342]

그러면 미천왕릉을 서대총으로 간주하는 견해를 검토해 본다. 우선 서대총에서 권운문 와당 10편과 연화문 와당 1편이 출토되었다. 이 연화문 와당은 후대의 혼입 내지는 번와鐇瓦한 증거로 추정하고 있다.[343] 그러나 막연한 후대의 혼입 보다는 번와 가능성이 현실적으로 높다고

---

342 吉林省文物考古研究所 · 集安市博物館 編著, 『集安高句麗王陵--1990~2003年 集安高句麗王陵調査報告』, 文物出版社, 2004, 97쪽. 117쪽.

343 吉林省文物考古研究所 · 集安市博物館 編著, 『集安高句麗王陵--1990~2003年 集安高句麗王陵調査報告』, 文物出版社, 2004, 112~115쪽.

판단된다. 서대총이 342년에 도굴된 미천왕릉이라고 한다면 도굴된 상태로 지금까지 남아 있었다는 게 된다. 그렇지만 이는 4세기 말엽에나 등장한다는 연화문 와당[344]으로 번와한 것이 되므로 앞뒤가 맞지 않다. 서대총은 적어도 4세기 말엽에나 등장하는 연화문 와당으로 번와한 이후에야 도굴된 것으로 보아야 한다. 따라서 서대총을 미천왕릉으로 지목하는 견해는 따르기 어렵다.[345]

이 사안과 관련해 고려해야 할 가장 기초적인 문제가 있다. 현재까지 칠성산 211호와 서대총이 각각 도굴된 상태로 흉측한 모습을 드러내고 있다는 점이다. 이러한 상태로 남겨지게 된 왕릉의 볼썽사나운 모습이라는 것은 고구려 왕실의 치부恥部를 만천하에 폭로하는 거나 진배 없다. 누누이 지적되고 있듯이 이장을 했다고 하더라도 본래의 능묘를 이렇게 방치해 둘 리는 없겠다. 그러므로 칠성산 211호와 서대총의 현재 도굴된 상태는 고구려 멸망기나 그 이후의 상황을 반영하고 있을 가능성이 높다. 더구나 서천왕릉은 시신을 탈취하지 못한 도굴 미수 상태였다. 이때의 서천왕릉은 현재의 칠성산 211호처럼 처참하게 파괴된 상태가 아닐 수도 있다. 그런 만큼 서천왕릉을 특별히 이장해야할 당위성은 부족하다. 미천왕릉의 경우는 적어도 횡혈식 구조인 만큼 서대총처럼 천정부가 죄다 함몰될 수가 없다. 미천왕릉은 연도의 현실 문門만

---

344 余昊奎,「集安地域 고구려 超大型積石墓의 전개과정과 그 被葬者 문제」,『韓國古代史研究』41, 2006, 117쪽.

345 이러한 문제점 지적은 李熙濬,「太王陵의 墓主는 누구인가」,『韓國考古學報』59, 2006, 83쪽에 이미 보인다.

따면 되는 구조이다. 그러므로 서대총의 도굴처럼 무지막지하게 수혈식으로 마구 파헤칠 이유가 없기 때문이다. 칠성산 211호나 서대총은 도굴 자체 보다 분묘 파괴에 목적이 있었던 듯한 인상이 짙다.

미천왕의 능은 모용선비의 공격으로 인해 국도가 함락되는 와중에 도굴되어 시신이 끌려갔다. 그러나 이후 고구려의 송환 노력으로 미천왕의 시신이 곧 돌아올 수 있었다. 문제는 한번 도굴되었던 미천왕의 능을 어느 곳에 조영했는가 여부이다. 이와 관련해 안악 3호분을 미천왕릉으로 비정하는 견해가 제기된 바 있다. 즉 미천왕릉은 도굴된 이후 이장되었다는 것이다.[346] 실제 집안 지역에는 도굴된 게 분명한 왕릉급 고분들이 확인되었다. 집안의 왕릉급 고분 가운데 중앙 부분이 함몰되어 도굴된 듯한 적석총이 남아 있기 때문이다.[347] 즉 칠성산 871호 및 칠성산 211호와 서대총이 여기에 속한다.[348] 이러한 도굴분 가운데 서대총을 미천왕릉으로 결부 짓는 견해가 마치 정설처럼 자리잡았다. 얼핏 그럴듯하지만 이성적으로 짚어 보는 게 필요하다. 사안의 중요성에 비추어 필자의 구고舊稿를 거의 전재全載하는 형식이지만 논지를 소개하고자 한다.[349]

---

346 박진욱, 「안악3호분 무덤의 주인공에 대하여」, 『조선고고연구』 1990-2, 4쪽.

347 서길수, 「중화인민공화국 학자의 고구려 왕릉 비정에 대한 비판적 고찰」, 『고구려연구』 29, 2007, 313~314쪽.

348 吉林省文物考古硏究所·集安市博物館 編著, 『集安高句麗王陵--1990~2003年 集安高句麗王陵調査報告』, 文物出版社, 2004, 84~90쪽. 98~117쪽.

349 以下의 서술은 李道學, 「高句麗 王陵에 관한 몇 가지 檢討」, 『전통문화논총』 6, 한국전통문화대학교, 2008, 138~143쪽에 의하였다.

그런데 도굴되었다가 시신을 반환받거나 찾은 후에 반드시 무덤을 새로 조성하라는 법은 없다. 도굴되었다고 이장하는 것은 아니었다. 가령 임진왜란 때 선릉(성종릉)과 정릉(중종릉)이 도굴되었지만 시신을 수습하여 이장하지 않고 그대로 사용하였다. 이 문제는 기왕의 분묘의 훼손 정도와 분위기 쇄신이라는 정서적 측면을 고려해서 추측할 수밖에 없는 문제이다. 그러면 미천왕릉의 도굴 과정과 시신의 반환에 관한 다음 기사를 검토해 보도록 한다.

* 12년 11월에 (모용)황이 스스로 날랜 군사 4만을 거느리고 南道로 나와서, 모용한과 모용패를 선봉으로 삼고, 따로 장사 왕우 등을 보내 군사 1만 5천 명을 거느리고 북도北道로 나와서 침략해 왔다.…(모용)황이 장차 돌아가려 할 때 한수가 말하였다. "고구려 땅은 지킬 수 없습니다. 지금 그 왕이 도망하고 백성이 흩어져 산골짜기에 숨어있으나, 대군이 돌아가면 반드시 다시 모여들어 나머지 무리를 모아 오히려 근심거리가 될 것입니다. 그의 아비의 시신을 싣고, 그의 생모를 잡아가십시오. 그가 스스로 몸을 묶어 항복해 오기를 기다려 그 후에 돌려주고 은덕과 신뢰로 어루만지는 것이 상책입니다." (모용)황이 그 말을 좇아 미천 왕묘를 열어 그 시신을 싣고, 창고 안의 여러 대의 보물을 거두고, 남녀 5만여 명을 사로잡고 그 궁실을 불지르고, 환도성을 허물고는 돌아갔다.[350]

350 『三國史記』 권18, 故國原王 12년 조.

* 13년 2월에 왕이 왕제王弟를 보내어 연에 칭신稱臣 입조하고 진이珍異한
물건을 보냈는데, 그 수가 천千으로 셀 수 있었다. 연왕 황은 이에 그 부
父의 시체를 돌려 보내고, 그 모母는 아직 잡아두어 볼모로 하였다. [351]

위의 기사를 놓고 볼 때 342년 11월에 고구려를 침공한 전연의 군대
가 회군하기 직전에 미천왕릉이 도굴되었음을 알 수 있다. 그리고 343
년 2월에 미천왕의 시신이 고구려로 돌아왔던 것이다. 이로 볼 때 미천
왕의 시신이 전연에 볼모가 되었던 기간은 2개월 남짓에 불과하다. 물
론 그렇더라도 미천왕릉이 도굴 과정에서 심각하게 훼손되었을 때는
이장 가능성도 있다. 그러나 미천왕릉 이장설을 성큼 따르기 어려운 점
이 보인다.

우선 가장 중요한 포인트는 고구려 왕릉은 백제나 신라 왕릉과 마찬
가지로 대부분 합장이라는 것이다. 그런데 미천왕릉이 도굴당할 때 미
천왕의 합장 상대인 왕비 주씨周氏가 생존해 있었다. 이 사실은 미천왕
릉이 폐쇄된 게 아님을 알려 준다. 무령왕릉의 경우도 왕비의 관이 들어
가고 나서야 영구 폐쇄되었기 때문이다. 그런데 전연 군대가 도굴한 궁
극적인 목적은 고구려 왕부王父의 시신 확보에 있었다. 그런 만큼 도굴
을 하더라도 분묘 자체가 파괴되지 않을 수 있다는 것이다. 실제 미천왕
릉은 폐쇄된 게 아니므로 분묘를 군이 파괴하지 않더라도 시신의 탈취

---

351 『三國史記』 권18, 故國原王 13년 조.

가 가능하다. 이와 관련해 『진서晉書』에는 "銚掘釗父利墓 載其尸"352라고
하여 '利墓' 즉 미천왕릉을 '掘'했다고 했다. 그러나 『삼국사기』에는 "發
美川王廟 載其尸"353, 『자치통감』에는 "發釗父乙弗利墓 載其尸"354라고 하
였다. 『진서』의 '掘'과는 달리 『삼국사기』와 『자치통감』에서는 모두 '發'이
라고 하였다. '發'은 '열[開]'의 뜻으로도 사용된다. 355 이 용례대로 한다면
미천왕릉을 열어 그 시체를 수레에 실었다는 의미인 것이다. 따라서 모
용황이 미천왕릉 자체를 파괴한 것은 아니라고 해야겠다. 물론 『진서』
는 『자치통감』이나 『삼국사기』 보다 선행 사서라는 강점을 지녔다. 그렇
지만 '掘'은 도굴되었다는 관념에서 나온 의례적인 문투로 보인다. 이렇
게 볼 때 미천왕릉 이장설은 근거가 희박해진다고 하겠다. 미천왕의 시
신은 탈취되었지만 능 자체는 파괴되지 않았기 때문이다.

그리고 주목을 요하는 사안은 정작 『삼국사기』에는 "發美川王廟 載
其尸"라고 했듯이 '墓'가 아닌 '廟' 즉 '美川王廟'로 표기되었다는 것이
다. 356 그렇다면 전연의 군대는 미천왕의 사당에서 그 시신을 탈취한 게
된다. 이 경우 미천왕의 시신이 사당에 안치된 상황을 상정할 수 있다.
또 이는 분묘가 조성되지 않은 상태를 반영하는 동시에 왕비 주씨와의
합장을 예비한 것으로 볼 수 있다. 묘廟는 빈전殯殿 역할을 하면서 미천

---

352 『晋書』권109, 慕容銚載記.
353 『三國史記』권18, 故國原王 12년 조.
354 『資治通鑑』권97, 咸康 8년 조.
355 中文大辭典編纂委員會, 『中文大辭典 6』, 中華文化大學出版部, 1973, 819쪽.
356 이에 주목한 논자가 있었지만 본고의 논지와 무관한 관계로 거론하지 않는다.

왕의 시신이 머물다가 왕비가 사망했을 때 능묘에 함께 합장하는 상황도 고려해야 한다. 이때 묘는 능역에 소재한 것으로 보인다. 즉 '능방위묘陵傍立廟'의 형식이었을 가능성도 상정할 수 있다. 더욱이 상기한 인용에서 '墓'와 '廟'가 병기되고 있는 관계로 더욱 그러한 추정을 갖게 한다. 그런데 3년상年喪과 관련해 미천왕묘美川王廟의 성격을 달리 볼 수도 있다. 그러나 여기서 말하고자 하는 필자의 논지는 3년상 여부가 아니다. 설령 미천왕묘 기사를 수용하더라도 미천왕릉이 도굴로 인해 파괴된 게 아님이 분명하다는 것이다. 미천왕비 주씨는 355년에야 고구려로 귀환할 수 있었다.[357]

물론 미천왕릉이 새로 조성되었을 가능성도 전혀 없는 것은 아닐 게다. 그렇더라도 2개월 남짓만에 미천왕의 시신을 송환받았다. 그러한 상황에서 번거롭게 왕릉을 이장까지 하면서 새로 조성할 당위성은 희박해진다. 전연의 침공으로 처참하게 파괴된 왕도 내의 궁실을 비롯한 당장 거주해야할 기본 시설 회복을 위한 토목공사도 벅찬 상태였을 것이다. 이러한 분위기에서 왕릉의 새로운 조성은 보통 역사役事가 아니다. 설령 왕릉이 파괴되었다고 하더라도 그 상황에서는 노동력을 절감하기 위한 방편으로 미천왕릉을 보수·중건하는 길을 택했을 것이다. 이와 관련해 서대총이 설령 미천왕릉이라고 하자. 그렇더라도 342년에 도굴된 상태라면 당시 이미 지적되듯이 도굴된 모습이 현재까지 전해진 것은 아니라고 하겠다. 355년에 귀환한 미천왕비 주씨가 사망하여

---

357 『三國史記』 권18, 故國原王 25년 조.

시신이 안치된 후에 미천왕릉은 영구 폐쇄되었을 것이다. 그런 만큼 서대총 와당의 편년도 이러한 점을 십분 고려해야 한다.

미천왕릉은 능묘 자체가 파괴되지 않았다. 전연의 군대가 황급히 철수하는 상황에서 미천왕 시신의 탈취가 목적이었기 때문이다. 따라서 고구려에서는 미천왕릉을 이장해야할 특별한 이유가 없었다. 고려 태조 현릉의 경우도 일시적으로 관槍이 안전 지대로 옮겨 간 적은 있다. 그러나 앞서 인용했듯이 원래의 능묘로 다시 들어가는 일을 반복하지 않았던가? 참고로 태조의 현릉은 수릉壽陵임을 알리고자 한다. 관련 기사를 다음과 같이 인용해 보았다.

* 5월 왕이 불예不豫하시므로 정사를 중지하였다. 정유(20일)에 재신宰臣 염상 · 왕규 · 박수문 등이 곁에 모시고 앉아 있었는데 왕이 말하기를, "한漢 문제의 유조에 이르기를, 천하만물의 목숨이 있는 자는 죽지 않는 것이 없으니 죽음은 천지의 이치이며 만물의 자연스러운 것이다. 병든 지 이미 20일이 지났으며 죽음을 돌아감과 같이 보거늘 무슨 근심이 있겠는가, 한 문제의 말은 즉 나의 뜻이다. 안과 밖의 중요한 일을 오랫동안 결정짓지 못하고 있는 것은 그대들이 다 같이 태자 무武와 함께 결정한 뒤에 아뢰라"고 하였다. 병오(29일)에 병이 더욱 중하여지므로 신덕전에 거동하여 학사 김악에게 명하여 유조를 쓰게 하였다. 조문이 작성되니 왕이 다시 말이 없는지라 좌우의 신하들이 소리를 내어 크게 통곡하니 왕이 "무슨 소리냐?"고 묻거늘 대답하기를, "성상께서 백성의 부모로 계시다가 오늘날 신하들을 버리시려 하시니 臣 등이 슬픔을 스스로 이기

지 못할 뿐입니다"라고 하니 왕이 웃으며 말하기를, "덧없는 인생이 예로 부터 그러하니라"고 하며 말을 마치고 조금 있다가 훙하니 왕위에 오른 지 26년이며 나이 67세였다. 유명遺命으로 "내외의 모든 관료는 다 태자 의 처분을 따를 것이며 상장喪葬 원릉園陵의 제도는 한漢 · 위魏 두 문제文 帝의 고사에 의거하여 다 검약을 쫓도록 하라"고 하였다. 왕은 도량이 넓 어 조정을 바로잡아 상벌을 밝히고 근검절약을 숭상하며 현명한 신하들 을 등용하고 유교를 존중하였다. 시호를 신성神聖이라 하고 묘호廟號를 태조라 하였으며 송악의 서쪽 기슭에 장사지내고 능을 현릉이라 하였다. 목종 5년에 원명元明이라 시호를 추가하고, 현종 5년에 광열光烈을, 18년 에 대정大定을, 문종 10년에 장효章孝를, 인종 18년에 인용仁勇을, 고종 40년에 용렬勇烈을 각각 추가하였다.[358]

* 5월 병오(29일)에 … 조금 있다가 훙하니 태자와 제왕諸王 및 종실과 근신 들이 모두 땅을 치며 애호哀號했다. 그리고 백관으로 하여금 내의성문內 議省門 밖에 지위대로 세워놓았다. 왕규가 나와서 유명을 선포하기를 "조 정 안팎의 모든 관리들은 모두 동궁의 처분을 따르라"고 하였다. 이에 태 자가 즉위하여 군신들을 거느리고 거애하였다. 6월 무신에 상정전에서 발상을 하고, 김악이 유조를 선포했다. 기유에 상정전의 서계西階에 빈소 를 마련하였다. 경오에 시호를 올려 신성대왕이라 하였으며, 묘호는 태 조로 하였다. 임신(26일)에 현릉에 장사하였는데 유명으로써 상장 원능

---

358 『高麗史』권2, 太祖 26년 5월 · 6월 조.

의 제도는 한·위의 고사에 의거하여 모두 검약함을 좇았다. [359]

　태조 왕건이 5월 29일에 사망하고, 6월 26일에 장례를 완료하였다. 사망에서 매장에 이르기까지 27일이 소요된 것이다. 조선시대 왕릉인 영릉英陵의 경우 세종의 왕비인 소현왕후 심씨가 사망한 날은 세종 28년 3월 24일이었다. 꼭 1개월이 지난 4월 24일에 영릉 역사가 시작되어서 7월 19일에 장례를 치렀다. [360] 능묘를 조성하는 데 85일이 소요되었다.

　그런데 태조 왕건이 따르라고 했던 위 문제의 경우 222년에 수릉을 조성할 장소를 정했고, 226년 5월 16일에 문제가 사망하자 6월 9일에 수양릉에 안장되었다. [361] 1개월이 채 되지 않아 능묘에 관이 들어갔다. 이는 생전에 유택이 조성되었기에 가능한 현상이었다. 벽화분임에도 불구하고 현릉은 태조의 사망에서 장례에 이르는 기간이 1개월이 채 소요되지 않은 27일만에 마무리되었다. 그런 만큼 태조 왕건의 유택인 현릉도 수릉으로 간주해야 맞다.

　현재 남아 있는 형태의 파괴된 적석총 모습이 도굴의 결과라면 당군의 공격을 받던 고구려 말이나 그 이후에 발생한 것으로 간주할 수 있지만, 자연 함몰일 수도 있다. 미천왕릉은 파괴되지 않은 관계로 이장

---

359 『高麗史節要』권2, 太祖 26년 5월·6월 조.
360 『高麗史』권64, 志18, 太祖·惠宗 조.
361 『三國志』권2, 文帝紀 第2, 黃初 7년 3월 조.

사유가 당초부터 발생하지 않았다. 반환받은 미천왕의 재궁을 안치하고, 왕비 주씨 사후 영구 폐쇄했을 것이다. 따라서 봉분이 무너져 내린 서대총을 도굴된 미천왕릉으로 지목하는 견해 등은 타당성을 잃었다. 다만 도굴된 바 있는 서천왕릉은 압록강에 비교적 근접한 서대총으로, 미천왕릉은 M2100호분으로 지목된다. 중천왕릉은 국도를 관류하는 압록강 중간에서 근접한 JQM0211호분으로 추정할 수 있다.[362] 근자의 연구를 통해 국도의 범칭으로 사용된 '고국원故國原' 즉 '國原'은 서천원西川原을 포괄하는 광의의 지역으로 사용되었음이 제기되었다. 그렇다면 "서천왕릉의 위치가 고국원에 있다"는 고국원=서천원 주장은 성립이 어려워졌다.

362 李道學, 「高句麗 王號와 葬地에 관한 檢證」, 『慶州史學』 34, 2011, 27쪽.

Ⅲ. 장지명 시호 왕릉의 위치 비정

1. 머리말

고구려 왕릉 비정에 대해서는 지금까지 그 두 번째 수도였던 중국 길림성 집안 지역의 고분을 대상으로 하였다. 물론 중국 요녕성 환인과 북한 평양 일대의 고분에 대한 고찰도 있었다. 그렇지만 가장 논의가 활발했던 곳은 집안 지역의 왕릉급 고분의 피장자에 대한 비정이었다. 특히 태왕릉과 장군총 및 임강총과 천추총 등의 피장자에 대한 논의는 상당히 활발했다. 그렇지만 그 피장자에 대해 중지가 모아지지 않은 고분도 적지 않았다. 그런데 지금까지 고구려 왕릉 비정의 관건은 정지명식葬地名式 시호에 근거한 바가 지대하였다. 고구려 마지막 왕인 보장왕은 국망國亡으로 인해 당唐에서 묻혔다. 그러나 그 직전에 재위한 영류왕에 이르기까지 고구려 왕들의 경우에는 평양성 천도 이후에도 여전히 장지명식 시호를 취했다. 고구려 제27대 영류왕榮留王의 '영류' 역시 평양 영류산과의 연관성을 고려해 볼 수 있다.

요컨대 동천왕東川王·중천왕中川王·서천왕西川王·미천왕美川王 등과 같은 장지에서 취한 시호를 통해 역으로 능묘의 소재지를 가늠해 보는 게 가능해진다. 문제는 장지와 연계된 동천·서천·중천 등과 같은 하천 이름을 정확히 비정해 왔는지에 대해서는 세심한 검증이 없었다. 어떤 기준으로 이 같은 하천 이름이 비정되었는지에 대해서는 명료하지 못한 부분이 많았다. 본고에서는 이러한 장지명식 시호의 근거가 되었던 하천의 소재지에 대한 재검증 작업을 시도했다. 이와 관련해 공감할 수 있는 기준을 상정하는 한편, 기존 견해의 문제점을 적시해 보려고 한다. 아울러 '국國' 자가 부여된 고국천왕·고국원왕·고국양왕과 같은 '국'자 계열 왕릉의 소재지를 에워싼 기존 견해의 문제점을 적출하고자 했다. 그리고 집안에는 파괴된 왕릉급 분묘들이 남아 있다. 그런데 통상적으로 지적하고 있듯이 이러한 고분이 과연 고구려 때 도굴된 서천왕릉이나 미천왕릉인 지에 대한 검증을 시도하고자 한다. 그 밖에 평양성 천도 이후에 조성된 능묘 가운데 전 동명왕릉의 피장자 파악과 영류왕릉의 능묘 확인과 관련한 기왕의 지견을 간략하게나마 소개하고자 한다. 그럼에 따라 논쟁이 해소되지 않은 고구려 왕릉 피장자 비정상比定上 사고의 전환을 통한 새로운 돌파구를 마련해 보고자 했다.

참고로 본 논고는 기왕에 발표한 필자의 연구에 근거한 바 크다는 것을 밝혀둔다.[363] 요컨대 지금까지의 연구 성과를 토대로 고구려 왕

---

363 李道學, 「太王陵과 將軍塚의 被葬者 問題 再論」, 『高句麗研究』 19, 2005.

李道學, 「'중국학자의 고구려 왕릉 비정에 대한 비판적 고찰'에 대한 토론문」, 『제46차 고구려연구회 정기학술발표』, 고구려연구회, 2007.9.14.

李道學, 「集安 地域 高句麗 王陵에 관한 新考察」, 『高句麗渤海研究』 30, 2008.

李道學, 「高句麗 王陵에 관한 몇 가지 檢討」, 『전통문화논총』 6, 한국전통문화대학교, 2008.

李道學, 「'고구려의 장지명 왕호와 왕릉 비정' 토론문」, 『고구려왕릉연구』, 동북아역사재단, 2009.

李道學, 「高句麗 王陵研究의 現段階와 問題點」, 『高句麗渤海研究』 34, 2009.

李道學, 「고구려 왕릉 비정에 관한 몇 가지 關鍵」, 『고대 東아시아 諸國의 관계성과

릉 연구가 나아갈 길을 모색하는데 일말의 도움이 되기 위한 목적에서 본고를 작성하였다. 특히 '이장 왕릉에 관한 문제, 천도와 도굴 사유는 적합한 이유인가?'가 그러한 것이다. 그렇지만 여기서도 중천왕릉이나 미천왕릉에 대한 새로운 비정을 제기하였다. 또 그러한 신설을 도출하기 위한 과정으로서 기존 필자의 논거를 다시 활용했을 뿐임을 밝혀둔다. 끝으로 본고는 2011년 7월 1일에 동국대학교 동아시아문화연구소에서 발표한 「고구려 왕릉 비정에 관한 몇 가지 관건」을 보완한 것이다.

2. 장지명식 시호

고구려 왕들의 시호는 백제나 신라와는 달리 장지명葬地名에서 취하였다. 이 점 고구려만의 독특한 특색이었다. 고구려인들의 토지에 대한 각별한 관념에서 유래했을 수 있다. 차후 심도 있는 접근이 필요한 주제라고 하겠다. 이러한 고구려 왕들의 시호를 문헌과 금석문에서 모두 적출해 보면 다음과 같다.

문화』, 동국대학교 동아시아문화연구소, 2011.7.1.

⟨표 2. 고구려 왕호 일람⟩

代數	왕명 (三國史記/日本書紀/금석문)		재 위	諱	諡號 (금석문)	葬 地
1	東明聖王	鄒牟(聖)王	BC.37~BC.19	朱蒙·鄒牟		龍山
2	琉璃明王	儒留王	BC.19~AD.18	類利·孺留		豆谷 東原
3	大武神王	大(解)朱留王	AD.18~44	無恤		大獸村原
4	閔中王		44~48	解色朱		閔中原 石窟
5	慕本王		48~53	解憂·解愛婁		慕本原
6	大祖大王	國祖王	53~146	宮·於漱		
7	次大王		146~165	遂成		
8	新大王		165~179	伯固·伯句		故國谷
9	故國川王	國襄	179~197	男武		故國川原/國川/國壤
10	山上王		197~227	延優		山上陵
11	東川王	東襄	227~248	憂位居·郊彘		柴原
12	中川王	中壤	248~270	然弗		中川之原
13	西川王	西壤	270~292	藥盧·若友		西川之原 / 故國原
14	烽上王	雉葛	292~300	相夫·歃矢婁		烽山之原
15	美川王	好壤王	300~331	乙弗·憂弗		美川之原
16	故國原王	國罡上王	331~371	斯由·釗	國罡上聖 太王	故國之原
17	小獸林王	小解朱留王	371~384	丘夫		小獸林
18	故國壤王		384~391	伊連·於只支		故國壤
19	廣開土王	永樂太王	391~412	談德	國罡上廣開土境平安好太王 國罡上大開土地好太聖王 國罡上廣開土地好太王	
20	長壽王		412~491	巨連·連·璉		
21	文咨明王	明治好王	491~519	羅運		
22	安藏王		519~531	興安		
23	安原王	香岡上王	531~545	寶延		
24	陽原王	陽崗上好王	545~559	平成		
25	平原王	平崗上好王	559~590	陽成		
26	嬰陽王	平陽	590~618	元·大元		
27	榮留王		618~642	建武		
28	寶藏王		642~668	寶藏		長安

위의 도표에 보이는 고구려 왕들의 시호를 살피면 장지명에서 취한 시호가 많음을 알 수 있다. 그러한 이유는 토지에 대한 개념과 결부지어 살펴 볼 수 있는 사안이기도 하다. 그러나 본고에서는 우선 왕릉의 소재지를 파악할 수 있는 관건으로 삼고자 한다. 여기서 상기한 고구려 왕들의 시호 가운데 동천왕 · 서천왕 · 중천왕 · 미천왕 · 고국천왕 시호에 보이는 각 하천들은 집안 지역에 도읍하던 시기의 왕호들과 연계되었다. 따라서 이들 하천이 집안 지역을 관류하는 것은 분명하다고 보아야 한다.

그런데 이러한 하천들은 본래 고유의 이름이 있었겠지만 방위명 하천으로 일컬어진 것일 게다. 5부의 이름이 방위명 부로 개편되는 등 국도의 정비와 결부되어 방위명으로 개편된 것으로 추정해 볼 수 있다. 이와 관련하여 볼 때 집안의 고분군들은 몇 개 그룹으로 나뉘어진다. 즉 우산하 고분군 · 산성하 고분군 · 만보정 고분군 · 칠성산 고분군 · 마선 고분군이 바로 여기에 해당한다.[364] 이러한 고분군은 5부의 소재지와 결부지을 수 있는 관건이 된다. 즉 우산하 고분군은 동부에, 산성하 고분군은 중부에, 통구하의 서편에 자리잡은 만보정 고분군과 칠성산 고분군은 남부에, 마선 고분군은 서부에 속한 귀족들의 분묘군으로 추정되어진다. 이러한 5부 구역이 광의의 국내성 범위에 속한다

---

364 이러한 고분군의 분포상 분류는 다음이 참고된다.
　　魏存成,『高句麗遺蹟』, 文物出版社, 2002. 164쪽.
　　余昊奎,「集安地域 고구려 超大型積石墓의 전개과정과 그 被葬者 문제」,『韓國古代史研究』41, 2006, 89쪽.
　　고광의,「고구려 왕릉」,『고구려 문명 기행』, 고구려연구재단, 2005, 137~149쪽.

고 하겠다. 집안의 최동단에 소재하거니와 군집성이 떨어진 하해방 고분군이나 장천 고분군은 5부 밖의 구역으로 보인다.

집안 일대에서 실개천이 아닌 하천으로 분류할 수 있는 대상은 압록강과 통구하 그리고 마선구하 정도이다. 이 3개의 하천을 가리키는 고구려 당시의 호칭을 정확히 알기는 어렵다. 그렇지만 상기한 장지명식 고구려 왕호 가운데 하천명河川名에서 연유한 시호가 단서가 될 수 있다는 것이다. 앞에서 언급한 3개의 하천이 고구려 왕들의 시호와 연관되었을 가능성은 높다고 본다. 이와 관련해 고국천의 국천을 압록강으로 지목하는 견해가 많았다. 압록강은 대강大江인 만큼, 국가의 대표 하천이라는 의미로서 '국천'이라고 일컬었을 것이라는 게다. 일견 그럴듯하지만 사안의 중대성에 비추어 볼 때 검증이 필요한 것이다. 왜냐하면 만약 그렇게 비정된다면 고국천왕릉이나 고국양왕릉은 압록강 북안北岸에서 찾아야 한다. 동시에 태왕릉이나 천추총 등은 '國川' 명 시호를 지닌 왕릉에 비정될 수 있다. 요컨대 집안 지역의 하천이 고구려 당시에 어떤 이름으로 일컬어졌는지 여부는 고구려 왕릉 비정의 일대 관건이 된다.

그런데 미천이나 고국천과는 달리 동천과 중천 그리고 서천은 방위명을 지닌 하천이다. 이 경우는 중천을 기준으로 해서 그 좌우에 서천과 동천의 소재 가능성을 상정해 준다. 그런데 고구려에 북천왕이나 남천왕은 존재하지 않았다. 이 경우 고구려에 북천北川이나 남천도 소재하였지만 관련한 장지에 능묘가 조성되지 않았을 수는 있다. 그런데 왕성인 국내성을 기준으로 할 때 남천南川은 압록강을 가리킬 수 있다. 그러나 남천이라는 하천은 기록에 보이지 않는다. 그러므로 남천은 압록강이 될 수 없

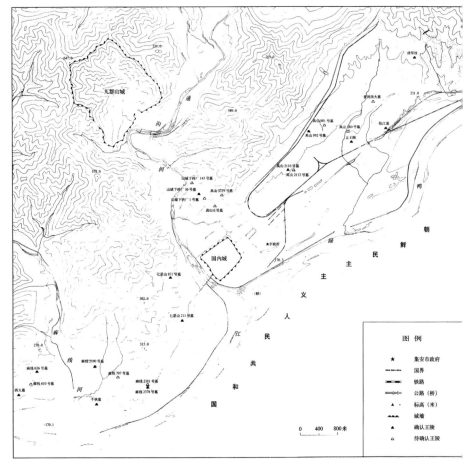

〈그림 6. 집안 일대 고구려 왕릉 분포도〉[365]

다고 본다. 압록강 주변에 천추총을 비롯해서 왕릉급 고분이 존재함에도

'남천왕'은 보이지 않는다. 이 점에 비추어 볼 때 북천과 남천은 당초 존

---

365 吉林省文物考古硏究所 · 集安市博物館 編著, 『集安高句麗王陵 -1990~2003年 集安
    高句麗王陵調査報告』, 文物出版社, 2004.

재하지 않았을 수 있다. 요컨대 북천과 남천은 존재하지 않지만, 중천과 동·서 양천兩川이 존재한 것을 볼 때 동→서로 흐르는 강에서 각 구간을 가리킬 가능성이 높다. 이러한 상정이 옳다면 집안 일원에서 동→서로 흐르는 대강을 찾는다면 압록강밖에는 없다. 따라서 지금은 존재하지도 않는 개천까지 설정해 놓고 동천으로 상정하는 것은 적합해 보이지 않는다.

　물론 도시화의 진행에 따라 지형의 변형 가능성은 고려해 보아야 한다. 그러나 중국 내에서, 그것도 동북3성 가운데 도시화가 가장 늦은 지역 가운데 한 곳이 집안 일대라고 본다. 그렇기 때문에 원래 지형을 비교적 잘 보존하고 있는 곳으로 판단할 수 있다. 필자가 집안 지역에 처음 답사했던 때가 1994년 6월인데, 집안 지역은 우리나라의 시골 같은 인상을 주었을 정도로 낙후된 곳이었다. 때문에 집안 지역의 도시화는 그 뒤에, 그것도 고구려 유적의 세계유산목록 등재와 관련한 대대적인 발굴과 개발로 인한 철거와 같은 도시화가 이루어져 기존의 도시 형태가 약간 변형되었을 수는 있다. 그러나 그 이전에는 집안 지역이 적어도 도시화로 인해 지형 자체의 변화가 따랐다고 보기는 어려울 것 같다. 물론 "동천은 임강총과 태왕릉, 장군총 사이 혹은 태왕릉 서쪽을 흐르는 소규모 하천에 비정할 수 있다. 현재는 이 하천이 남아 있지 않으나, 일제 시대에 만들어진 지도에도 뚜렷하게 남아 있고 현재도 이 일대는 저지대 습지이며 약간의 물길이 남아 있다"[366]는 주장도 있다. 이

366 임기환, 「고구려의 장지명 왕호와 집안의 왕릉 비정」, 『고구려 왕릉 연구 워크숍』, 동북아역사재단, 2007.12.20, 80쪽.

와 더불어 "그리고 동천은 태왕향 일대, 즉 임강총과 태왕릉 사이, 그리고 태왕릉 서쪽을 흐르는 여러 갈래의 소규모 하천에 비정할 수 있다 (박진욱 외(1991), 『조선 고고학전서』 중세편, 백산자료원, 74쪽)"[367]고 하였다. 그러나 정작 지칭한 책자의 동일한 쪽수에는 "즉 국내성의 동쪽 즉 토구자산 기슭에서 서쪽으로 흐르는 상이 농천이고 국내성 마도 끝을 흐르는 강, 즉 통구하가 중천이고 국내성의 서쪽에서 북남으로 흐르는 강 즉 마선구가 서천이다"고 했을 뿐이다. 이는 쪽수에 대한 단순 오타가 아니라 내용 변개에 속한다. 이와 관련해 임기환은 "이 중 중천은 국내성이 자리했던 현 통구하임이 거의 분명하다(註 19: 임기환(2003), 앞의 글 10쪽)"고 하면서 자신의 논문을 인용했다. 2003년도 임기환 논문의 10쪽에는 "특히 중천이란 지명은 지금의 국내성 서쪽으로 흘러가는 통구하를 가르키는 것으로 짐작된다"[368]고 적혀 있을 뿐이다. 중천을 통구하로 제일 먼저 비정한 이는 1991년의 박진욱이었다. 임기환의 글에는 박진욱 내용에 일보一步도 보완된 글귀도 없었다.

20세기 전반에 작성한 지도에는 보이지만, 지형변화가 없음에도 불구하고 지금은 없어진 하천이라고 하자. 그러면 이는 자연 매립에 불과한 것이다. 이러한 하천은 비록 빨래를 했을 정도의 수량을 지녔다는 증언을 청취했다고 하자. 그렇더라도 인위적인 현상 변경이 아닌 자연재해로 인해 없어졌다면, 지금까지 남아 있는 통구하나 마선구하와는 다르다. 곧

---

367 임기환, 「고구려의 장지명 왕호와 왕릉 비정」, 『고구려왕릉연구』, 동북아역사재단, 2009, 26쪽.
368 임기환, 「고구려 都城制의 변천」, 『한국의 도성』, 서울학연구소, 2003, 10쪽.

없어졌다가 다시 생겨날 수도 있는 실개천에 불과하다는 것을 반증한다. 때문에 고구려 왕릉의 소재지를 알려주는 장지명으로서의 표지적 역할을 하기는 어려웠을 것으로 본다. 이 게 정직한 판단일 것이다. 또는 이러한 개천이 고구려 당시에도 존재했다는 보장도 없다. 반면에 통구하나 마선구하는 상당한 수량을 지닌 하천인 것이다. 고구려 왕릉의 지표 역할을 할 수 있는 고구려 이래의 하천인 것은 너무도 분명하다. 비록 미미한 도랑 수준의 실개천이 고구려 때도 집안에 소재했을 수는 있다고 하자. 그렇더라도 통구하나 마선구하와는 비교가 되지 않는 소하천小河川인 만큼, 고구려 당시에 이 정도의 하천을 통구하 등과 동급으로 방위명을 넣은 하천인 '동천'으로 명명하기는 어려웠을 것이다. 더구나 '천'이라고 일컬으려면 일정한 수량을 갖추고 있는 하천이어야 맞다. 『삼국사기』에 등장하는 웅천熊川이나 북천을 비롯한 '천'의 용례에 비추어 볼 때 실개천은 포함될 수 없다는 확신을 갖게 한다. 이와 관련해 최근에 서천을 통구하, 중천을 서천과 동천 사이의 소하천, 동천을 태왕향 앞을 흐르는 소하천으로 지목하는[369] 견해를 주목해 본다. 통구하는 마선구하와는 수량이나 폭과 길이가 비견될 수 있다. 그렇지만 통구하는 정작 동천이나 중천으로 비정했던 여타 소하천과 묶여져 방위명 하천으로 일컫기에는 서로 균형이 맞지 않는다. 따라서 대단한 발견같지만 기실 취약한 논점이라고 본다.

　그러면 일단 중천을 국내성 서쪽을 관류하는 통구하로 지목하는 기존 견해를 취해 보자. 통구하는 국내성 서벽의 자연해자 역할을 하고

<hr />

369　정호섭,『高句麗 古墳의 造營과 祭儀』, 고려대학교 사학과 박사학위논문, 2009, 60쪽.

있을 뿐 아니라 환도산성 밑에까지 길게 이어지고 있다. 그러한 통구하는 고구려 이래의 하천이 분명하다. 즉 이러한 '중천'을 기준으로 동천이나 서천과 같은 방위명 천명川名이 연유했음을 뜻한다고 했다. 만약 그렇다면 응당 남천이 존재했어야 한다. 이 경우 남천은 압록강일 수밖에 없다. 아울러 압록강 좌안左岸의 고구려 왕릉 중에는 남천왕릉南川王陵이 소재했어야 한다. 그러나 고구려 왕호 가운데 남천왕은 존재하지도 않았다. 압록강을 남천으로 일컬은 사례도 없다. 따라서 동천·서천은 중천이나 국내성을 기준으로 한 하천명이 아님을 알 수 있다. 이렇게 보면 중천이 통구하가 아닌 것으로 드러난다. 그러면 동천·중천·서천은 더 이상 국내성을 기준으로 한 하천명이 될 수 없다. 그리고 앞서의 검토를 통해 남천은 압록강이 아닌 것으로 드러났다.

이와 더불어 국천의 위치를 새롭게 모색한다면 그간 중천으로 지목했던 통구하가 유력할 수밖에 없다. 이렇게 되면 중천의 위치 탐색은 더욱 모호해진다. 동시에 이와 연계된 동천과 서천의 위치도 다르게 비정해야 한다. 일례로 동천이 태왕향 앞을 흐르는 소하천이라고 하자. 그러면 바로 그 동편 가장 지근 거리에 소재한 태왕릉이야 말로 동천왕릉으로 비정해야 마땅한 중대한 문제에 봉착한다. 동시에 "동천왕의 무덤은 동천에 가장 가깝게 위치하고 있는 임강묘로 비정할 수 있다"[370]는 견해는 당장 성립이 어렵다. 왜냐하면 '동천에 가장 가깝게 위치하고 있는' 왕릉급 고분은 임강총이 아니라 태왕릉이기 때문이다. 태왕릉

---

370 정호섭, 『고구려 고분의 조영과 제의』, 서경문화사, 2011, 92쪽.

동편에 임강총이 소재하였다. 동천에서 가장 멀리 떨어진 왕릉급 고분이 임강총이었다. 요컨대 광개토왕릉비가 세워진 반경인 '국강國罡' 일원이[371] 동천東川 즉 '동양東壤'이라는 주장과[372] 겹쳐지는 자기충돌의 중대 모순에 직면한 것이다. 광개토왕릉비를 축으로 하여 그 서편에 태왕릉, 그 동편에 임강총이 각각 소재하지 않았던가? 그러니 왜 이러한 사안을 미처 생각하지 못했는지 의아하기 이를 데 없다.

실제『통전』에 보면 "… (압록강)은 요동에서 5백 리 떨어져 있고, 국내성 남쪽을 지난다. 또 서쪽에서 한 물과 합치는데 곧 염난수鹽難水이다. 두 물이 합쳐 흘러 서남으로는 안평성安平城에 이르러 바다에 들어간

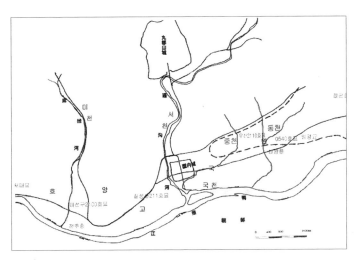

〈그림 7. 정호섭의 도면에 보이는 동천과 태왕릉 및 임강총〉[373]

371 정호섭,『고구려 고분의 조영과 제의』, 서경문화사, 2011, 83쪽.
372 정호섭,『고구려 고분의 조영과 제의』, 서경문화사, 2011, 86~87쪽.
373 정호섭,『고구려 고분의 조영과 제의』, 서경문화사, 2011, 98쪽.

다. 고려에서는 이 물이 가장 크다"[374]고 했다. 여기서 염난수는 지금의 혼강을 가리킨다. 이렇게 볼 때 국내성을 기준한 하천의 공간적 범위가 크다는 것이다. 그리고 지천이 아니라 대강大江이 왕릉의 위치를 나타내는 대상이 될 수 있음을 알 수 있다. 이러한 맥락에서 본다면 최근 집안의 우산하에서 국내성 남쪽으로 흐르는 소하천의 존재를 발견하여, 중천으로 지목하는 견해도[375] 설득력이 약해진다. 오히려 동천·중천·서천은 각각 별개의 하천이기 보다는 단일한 강의 구간일 가능성이 제기된다. 이 경우는 서울을 통과하는 한강을 용산강이나 서강西江 등으로 각각 일컬었던 사례와 결부 지을 수 있다.

그런데 지금까지는 압록강을 '국천'으로 지목하는 경우가 많았다. 이와 관련해 고국천왕릉을 우산하 211호분으로 비정하는 견해를 살펴 보자. 일단 국천을 압록강으로 비정하는 입장을 취해 본다. 그러면 우산하 211호분은 압록강에서 북쪽인 우산 밑에 소재한 관계로 국천이라는 하천명의 반경치고는 너무나 멀다. 게다가 우산하 211호분과 압록강 사이에는 무수한 왕릉급 고분이 소재하고 있다. 이러한 고분들까지 국천의 범주에 넣는다면 국강國罡의 범위가 설정될 수 없다는 문제에 다시금 봉착한다. 요컨대 이러한 추정은 국천을 압록강으로 비정하지 않았을 때는 가능한 논법이었다. 그런 관계로 모순이 발생한 것이다.

그러면 고구려 당시에 압록강을 과연 국천으로 일컬었는지를 검증

374 『通典』권186, 邊方2, 東夷下, 高句麗 條.
375 정호섭, 『고구려 고분의 조영과 제의』, 서경문화사, 2011, 86쪽.

해 본다. 그런데『삼국사기』를 비롯한 어떤 문헌에도 고구려 당시에 압록강을 국천으로 일컬었다는 근거는 없다. 단지 '국천'은 고구려 왕들의 장지명으로만, 그것도 '고국천'이라는 시호로만 남아 있을 뿐이다. 그런데 반해『삼국사기』에는 다음에 보듯이 '압록'이 무려 21회나 등장한다.

* 3월에 사찬 설오유가 고구려 태대형 고연무와 함께 각기 정예군사 1만 명을 거느리고 압록강을 건너 옥골屋骨△△△에 이르렀는데, 말갈 군사들이 먼저 개돈양에 와서 기다리고 있었다(권6, 문무왕 10년 조).

* 그 때에 한 남자가 스스로 천제의 아들 해모수라 하고 나를 웅심산 아래 압록鴨淥 가의 집으로 꾀어서 사통하고 곧바로 가서는 돌아오지 않았습니다(권13, 동명성왕 즉위년 조).

* 여름 4월에 부여왕 대소의 아우가 갈사수曷思水 가에 이르러 나라를 세우고 왕을 칭하였다. 이 사람은 부여왕 금와의 막내 아들인데 역사책에는 그 이름이 전해지지 않는다. 전에 대소가 죽임을 당하자 (그는) 나라가 장차 망할 것을 알고, 따르는 자 백여 명과 함께 압록곡에 이르렀다(권14, 대무신왕 5년 조).

* 그리고는 철기 5천을 거느리고 나아가 공격하였다. (관구)검이 방진을 치고 결사적으로 싸우니, 우리 군대는 크게 궤멸되고 죽은 자가 1만 8천여 명이었으며, 왕은 기병 1천여 기騎를 데리고 압록원鴨淥原으로 달아났다(권17, 동천왕 20년 조).

* 배를 타고 압록에 이르러 소금을 내려놓고 강 동쪽 사수촌 사람의 집에서 기숙하였다(권17, 미천왕 즉위년 조).

* 우익위대장군 설세웅은 옥저도로 나오고 … 탁군태수 검교좌무위장군 최홍승은 수성도로 나오고, 검교우어위호분낭장 위문승은 증지도로 나와서 모두 압록수 서쪽에 모였다(권20, 영양왕 23년 조).

* 군신들도 역시 말하였다. "장량의 군사가 사성에 있으므로 그를 부르면 이틀 후면 올 수 있을 것이니, 고구려가 두려워하는 틈을 타서 힘을 모아 오골성을 함락시키고, 압록수를 건너 곧바로 평양을 빼앗는 것이 이번 싸움에 달렸습니다(권21, 보장왕 4년 조)."

* "… 쟁기를 놓고 보壘로 들어갈 것이며, 수 년 동안 천리가 쓸쓸하게 되어 인심이 저절로 떠날 것이니, 압록수 북쪽은 싸우지 않고도 얻을 수 있을 것입니다(권22, 보장왕 6년 조)."

* 태종이 장군 설만철 등을 보내 와서 침공하게 하였는데, (그들은) 바다를 건너 압록강으로 들어와 박작성 남쪽 40리 되는 곳에 이르러 군영을 쳤다(권22, 보장왕 7년 조).

* 9월에 (연)개소문은 그 아들 남생을 보내 정예군 수만 명으로써 압록(수)를 지키게 하였으므로 여러 군대가 건너 올 수 없었다(권22, 보장왕 20년 조).

* (원)만경이 격문을 지어 "압록강의 험한 곳을 지킬 줄 모른다"고 하니, 연남건이 회보하기를 "삼가 명을 받들겠다"고 하고는 곧 군사를 옮겨 압록강 나루에서 웅거하니, 당군이 건널 수 없었다(권22, 보장왕 26년 조).

* (李)적이 이미 대행성에서 이기자, 다른 길로 나왔던 여러 군대가 모두 (이)적과 합쳐 진격하여 압(록)책柵에 다달았다(권22, 보장왕 27년 조).

* 이적이 칙명을 받들어 고구려의 여러 성에 도독부와 주현을 설치하였는데, 그 목록에 이르기를 "압록 이북에서 이미 항복한 성이 11이요, 그 중의 하나가 국내성인데, 평양으로부터 이 곳까지 17역驛이다(권37, 잡지6)."

* 압록수 이북에서 아직 항복하지 않은 11성(권37, 잡지6).

* 압록 이북에서 이미 항복한 성 11(권37, 잡지6).

* 압록강 이북의 도망한 7성(권37, 잡지6).

* 압록 이북에서 쳐서 얻은 성 3(권37, 잡지6).

* 가탐賈耽의 고금군국지古今郡國志에서는 다음과 같이 기록하였다. "발해국의 남해부 · 압록부 · 부여부 · 책성부의 4부는 모두 고구려의 옛땅이었다(권37, 잡지6)".

* 그러나 (을지)문덕은 돌아보지 않고 드디어 압록강을 건너 돌아 왔다. …
압록강을 건너 추격하였는데, … 아홉 부대의 장군과 병사가 달아나 돌
아감에 밤낮 하루 동안에 압록강에 도달하였으니, 450리를 걸었다. 처음
요하를 건넜을 때에는 아홉 부대의 군대가 30만 5천 명이었는데, 요동성
에 되돌아 간 자는 겨우 2천7백 명이었다(권44, 을지문덕전).

* 옥구에게는 압록강의 두눌하원豆訥河原을 내려주어 식읍으로 삼게 하였
다(권45, 밀우 · 유유전).

* 먼저 닭[鷄]을 잡고 후에 오리[鴨]를 잡는다는 것은 파진찬 시중이 먼저
계림을 얻고 후에 압록을 수복한다는 뜻이다(권50, 궁예전).

위에서 인용한 문구를 놓고 볼 때 지금의 압록강은 고구려 때도 압록으
로 일컬었음을 알 수 있다. 이와 맞물려 국천을 압록강으로 비정했던 기
존 주장이 근거 없다는 게 드러났다.[376] 그리고 국천은 압록강과 구분되
는 별개의 하천임을 알게 된다. 만약 기존 견해대로 통구하를 중천으로
비정한다면 압록강은 남천이 되어야 한다. 그러나 남천 관련 시호가 없
는 만큼 남천은 존재하지 않았을 가능성이다. 이러한 맥락에서 본다면 동
천 · 중천 · 서천은 압록강 자체의 구간에 대한 호칭일 가능성을 고려해
보아야 한다. 고구려 당시에 집안에는 북천과 남천이 없었던 것 같다. 반

---

376 李道學, 「高句麗 王陵研究의 現段階와 問題點」, 『高句麗渤海研究』 34, 2009, 143쪽.

면 고구려 국도인 집안 지역을 동→서로 흘러가는 압록강을 구간별로 구분해서 동천 · 중천 · 서천으로 일컬었을 가능성이다. 동일한 강을 달리 불렀던 사례는 한강의 경우도 마포쪽의 서강과 그 동편의 용산강을 통해서도 확인된다. 즉 "한강: … 목멱산 남쪽에 있는데, 옛날에는 한산하漢山河라고 하였다. … 경성 남쪽에 이르러 한강도漢江渡가 된다. 여기서부터 서쪽으로 흘러 가서는 노량露梁이 되고, 용산강이 되며, 또 서쪽으로 가서 서강西江이 되고 …"[377]라고 하였다. 조선시대 한강이라는 명칭은 한강 전체를 가리키는 용어가 아니었다. 남산을 끼고 도는 부분, 즉 현재의 한남대교 자리 한강진 주변의 강을 일컬었다. 그 외에 김포와 통진 일대의 한강 하류는 조강祖江, 마포 앞은 서강, 용산 앞은 용산강, 여주 일대는 여강驪江, 평창 부근은 평창강, 춘천 일대는 소양강이라고 불렀다.[378] 다음은 현재 서울 지역 한강 일부를 동강과 서강으로 구획한 사실을 알려준다.

병신 왜구의 선박이 동 · 서강에 모여 양천陽川을 노략질하고, 마침내 한양부에 도달하여 여사廬舍를 불태우고 백성을 약탈하고 죽여 수백 리가 소란스러우니, 경성이 매우 불안해했다.[379]

고려에서도 지금의 서울 지역 한강 일부 구간을 '동 · 서강'으로 일컬

---

377 『新增東國輿地勝覽』권3, 漢城府, 山川 條.
378 정구복 외, 『역주 삼국사기, 4 주석편(하)』, 한국정신문화연구원, 1997, 27쪽.
379 『高麗史』권44, 恭愍王 22년 조.

은 사실이 드러난다. 금강도 부여 지역을 통과하는 강줄기를 백마강이라고 했다.[380] 즉 부여 천정대에서 반조원리에 이르는 16km 구간을 백마강이라고 하였다. 백제 때는 백마강을 사비성에서 취하여 사비하泗沘河·사비수泗沘水·백강白江으로 불렀다. 반면 공주 지역을 통과하는 금강은 웅진성에서 취하여 웅천熊川·웅수熊水로 일컬었다.[381] 그러니 국내성 서편에 접한 통구하를 국천으로 일컫는 것도 자연스럽다. 참고로 낙동강도 통과하는 지역 이름을 취하여 강명江名을 삼았다. 낙동강 하구를 통과하는 강명 '김해강金海江'이[382] 저례著例가 된다. 영월에서는 조양강과 평창강을 합수지인 남한강을 경계로 그 동쪽과 서쪽의 강을 동강과 서강으로 각각 일컫고 있다.

고구려 압록강의 경우도 서압록곡西鴨淥谷(고국천왕 13년 조)은 동압록곡東鴨淥谷의 존재를 시사해준다. 아울러 압록강을 따라 동→서로 그 연변의 곡谷을 구분했음을 알 수 있다. 그리고 국도 지역을 통과하는 압록강 자체는 동천이나 서천으로 일컬었을 가능성이 제기된다. 특히 서압록곡을 '해빈海濱'[383]이라고 한 것에 비추어 볼 때 서해와 접한 서압록곡의 위치를 암시해 준다.

국내성 도읍기 고구려 왕들의 시호는 집안 지역 왕릉이 소재한 '천川'이나 '원原' 혹은 '강罡'이나 '곡谷'의 이름에서 연유했다. 이 가운데 천명

---

380 『輿地圖書』忠淸道, 公州牧, 山川 條.
381 李道學, 『백제도성연구』, 서경문화사, 2018, 236~239쪽.
382 『亂中日記』癸亥年, 2月 28日(癸丑) 條.
383 『三國史記』 권16, 故國川王 13년 조.

川名 시호로서는 미천이나 국천 외에 동천·중천·서천이라는 방위명 하천의 존재가 보였다. 그런데 지금까지는 방위명 하천의 소재지에 대한 비정을 다음과 같이 설정하는 경향이 있었다. 즉 중천은 통구하, 서천은 마선구하, 그리고 동천의 존재를 가상해서 임강총이나 태왕릉 부근을 흐르는 태왕향의 소하천으로 설정한 바 있다.[384] 아울러 국천을 압록강으로 비정하기도 했다. 그러면 집안 지역의 하천 가운데 동천과 중천 그리고 서천과 같은 방위명 하천은 국천이나 미천과는 어떤 차이가 있는지? 왜 그렇게 불렸는지에 대해 지금까지의 연구에서는 변별되지 않았다. 단순히 동쪽 및 서쪽과 중앙을 흐르는 하천 쯤으로 간주한 듯하다. 그런데 북천과 남천은 없는데 유독 중앙을 포함해서 동쪽과 서쪽 방위의 3개 하천명만 기록되었다. 또 그러한 상태에서 비정을 시도하였기에, 지금은 존재하지도 않은 개천까지 동천으로 상정하는 일이 발생하였다. 인위적인 형질 변경이 아닌 자연재해로 인해 매몰된 개천의 연원을 고구려 때까지 소급시키는 일은 어렵다. 그러한 개천이 한둘이 아닐 것으로 보인다. 더욱이 그 정도의 수량과 입지 조건을 갖춘 개천이 고구려 능묘 입지 조성의 지표가 되기는 더욱 어려웠을 것이다.

이와 더불어 고구려에서 족제적 성격의 부명部名에서 방위명 5부제가 시행된 것은 고국천왕대임을[385] 상기해 본다. 그 이후 국내성 도읍

---

384 박진욱, 『조선고고학전서, 중세편 1』, 과학백과사전종합출판사, 1991, 74쪽.
　　손수호, 『고구려 고분연구』, 사회과학출판사, 2001, 45~46쪽.
385 이기백 外, 『한국사강좌-고대편』, 일조각, 1982, 108쪽.

기부터 동천왕·중천왕·서천왕이라는 시호가 등장한다. 이 경우 묘하게도 동천·중천·서천은 고구려 왕릉이 마치 5부 구역과 연관 있는 듯한 인상을 준다. 즉 동천왕이나 서천왕은 동부나 서부와 연관 있는 왕처럼 인식될 수 있다. 그러니 오히려 고구려 조정이 이러한 인상을 노정시킬 리는 없었을 것이다. 천하사방관과는 달리 고구려 왕권의 축소를 연상시키기 때문이다. 그러나 서천왕릉이나 동천왕릉이 집안 지역을 통과하는 압록강의 서쪽이나 동쪽 구간 연변에 조성된 왕릉이었다면, 이와는 무관한 일이 된다. 그리고 중천이라는 이름의 하천은 삼국 도성 가운데 단일 하천으로는 어디에도 없다. 중천은 동일한 하천의 한 구간을 가리키는 호칭으로서는 가능하다. 중천을 독립된 하천명으로 일컫은 사례는 없었다.

따라서 집안 지역 압록강의 동쪽 구간과 중앙 구간, 그리고 서쪽 구간 좌안左岸에 소재한 능묘들이 동천왕릉과 중천왕릉, 그리고 서천왕릉임을 알 수 있다. 동천은 동편의 하해방촌부터 서쪽으로 흘러 임강총 부근의 꺾어지는 곳까지, 중천은 이곳부터 그 서편의 통구하와 만나는 지점까지, 그리고 서천은 이곳부터 그 서편의 마선구하까지의 압록강을 각각 호칭하는 것으로 보인다.

그러면 국천은 어떤 하천일까? '국천'의 국에 국도의 뜻이 담겨 있다고 할 때[386] 국도의 중심을 관통하는 하천일 가능성이다. 당시 고구려

---

386 李道學,「永樂 6年 廣開土王의 南征과 國原城」,『孫寶基博士停年紀念韓國史學論叢』, 지식산업사, 1988;『고구려 광개토왕릉비문 연구』, 서경문화사, 2006, 378~382쪽.

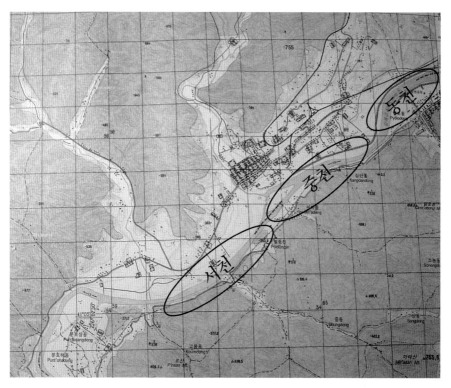

〈그림 8. 집안 지역을 통과하는 압록강의 오른편부터 동천 · 중천 · 서천〉

왕성의 이름이 국내성이었으므로, 국천은 국내성과 관련한 하천으로 상정되어진다. 이러한 맥락에서 볼 때 국내성 서편을 관류하는 통구하가 국천일 가능성이 가장 높다. 그 밖에 미천은 통구하의 서편인 마선구하를 지목하는 정호섭의 견해가 맞는 것 같다.

이와 관련해 혹자는 "비록 강 전체 이름이 '압록鴨淥'이라고 하더라도, 국도의 옆을 흐르는 강을 특정하여 국내 지역에서 '국천'이라고 부를 가능성은 충분히 있다. 비록 백제의 예이지만, 금강을 웅진시대에는 웅천, 사비시대에는 사비하라고 지칭한 예가 참고가 될 것이다"[387]고 했다. 일견 그럴듯해 보이지만 전혀 근거가 없다. 가령 "봄 정월에 좌평 백가가 가림성을 근거로 하여 반란을 일으켰다. 왕은 군사를 거느리고 우두성에 이르러 한솔 해명에게 명령하여 토벌하게 하였다. 백가가 나와 항복하자 왕은 그의 목을 베어 백강에 넌져버렸다"[388]라는 기사에 보이는 '백강'은 웅진성 도읍기의 금강을 가리킨다. 임기환 논거의 타당성이 없어졌다. 아울러 임기환의 표현대로 한다면 백제 멸망기에도 "군사와 싸우게 하였다. (계백은) 네 번 크게 어울려 싸워 모두 이겼으나 군사가 적고 힘도 꺾이어 드디어 패하고 계백도 죽었다. 이에 군사를 합하여 웅진강 입구를 막고 강변에 군사를 둔치게 하였다. (소)정방이 왼편 물가로 나와 산으로 올라가서 진을 치자 그들과 더불어 싸웠으나 우리 군사가 크게 패하였다"[389]라고 했다. 여전히 사비하가 아니라 '웅진강'이라고 하였다. 임기환 주장의 오류가 다시금 드러난다.

더 나아가서 임기환의 주장대로 한다면 백제의 '웅천'이나 '사비하'처럼 고구려에서도 '국천'이라는 하천 이름이 확인되어야만 한다. 『삼국사기』에는 '압록'이라는 강명이 총 21회나 등장하지만 '국천'은 단 한 차례도 나온 바 없다. 이는 가장 비중이 큰 국도인 국내성 지역을 통과하는 압록강이 국천이 될 수 없음을 반증한다. 실제 '서압록곡(고국천왕

---

387 임기환, 「고구려의 장지명 왕호와 왕릉 비정」, 『고구려왕릉연구』, 동북아역사재단, 2009, 28쪽, 註 22.

388 『三國史記』 권26, 武寧王 즉위년 조.

389 『三國史記』 권 28, 義慈王 20년 조.

13년 조)'의 존재는 압록강 구간을 동서로 구분해서 동압록·서압록으로 일컬었음을 가리킨다. 따라서 압록강의 일정 구간을 '국천'이라고 했다는 상상이 비집고 들어갈 여지가 없다. '압록원鴨淥原(동천왕 20년 조)'의 존재 역시 '국양國壤'이나 '국원國原'이 압록강과 연계된 원原이 아님을 분명히 해준다. 고구려 당시에 압록강은 '압록', 그와 인접한 평원은 '압록원'이라 했기 때문이다.

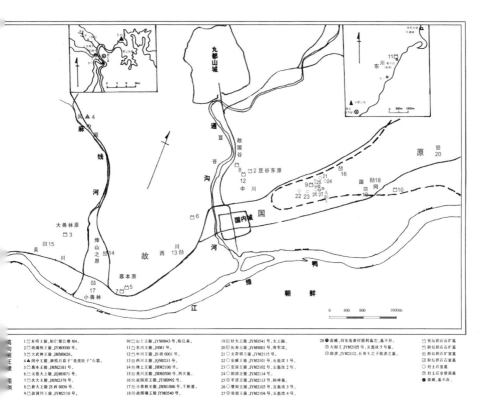

〈그림 9. 집안 일대 고구려 왕릉 분포도〉[390]

390　張福有,『高句麗王陵統鑒』, 香港亞洲出版社, 2007.

3) 기존의 왕릉 비정

앞장에서 왕릉 비정의 관건인 하천을 재검토하여 새롭게 그 위치를 설정해 보았다. 결국 기존의 고구려 왕릉 비정은 재검증을 받는 게 불가피해졌다. 이와 관련해『고구려 왕릉보고서』출간 이후 왕릉 비정에 대한 연구 현황은 다음과 같다.[391]

〈표 3. 고구려 왕릉 비정에 관한 연구 현황〉

	마선구 626호	칠성산 871호	임강총	우산하 2,110호	칠성산 211호	서대총	우산하 992호	마선구 2,100호	천추총	태왕릉	장군총
『왕릉보고서』					서천	미천	고국원	소수림	고국양	광개토	장수
東潮						미천	고국원	미천 2차	고국양	소수림	광개토
여호규			동천			미천			고국원	고국양	광개토
張福有·孫仁杰·遲勇	대무신	태조	산상	고국천	서천	미천	고국원	봉상	소수림	광개토	장수
魏存成		산상	동천	중천	서천, 미천	미천	고국원	소수림	고국양	광개토	장수
임기환	산상	신대, 고국천	동천	중천	서천	미천	고국원		소수림	고국양	광개토
桃崎祐輔	산상		중천	동천	서천	미천	고국원	소수림	고국양	광개토	장수

물론 이와 같은 왕릉 비정표는 연구자에 대한 누락이 심한 관계로 비

---

391 공석구,「集安지역 高句麗 王陵의 造營」,『고구려와 발해 문화의 特性과 相關性』, 고구려발해학회, 2008, 190~191쪽.;「集安지역 高句麗 王陵의 造營」,『高句麗渤海硏究』31, 2008, 123쪽, 註 4.

판을 받기도 하였다.[392] 그러나 본고에서는 왕릉 비정에 대한 견해 차이 보다도 광개토왕릉에 대한 비정 논란이 더욱 증폭되어가고 있음을 알리고자 하는 데 있다. 그러면 먼저 압록강을 구간별로 구분하여 호칭한 데서 연유한 것으로 추정한 동천왕릉을 살펴 보자. 국도 반경이었던 집안을 중심으로 해서 볼 때 압록강의 동편에서 동천으로 일컬을 수 있는 구간의 왕릉급 고분은 임강총이다. 이는 발굴 결과 임강총의 조성 시기를 3세기대 후반으로 설정한 사실과 잘 부합된다. 서천왕릉은 입지상으로 본다면 압록강 서편에 소재한 천추총에 걸맞다. 소수림왕릉으로 추정되는 천추총은 비록 압록강 하류이므로 서쪽 구간에 가깝기 때문에 서천왕릉으로 불릴만하다. 그러나 서천 시호는 이미 서천왕릉에 부여되었다. 게다가 대수림왕릉과의 연결 관계로 인해 천추총을 소수림왕릉으로 일컫게 된 것으로 보인다.

(1) 국천國川과 국양國壤, 그리고 국곡國谷과 국강國罡

국내성 도읍기의 고구려 왕호 가운데 '국' 자가 붙여진 시호가 보인다. 고국천왕 · 고국양왕 · 고국원왕이 그것이다. 이와 관련해 고구려 왕호 가운데 천川 · 양壤 · 원原 · 강상罡上이 서로 통하는 의미로 사용되었다는[393] 주장을 검토해 본다. 물론 원原과 강상罡上은 동일한 의미

392 李道學, 「고구려 王陵에 관한 몇 가지 검토」, 『전통문화논총』 6, 한국전통문화대학교, 2008.

393 정호섭, 『고구려 고분의 조영과 제의』, 서경문화사, 2011, 83쪽.

로 간주할 수 있다. 고국원왕故國原王을 국강상왕國罡上王이라고도 했기 때문이다. 그리고 고국천왕의 장지를 『삼국사기』와 『삼국유사』에서는 '고국천원故國川原·국천國川·국양國壤'으로 기재하였다. 여기서 국천國川과 국양國壤은 의미가 동일함을 알 수 있다. 이는 동천왕東川王을 일컬어 "혹은 농양東襄이라고도 하였다"[394]는 기록을 통해서도 천川과 양襄(壤)은 연결된다. 그렇지만 이것은 단순 비교할 수 있는 성질은 아닌 듯하다. 주지하듯이 '고국故國'은 평양성 천도 이후 구도舊都인 국내성을 가리키는 호칭이었다. 그러니까 고국원왕의 '고국원'은 구도였던 국내성을 가리키는 범칭이었다. 고구려의 별도였던 국원성이라는 행정지명은 국내성에서 비롯되었다.[395] 요컨대 '국원'은 국내성이라는 도성 전체를 가리키는 범칭이었다. 그런 만큼 국내성 도읍 그 당시의 고구려 왕호를 놓고서 장지처를 찾는 게 순리라고 본다. 이러한 맥락에서 본다면 '고국원왕' 보다는 「모두루묘지」에도 '국강상성태왕國罡上聖太王'이라고한 '국강상왕國罡上王'은 장지 조성 시점에 부합되는 왕호인 것이다. 이러한 '國罡上'과 자의字義가 다른 '국천國川=국양國壤'을 동일한 지역으로 간주할 근거는 없다. 따라서 '국'으로 구분되는 지역은 신대왕릉이 소재한 (故)국곡國谷[396]과 고국원왕릉 등이 소재한 국강國罡, 그리고 국천國川(國壤) 등으로 세분됨을 알 수 있다. 결단코 川(壤)·谷·罡上이

---

394 『三國史記』 권17, 東川王 즉위년 조.

395 李道學, 「永樂 6年 廣開土王의 南征과 國原城」, 『孫寶基博士停年紀念韓國史學論叢』, 지식산업사, 1988; 『고구려 광개토왕릉비문 연구』, 서경문화사, 2006, 380~381쪽.

396 『三國史記』 권16, 新大王 15년 조.

동일 지역이 될 수 없다.

그리고 고국천왕의 장지를 고국천원이라고 하였다. 그러므로 고국천왕릉은 국천의 강변 평원에 소재했음을 알 수 있다. 아울러 고국천왕릉과 고국양왕릉故國壤王陵의 소재지는 국천과 연계된 천변川邊의 평원에 소재했을 것으로 보인다. 그런데 '고국천故國川'의 '故'는 이전의 '국천'을 가리키는 것이고, 유리왕대 천도한 '국내 위나암성'의 '국내'와 연결된다고 본다. 고국천왕은 집안으로 천도한 산상왕 이전의 왕이었다. 그러므로 고국천왕릉은 환인에 소재하였다. 환인에 장지가 소재한 제9대 고국천왕은 '국양왕國襄王'이라고 했다. '천川'과 '양襄'이 통하는 것이다. 그런데 제18대 고국양왕故國壤王의 '國壤'은 '國川'과 동일한 의미이다. 따라서 집안에도 '국천'이 소재한 것은 분명하다.

국천이 압록강이 아닌 것으로 밝혀졌다. 그런 만큼 압록강과 연계된 4세기 후반대에 조성된 능묘인 태왕릉이나 천추총의 경우는 고국양왕릉의 후보가 될 수 없다. 여기서 고국원왕릉의 경우도 국천과 연계해서 탐색해 볼 수는 있다. 물론 국원은 '고국천원·국천·국양'과 흡사한 지형적 동질성을 보여주는 듯하다. 그렇지만 고국원왕이 묻힌 '고국지원故國之原'은 '천원川原'과는 표기가 다르다. 그런 만큼 상이한 지역인데 기인한 장지 호칭 가능성을 고려해 보아야 한다. 이 점을 분명히 해주는 것이 『삼국사기』에서 고국원왕을 일컬어 '국강상왕國罡上王'이라고한 기록이다. 주지하듯이 고국원왕의 '고故'는 평양성으로 천도한 이후의 관념에서 비롯된 것이었다. 그 당시의 관념 속에서 기인한 표기가「능비문」에도 보이는 '국강상왕國罡上王'이었다. 실제「모두루묘지」에서

도 고국원왕을 일컬어 '국강상성태왕國岡上聖太王'이라고 하였다. 여기
서 국강상이 고국원왕릉의 소재지를 가리킴은 주지의 사실이다. 그런
데 광개토왕의 경우도 '국강상광개토경평안호태왕國岡上廣開土境平安好
太王'라고 하였다. 그러므로 두 왕릉이 국강상에 소재한 것이다. 광개토
왕릉이나 고국원왕릉 모두 국강상에 소재했다. 광개토왕릉의 소재지
에 대해 이견이 있지만 분명한 것은 광개토왕릉비가 소재한 반경이 국
강상이라는 것이다. 이러한 맥락에서 볼 때 광개토왕릉비와 가장 근거
리에 소재한 왕릉급 분묘인 태왕릉은 고국양왕릉이 될 수 없다. 반면에
국강상왕인 고국원왕의 능묘로 지목하는 게 한결 자연스럽다.[397] 압록
강에서 가까운 태왕릉은 '국양'의 대상 자체가 될 수는 없다.

(2) 고국원왕릉=우산하 992호분 · 우산하 0540호분설의 검토

우산하 992호분을 왕릉으로 지목하는 견해가 제기되었다. 그러한 유
력한 근거가 소위 제대祭臺의 존재였다. 그러나 소위 제대가 실제 제대
일 가능성도 없는데다가 그것은 우산하 992호분 동 · 서로 각각 나타
나고 있다. 분묘 앞뒤로 2개의 제대가 설치되었다. 그러나 이러한 제대
가 이곳 외에는 어디 있으며 나아가 그 기능성에도 의문이 제기되지 않
을 수 없다.[398] 이와 관련해 강현숙은 "하지만 장군총의 경우 제대가 놓

---

397 이에 대해서는 필자는 舊稿에서 여러 편에 걸쳐 논지를 보강하면서 상세하게 언급
한 바 있다.
398 李道學, 「太王陵과 將軍塚의 被葬者 問題 再論」, 『高句麗研究』19, 2005 ; 『고구려 광
개토왕릉비문 연구』, 서경문화사, 2006, 320쪽.

인 곳이 2호 배장묘와 30cm 정도 간격을 갖고 있을 뿐 아니라 제대가 있는 뒤편으로 급경사가 져서 제의 행위를 위한 공간이 확보되지 않아 제의 시설로 보기 어렵다"[399]고 했다. 몹시 타당한 지적이라고 본다. 그러나 이러한 지적도 소위 제대와 배총 유구가 붙어 있다시피한 점과[400] 더불어 "더구나 장군총의 경우 소위 제대 앞쪽은 턱이 졌으므로 사람이 운집하여 그 앞에서 제사를 올릴 수도 없다"[401]라고 하여 이미 제기된 바 있다. 그러니 이 역시 결코 강현숙의 새로운 지견이 될 수 없다. 더욱이 그녀는 "급경사가 져서"라고 했지만, 이는 해당 지형과도 맞지 않는 서술이다.

우산하 992호분을 고국원왕릉으로 지목하고 있다.[402] 이곳에서 출토된 '戊戌' 명과 '己丑' 명 기와를 토대로 한 것이다. 즉 기와의 조성 연대를 338년과 329년 간주하여 고국원왕릉으로 비정하고 있다. 그러나 이 경우는 수릉이 전제되었을 때 가능한 논의지만 현재 수릉설은 급격히 힘을 잃었다. 따라서 수릉과 관련해 명문 기와의 간지를 살피는 일은

399 강현숙, 「고구려 왕릉 복원 시고」, 『고구려왕릉연구』, 동북아역사재단, 2009, 345쪽. 2007년 12월 20일의 동북아역사재단 워크숍에서 강현숙은 소위 제대가 "…실제는 2호 배총 의 버팀석과 거의 맞닿아 있다(강현숙, 「고구려 왕릉 복원을 위한 구조 검토」, 『고구려 왕릉 연구 워크숍』 2007, 161쪽)"고 했다. 그런데 그 뒷 구절인 "급경사…" 云云은 당시 워크숍 자료에는 적혀 있지도 않았다. 어떻게 보더라도 강현숙의 소위 제대 관련 논지는 전혀 새로운게 아님을 알 수 있다.

400 李道學, 「太王陵과 將軍塚의 被葬者 問題 再論」, 『高句麗研究』19, 2005, 126쪽.

401 李道學, 「太王陵과 將軍塚의 被葬者 問題 再論」, 『高句麗研究』19, 2005, 128쪽.

402 吉林省文物考古硏究所·集安市博物館 編著, 『集安高句麗王陵』, 文物出版社, 2004, 138쪽.

별반 의미가 없다. 더구나 1갑자 내려서 398년과 389년으로 지목하더라도 371년에 사망한 고국원왕과는 연결 짓기 어렵다. 따라서 우산하 992호분을 고국원왕과 관련 지을 수 있는 실마리는 어디에서도 발견되지 않는다. 게다가 우산하 992호분에서 출토된 마구류의 경우 4세기말~5세기 전반으로 편년되고 있다. 그렇다면 우산하 992호분 분묘의 조성 시기도 자연히 내려갈 수밖에 없다.[403] 더욱이 고국원왕은 국가를 위해 전투 중에 순국하였을 뿐 아니라 국강상성태왕이라는 존호를 부여받았을 정도로 위상이 적지 않았다. 그러한 고국원왕의 능이 우산하 992호분처럼 이 무렵의 다른 왕릉에 비해 왜소할 수는 없었을 것이다. 고국원왕은 순국했기에 추모의 감정이 더욱 컸을 것으로 여겨진다. 또 그것은 대규모 능묘의 조성으로 발현될 수 있기 때문이다.[404]

최근에는 우산하 0540호분을 고국양왕릉에 비정하기도 한다.[405] 우산하 0540호분은 대지 평탄처에 조성되었다. 이 고분은 가로×세로 각각 35m, 높이 6m 규모에 소위 제대는 조성되지 않았다. 곧 이는 왕족묘일 가능성이 많다.[406] 그러한 우산하 0540호분은 장푸여우張福有가 고구려 왕릉을 죄다 집안 지역으로 비정하면서 '왕릉'으로 새롭게 부각된

---

403 桃崎祐輔, 「고구려 왕릉 출토 기와·부장품으로 본 편년과 연대」, 『고구려왕릉연구』, 동북아역사재단, 2009, 218쪽.

404 朴眞奭 外, 『中國境內 高句麗遺蹟硏究』, 예하, 1995, 234~235쪽.

405 張福有, 『高句麗王陵統鑒』, 香港亞洲出版社, 2007, 173쪽.

406 吉林省文物考古硏究所·集安市博物館 編著, 『集安高句麗王陵』, 文物出版社, 2004, 5쪽.

고분이다. 더구나 우산하 0540호분을 고국양왕릉이 아닌 고국원왕릉으로 새롭게 비정하기도 한다. 그렇다면 이 고분은 이름 그대로 약간의 대지臺地 위인 '국강상'에 조성되었어야 마땅하다. 물론 촌락 가운데 남아 있는 우산하 0540호분은 비록 광개토왕릉비와 가장 가깝기는 하다고 한다. 그렇지만 우산하 0540호분은 '평탄처平坦處'에 조성된 관계로 '국강'의 조건에 부합되지 않는다. '국강'은 장군총과 태왕릉을 포괄하는 공간적 범역을 가리키는 동시에 문자 그대로 '언덕'이라는 입지 조건을 내포하기 때문이다. 장군총과 태왕릉은 이러한 2가지 조건에 모두 해당한다. 게다가 우산하 0540호분의 형식은 왕릉일 가능성을 뒷받침해 주지도 못한다. 실제 당초 왕족릉으로 분류되었던 우산하 0540호분은 현재 비왕족릉으로 지목되는 우산하 992호분보다도 규모를 비롯한 모든 면에서 격이 떨어진다.

4) 맺음말

집안 일대 고구려 왕릉의 소재지 비정과 관련한 관건은 일차적으로 하천명이었다. 『삼국사기』 고구려 왕들의 시호에 보이는 집안 일원의 하천으로는 국천과 동천·중천·서천을 비롯해서 미천美川이 존재하였다. 종전에는 국내성을 기준하여 동천과 서천 그리고 중천의 존재를 비정하고자 했다. 이와 더불어 국천을 압록강으로 지목하고는 하였다. 이러한 전제에서 출발한다면 고국양왕 등의 왕릉은 압록강 연변과 가까운 곳에 소재했을 가능성이 높다. 그러나 고구려 당시에 압록강은 『삼국사기』에서만 무려 21회에 걸쳐 표기되었지만 '국천'은 단 한 차례도 언급되지 않았다. 오로지 고구려 왕들의 시호와 관련해 국천의 존재가 드러날 뿐이었다. 이러한 점을 고려해 볼 때 국천은 다른 하천으로 비정할 수밖에 없다는 결론에 이르게 되었다. 결국 국천=압록강설에 의한 기왕의 하천명에 근거한 고구려 왕릉 비정은 타당성을 잃었다.

본고에서 국천은 국내성 서벽西壁 앞을 통과하면서 일종의 해자 역할을 하는 통구하로 지목할 수 있었다. 그리고 동천·중천·서천과 같은 방위명 하천은 국도인 국내성 반경을 통과하는 압록강의 일정 구간을 가리키는 하천명으로 상정할 수 있었다. 이렇게 볼 때 임강총이 동천왕릉일 가능성은 한층 높아진 것이다. 동시에 압록강 연변에 소재했던 왕릉에 대한 지금까지의 비정은 전면 재고하게 되었다. 일례로 태왕릉을 고국양왕릉으로 비정하는 신설이 제기되었지만, 고국양왕의 국양國壤은 통구하인 국천과 통한다. 그런 만큼 압록강유역에서 가까운 태왕릉은 국양의 대상지가 되기는 어렵다.

천도나 도굴로 인한 이장설이 제기되었던 분묘에 대해서도 검증을 해 보았다. 전 동명왕릉의 경우는 고구려 시조 왕릉으로서는 이장 사유가 당초부터 발생하지 않았음을 구명하였다. 더구나 실제 능묘로 사용한 부장된 관정棺釘과 같은 유류품의 존재를 통해 상징물이라는 주장의 부당성을 밝혔다. 그리고 현재 도굴된 상태로 비치는 파괴된 분묘를 문헌에서 도굴 기록이 보이는 서천왕릉이나 미천왕릉으로 비정하고들했다. 그러나 이 역시 관련 없음을 구명했다. 서천왕릉은 압록강에 비교적 근접한 서대총으로, 미천왕릉은 M2100호분이 가능해 보이고, 중천왕릉은 국도를 관류하는 압록강 중간에서 근접한 JQM0211호분으로 추정하였다.

고구려의 장지명식 시호는 평양성 천도 이후는 물론이고 고구려가 멸망할 무렵까지 이어졌다. 제27대 영류왕의 경우도 동일한 사례에 속한다. 그런 만큼 고구려 때 영류산으로 일컬었던 산을 영류왕릉으로 지목할 수 있다.

Ⅳ. 태왕릉과 장군총의 피장자 문제

1. 태왕릉의 피장자 검증

1) 문헌에 남겨진 집안 시역 고구려 왕릉

국내성과 광개토왕릉비, 그리고 고구려 왕릉의 존재는 문헌에서 포착되고 있다. 고려 말인 1370년(공민왕 19)에 이성계가 동녕부東寧府를 공격하러 갈 때를 배경으로해서였다. 이때 황성皇城의 존재가 확인되었다.[407] 『태조실록』에서 "황성은 옛날 여진 황제의 성이다"[408]고 밝혔다. 1447년에 간행된 『용비어천가』에서 "평안도 강계부 서쪽으로 강을 건너 140리에 넓은 들판이 있는데 그 가운데 오래된 성이 있다. 예로부터 대금황제성이라고 불렀다. 성 북쪽 7리에 비석이 있고, 또 그 북쪽에 석릉石陵 둘이 있다(39장)"[409]고 했다. 여기서 '비석'의 존재는 1487년에 평안감사로서 압록강변 만포진을 시찰했던 성현成俔이 지은 '망황성교望皇城郊'라는 시에서 다시금 언급되었다. 즉 "우뚝하게 천척비千尺碑만 남아 있네歸然惟有千尺碑 / 지척에 강이 흘러 천연 해자 되니江流咫尺隔天塹 / 한스럽게 옛 비석을 읽어 보지 못하누나恨不讀字摩蛟螭"[410]라고 읊

---

407 『高麗史』권42, 恭愍王 19년 1월 조.
408 『太祖實錄』권1, 총서 47번째 기사.
409 『龍飛御天歌』권5, 39章. "東至皇城 北至東寧府 西至海南 南至鴨祿爲之一空[平安道江界府西 越江一百四十里有大野 中有古城 諺稱大金皇帝城 城北七里有碑 又其北有石陵二]"
410 『虛白堂集』권13, 詩, 望皇城郊.

었다. 압록강변에서 아스라히나마 이 비석의 존재는 육안으로 확인이 가능하다. 이는 구글어스를 통해 확인한 결과, 압록강변에서 능비를 바라본 성현의 소회는 사실로 드러난다. 만포 압록강변에서 광개토왕릉비는 2km도 채 되지 않았다. 그리고 1907년 5월에 프랑스인 에두아르 샤반느(1865~1918)가 압록강 남안에서 촬영한 통구 벌판 사진으로써도 고려해 볼 수 있었다.

황성과[411] 엮어진 비석을 『신증동국여지승람』과 이수광의 『지봉유설』 등에서는 금국金國 황제비로 단정하였다. 1595년(선조 28)에 선조宣祖의 특명으로 누루하치를 만나기 위해 한겨울에 압록강을 건넌 신충일申忠一이 작성한 「건주기정도기建州紀程圖記」에도 '황성'·'황제묘'·'비'가 표시되어 있다.

그러면 본고 주제와 직접 관련된 고구려 왕릉으로서 황제묘는 어느 왕릉을 가리키는 것일까? 이와 관련해 다음 『신증동국여지승람』의 기록을 주목해 본다.[412]

---

411 조선 후기의 지도에는 皇城을 五國城으로 표기하고 있다. 그 이유에 대해서는 "金은 여진의 黑水部로 우리나라의 북도와 가장 가깝다. 宋의 황제가 잡혀 와서 五國城에 구금되었으니 반드시 우리 국경과 서로 가까웠을 것이다. 흑수부 지역에서 가장 깊고 들어가기 어려운 곳은 烏喇城이다. 烏와 五는 우리 음으로 비슷하니 '오국'은 아마도 오랄의 잘못인 듯하다. 오랑캐족들의 땅 이름이나 사람 이름은 대부분이 음으로 하고 글자로 쓰지 않기 때문이다(『星湖僿說』 권2, 天地門, 五國城)"고 했다. 여기서 烏喇城은 오녀산성을 가리키고 있다. 그러나 이러한 해석은 중첩된 錯誤의 산물이다.

412 『新增東國輿地勝覽』 권55, 平安道, 江界都護府, 山川 條. "皇城坪: 距滿浦三十里 金國所都 皇帝墓: 在皇城坪 世傳金皇帝墓 礨石爲之 高可十丈 內有三寢 又有皇后墓皇

* 황성평皇城坪: 만포滿浦에서 30리 떨어져 있으며, 금국金國이 도읍했던 곳이다.

* 황제묘皇帝墓: 황성평皇城坪에 있으니, 세상에서 전해 내려온 말로는 금金 황제묘라고 한다. 돌을 갈아 만들었다. 높이는 10장이 될만하다. 안에는 3개의 침상寢牀이 있다. 또 황후묘와 황자 등의 묘가 있다.

『신증동국여지승람』의 기록에 따르면 황제묘의 속성을 "돌을 갈아 만들었다"고 구체적으로 언급했다. 이는 앞서 인용한 『용비어천가』에 적힌 '석릉'을 가리키고 있다. 황제묘로 알려진 적석총의 높이는 10장 쯤이라고 했다. 여기서 '10장'이라는 수치는 과장이라고 하자. 그렇더라도 현재 집안에 남아 있는 적석총 가운데 이 정도에 근사한 왕릉급 고분은 없다. 게다가 적석총의 내부를 들여다 보았는지 "3개의 침상이 있다"고 했다. 현실 안 3개의 관대를 증언하고 있다.

그리고 1572년에 심언광沈彦光이 지은 시에서 '황제유분거갈皇帝遺墳巨碣'라고 한 시구는[413] 황제묘와 능비의 존재를 운위하는 것이다. 그러면 이러한 기록을 확인해 보도록 하자. 우선 태왕릉과 장군총의 현실 관대를 고려해 보자. 그러나 양 분묘의 관대는 각각 2개 밖에 없다. 그

子等墓"

413 『漁村集』권4, 西征稿, 丙申, 詩, 滿浦道中 望見金皇帝墓. "鴨水西流政抹坤 隔江皆是 犬羊屯 完顔古國荒城在 皇帝遺墳巨碣存 千里山河空極目 百年興廢謾傷魂 聖朝偃武 方隅靜 不獨萊公鎭北門"

러므로 관대가 3개인 황제묘는 이들 분묘를 가리키지는 않는 것 같다. 그러면 무덤 내부를 들여다 본 후에 구체적으로 기술한 황제묘는 어떤 고분을 가리키고 있는 것일까? 광개토왕릉비를 중심 반경에 놓고 볼 때 해당되는 고분은 없다. 그런데 『용비어천가』에서 "성 북쪽으로 7리쯤에는 비석이 있다. 또 그 북쪽에는 석릉 2기가 있다"고 했다. 능비 북쪽으로 2기의 석릉이 소재했음을 알려준다. 그러나 이 방향에서는 현재는 장군총 1기 밖에 없다. 임강총은 해당되지 않는다. 그리고 "또 황후묘와 황자 등의 묘가 있다"고까지 했다. 여기서 황제묘와 황후묘는 비슷한 규모의 무덤임을 전제로 하고 있다. 역시 광개토왕릉비 북쪽에 2기의 석릉이 있다는 기록과 어긋나지 않는다. 게다가 양 분묘는 크게 격절된 게 아니라 근거리에 인접했음을 알려준다.

그러나 장군총 주변에는 황후묘로 일컬을 수 있는 속성의 왕릉급 고분은 존재하지 않는다. 그리고 '황자묘'의 경우는 장군총의 배총을 가리키는 것으로 보인다. 장군총보다 높았을 뿐 아니라 3개의 관대를 갖춘 왕릉급 적석총은 그 주변에서는 확인되지 않았다. 그렇다고 이들 기록을 무시할 수는 없을 것이다. 물론 황제묘는 능비 주변에 소재한 왕릉급 고분에도 해당되었다. 가령 다음과 같은 이수광의 『지봉유설芝峯類說』을 살펴 보자.

만포滿浦를 건너면 강변(江)邊에 큰 무덤이 있다. 서로 전하기를 황제묘라고 한다. 그 밑에 큰 못이 있는데 연꽃이 무성하다.[414]

---

414 『芝峯類說』 권19, 宮室部, 陵墓. "滿浦越邊有大墳 相傳爲皇帝墓 其下有大池 荷花甚盛"

위에서 언급한 황제묘는 압록강에서 가까운 임강총을 가리키는 것 같다. 이렇게 볼 때 황제묘는 임강총이나 태왕릉, 그리고 장군총으로 국한될 수 있다. 여기서 황후묘와 황자묘, 그리고 3개의 관대가 존재했던 10장으로 인식된 거대 적석총의 존재를 현재로서는 지목할 수 없다. 그렇지만 해당 황제묘의 존재 가능성을 상정한다면 광개토왕릉의 소재지는 달라질 수 있다.

집안 일대는 금金의 후예인 만주족이 세운 청淸이 들어선 17세기 이후에는 황실의 발상지라는 명목으로 인해 주민들이 거주하지 못하게 한 봉금령에 묶여 역시 깊은 잠에 빠졌다. 그러나 봉금령이 풀려 주민들이 집안 지역으로 이주하여 회인현懷仁縣이 설치된 1877년에 푸른 이끼가 잔뜩 끼어 있는 이 비석의 존재를 다시금 발견하였다. 두텁게 끼인 이끼를 제거하기 위해 비석 겉면에 우마분牛馬糞을 바르고는 불을 질렀다. 이렇게 해서 글자를 드러낸 '대금황제비'는 광개토왕릉비로 새롭게 밝혀졌다. 그럼에 따라 능비와 근접한 태왕릉이 광개토왕릉으로 지목되었다.

1889년에 일본에서 간행된『회여록會餘錄』에 따르면 광개토왕릉비가 오랫동안 땅속에 파묻혀 있다가 300년쯤부터 조금씩 드러나기 시작했다는 토인土人의 말을 소개했다. 그러나『용비어천가』나 성현의 목격에 따르면 400년 훨씬 이전에 이미 우뚝하게 선 광개토왕릉비의 존재가 확인되었다. 그러므로 '오랫동안 땅속에 파묻혀 있다가'라는 말은 성립되지 않는다. 그와 더불어 17세기 이후에는 이곳이 봉금령으로 묶여 사람이 거주하지도 않았다. 구전이 계승될 수 없는 상황이었다. 그러니 '300년쯤부터 조금씩 드러나기 시작했다'는 토인의 주장은 어불성설에 불과하다.

2) 태왕릉과 장군총에 대한 피장자 비정과 태왕릉=광개토왕릉설의 맹점

태왕릉의 피장자에 대해서는 여러 견해가 제기되어 왔다. 그러나 가장 오래되었을 뿐 아니라 현재까지도 지지를 받고 있는 견해가 태왕릉=광개토왕릉설이다. 19세기 후엽에 확인된 광개토왕릉비의 존재는 광개토왕릉을 찾을 수 있는 관건이었다. 『회여록』에 보면 "비의 곁에 하나의 큰 무덤이 있는데 완연한 구릉이다. 그 모양은 기울어져 있는데 기세에 압도당하는 것 같았다. 대개 고구려 성시盛時의 영락태왕永樂太王을 장례한 곳일 게다"고 했다. 즉 태왕릉을 광개토왕릉으로 비정한 것이다. 태왕릉=광개토왕릉설의 핵심은 능비와 왕릉급 분묘가 분명한 태왕릉이 가장 가깝다는 점에 근거하였다. 거대한 규모의 태왕릉은 희세의 정복군주 광개토왕의 능으로 손색이 없다고 보았다.

태왕릉의 외적 규모에 대해 한국 미술사학의 비조인 우현 고유섭高裕燮은 비중을 두지 않았다. 즉 "이(장군총: 필자) 현실의 위장한 품은 외용만 커다란 태왕릉의 미칠 바 아니다"고 갈파하였다. 태왕릉의 외적 규모는 장군총보다 무려 4배나 크다. 그러나 고유섭은 태왕릉의 현실 규모가 정작 장군총의 1/4에 불과한 사실을 간과한 것이다.

이제는 장군총=광개토왕릉설이 유력한 학설로 자리잡았다. 본고에서는 양론兩論에 대한 근거를 제시한 후 검증하고자 한다. 다음은 태왕릉과 장군총의 피장자에 대한 지금까지의 비정이다.

* 태왕릉:

광개토왕릉(공석구, 조법종, 박진욱, 魏存成, 張福有 · 孫仁杰 · 遲勇, 池內宏, 桃崎
祐輔)

고국양왕릉(여호규, 임기환)

고국원왕릉(이도학, 東潮)[415]

* 장군총:

광개토왕릉(關野貞, 梅原末治, 申采浩, 高裕燮, 이도학, 여호규, 東潮)

장수왕릉(공석구, 조법종, 魏存成, 張福有 · 孫仁杰 · 遲勇, 桃崎祐輔)

산상왕릉(박진욱)

이제는 진부한 논의가 되었지만 태왕릉=광개토왕릉설의 논거를 살
펴 보고 문제점을 적출해 보고자 한다. 최근까지도 태왕릉=광개토왕릉
설은 새로운 논거를 찾아 굽히지 않고 제기되었기 때문이다. 다음은 그
러한 근거가 된다.

1. 능비에서 가장 가까운 능묘는 태왕릉이다. 능비를 기준으로 할 때
구글어스로 측정한 결과 태왕릉은 359m, 장군총은 1,718m 정도 떨어

---

415 東潮가 태왕릉을 소수림왕릉으로 비정한 것으로 분류했다(공석구, 「集安지역 高句
    麗 王陵의 造營」, 『高句麗渤海研究』31, 2008, 123쪽, 註4). 그러나 東潮 · 田中俊明,
    『高句麗の歷史と遺跡』, 中央公論社, 1995, 193쪽에서는 고국원왕릉으로 단정했다.
    따라서 공석구의 분류는 오류인 듯하다.

져 있다. 능비는 광개토왕릉과 관련된 비석이므로 근처에 광개토왕릉이 소재한 게 분명하다. 그렇다고 할 때 태왕릉은 광개토왕릉일 가능성이 높아진다. 그런데 능비가 서 있는 방향과 태왕릉 방향은 모순된다. 태왕릉은 토구자산土口子山에 붙어있는 높은 구릉 위에서 남면南面하고 있다. 만약 능비가 태왕릉과 관련된 비석이라면 반드시 그 전면 참도參道의 좌우 어디엔가 세워져 있어야 한다. 그러나 이와는 달리 능비는 태왕릉 후방에 치우쳐 서 있으므로 양자는 전혀 관계가 없어 보인다.[416]

이에 대한 반론이 제기되었다. 이케우치히로시池內宏는 능비가 반드시 능묘를 배후로 하고 참도의 좌우 어느 쪽에 서 있어야한다는 것은 너무나도 중국 묘제에 얽매인 견해이다. 광개토왕대의 고구려 묘제는 방단형 적석총이고 비석도 자연석을 사용하고 있다. 중국 문화에 침윤되지 않았다는 사례이므로, 중국 묘제를 고구려의 기준으로 삼는 것은 부당하다. 능비와 장군총이 너무 떨어져 있는데, 남북의 폭이 1리를 넘지 않는 작은 평야에서 양자를 동일 묘역 내에 포함하고 그 사이에 참도를 설치하는 게 가능할까. 임강총과 태왕릉, 천추총과 서대총과 같은 거대 고분에서도 참도가 없었다. 장군총의 경우도 참도 설정은 무리가 아니겠는가? 세키노타다시가 주장하는 장군총과 능비의 위치가 잘 부합한다는 것은 참도의 존재를 가정했을 때 견해이다. 능비는 태왕릉 조역兆域 밖에 세워져 있지만 300가家에 이르는 수묘인 호수는 반드시

---

416 關野貞, 「滿洲輯安縣及び平壤附近に於ける高句麗時代の遺蹟(一)(二)」, 『考古學雜誌』, 第五卷 第三號·第四號, 1914 ; 『[新版] 朝鮮の建築と藝術』, 岩波書店, 2005, 294쪽.

능비 부근의 일대에 이르고 있었음이 틀림 없다.[417]

그 밖에 태왕릉은 현실玄室이 서향이고 장군총은 현실이 서남향이므로, 태왕릉이나 장군총은 그 방위상 능비와는 필연적인 관계가 보이지 않는다고 했다.[418] 이처럼 능비와 능묘의 방향이 반드시 일치하는 것만은 아니라는 점을 포착하였다. 장군총도 예외가 되지 않는다고 했다. 즉 장군총은 서남향인데, 능비(제1면)는 동남향이다. 그러니 능비를 장군총과 연결 짓는 근거로서는 부적절하다고 했다.[419] 요컨대 능비와 능묘의 방향은 피장자 추정의 근거가 될 수 없다는 것이다. 그렇지만 장군총에 이르는 신도神道를 설정한 후 능비=신도비설神道碑說과 같은 반론이 일찍부터 다음과 같이 제기되었다.

… 태왕릉의 현실 연도는 서남향하여 있고, 비는 능의 동북으로 3정町 떨어져서 그 제일면이 동남향되어 있으니, 비 부근에 능으로서는 이것밖에 없지만, 비와 능은 너무 배반背反된 방향에 있다. 어느 학자는 이 비가 신도비가 아니요, 실질적으로는 수릉守陵 연호비烟戶碑이니, 그 능호촌陵戶村에 있던 것으로 해석한다면 비의 방향쯤은 문제될 것이 없지 아니하냐 하지만, 이는 고집된 억설이요 비를 신도비 아니라고 볼 수 없다. 그 훈적을 명기記銘한다―비에도 하지 아니하였는가.

---

417 池內宏, 『通溝 卷上』, 日滿文化協會, 1938, 67~70쪽.

418 魏存成, 『高句麗遺跡』, 文物出版社, 2002, 167~168쪽.

419 박진욱, 『조선고고학전서(중세편)』 과학백과사전종합출판사, 1988, 73쪽.

이 비의 제일면을 좌수左手로 잡고 서서 전면을 내다 보면 멀리 토구자 산록土口子山麓 고강高崗 위에 위장偉壯한 장군총이 바로 정향하여 보인다. 차간此間의 거리 15정, 계곡을 통하여 엄연히 바라보인다. 장군총에서 보자면 이 비는 동구 밖 신도神道 우측에 있는 편이 된다. … 이 광막한 지대에 이 능(장군총: 필자)에 관계되는 배총 구역이 능북에 있을 뿐 잡총이란 하나도 볼 수 없고, 고저의 구릉을 따라 토민土民의 서곡黍穀 경작이 있을 뿐이다. 가위 국강國罡이라 부를 수 있는 적절한 지대이니 태왕릉의 주위와 인접한 잡연雜然된 풍경과는 비교도 안된다.[420]

고유섭은 세키노타다시의 입론에 따라 능비의 성격을 신도비로 규정하였다. 신도를 설정하고서 본다면 능비는 동구 밖 신도 우측에 서 있는 것이다. 그러므로 능비 제1면에서 볼 때 장군총은 정향正向이므로 관련 있다고 보았다.

2. 태왕릉은 분구에서 수습된 "願太王陵安如山固如岳"라는 명문전銘文塼에 따라 명명되었다. 나아가 명문전의 '태왕太王'은 '국강상광개토경평안호태왕國罡上廣開土境平安好太王' 혹은 '영락태왕永樂太王'으로 일컬어졌던 광개토왕과 연결지었다. 가령 "광개토왕은 일명 '호태왕', '영락대왕'이라고 불리웠으며 고구려의 왕들 가운데서 '태왕'이라는 명칭이 들어 있는 호를 가진 왕은 오직 광개토왕뿐 이다. 따라서 이것은 태왕릉

420 高裕燮, 「高句麗 古都 國內城 遊觀記」, 『朝光』 1938-9, 301~311쪽.

이 광개토왕의 무덤이라는 것을 말해주는 가장 중요한 근거로 된다"[421] 라는 단호한 주장까지 나왔다. 태왕릉을 광개토왕릉으로 지목한 것이 다. 그러나 태왕 호는 충주고구려비에 보이는 '고려태왕高麗太王'을 비롯하여 경주 서봉총 출토 은합銀盒 명문이나 신라 진흥왕에게도 부여되었다. 이렇듯 태왕 자체는 대왕권체제를 구축한 삼국 왕들의 보편적인 존호였다.[422] 태왕은 특정 왕에 대한 지칭이 아니었다. 태왕은 미칭이기 때문에 고구려의 다른 왕들도 사용할 수 있었다. 가령 대조대왕 大祖大王·차대왕次大王·신대왕新大王과 같은 '대왕'으로 호칭된 실례가 있다. 게다가 명문전은 '태왕太王'일 뿐 '호태왕好太王'이라 하지 않았다. 그러므로 "원태왕릉願太王陵" 문구가 반드시 광개토왕의 호태왕은 아닐 것이다.[423] 결국 태왕호 명문전은 광개토왕릉을 알려주는 지표가 될 수 없다.[424]

---

421 손수호, 『고구려고분연구』, 사회과학출판사, 2001, 44쪽.

422 李道學, 「한국사에서의 天下觀과 皇帝體制」, 『전통문화논총』 창간호, 한국전통문화대학교, 2003, 82~83쪽.

423 高裕燮, 「高句麗古都國內城遊觀記」, 『朝光』 1938-9, 310쪽.

424 태왕릉을 광개토왕릉으로 비정하는 견해로서 "'대왕'의 왕호를 쓰는 태조대왕, 차대왕, 신대왕은 모두 2세기 고구려 발전기에 왕위에 있었던 사람들이다. 그런데 2세기경의 고구려 무덤은 아직 거대한 기단을 쌓을 정도로 큰 규모는 아니었을 것이기 때문에, 이 태왕릉은 대왕의 왕호를 쓰는 남은 한 사람, 광개토왕의 묘일 가능성이 높은 것이다. 또한 태왕릉 동쪽으로 멀지 않은 곳에 광개토왕릉비가 서 있다는 사실도 이러한 추정을 뒷받침한다(동북아역사재단, 『고구려를 찾아서』, 동북아역사재단, 2009, 77~78쪽)"라는 주장이 있다. 이러한 주장은 비판할 가치도 없지만 국가 관련 기관에서 기관 명의로 출간했기에 소개해 둔다.

3. 능비에서 태왕릉까지의 거리는 359m인데, 능비에서 장군총까지는 1,718m이며, 그 사이에 '큰 개울'도 있다. 이 점은 능비가 장군총이 아니라 태왕릉과 관계된 것임을 말해준다는 것이다.[425] 물론 능비에서 양 능묘 간의 거리 문제는 장군총=광개토왕릉설의 최대 약점이었다. 그렇지만 이 건은 태왕릉과 능비와의 방향 문제로 상쇄할 수 있었다. 그런데 능비와 장군총 사이에 가로놓인 '큰 개울' 건은 검토를 필요로 한다. 이러한 견해는 근자에 조선 후기의 고지도古地圖를 동원하여 구체적으로 입론되었기 때문이다. 게다가 태왕릉과 장군총 사이에 하천이 흐르고 있었던 사실을 추적하였다. 그 결과 태왕릉과 능비는 동일 구역이지만 장군총은 하천이라는 장애물로 인해 능비와 구분되는 공간으로 단정했다.[426]

이와 관련해『회여록』에 따르면 능비문 판독의 난점을 소개하면서 "그러나 오랫동안 계류溪流에 격激한 바 되어 (글자가) 결손한 곳이 매우 많다"고 실토했다. 여기서는 계류로 인해 비문의 결락이 심해졌는지 여부보다는 능비 앞에 계류가 존재했다는 사실이 중요하다. 만약 자연 장애물인 계류가 능비의 동편을 관류하였다면 능비와 태왕릉은 짝이 될 수 있다. 그 반면 능비와 장군총은 짝이 되기 어려워진다. 문제는 계류가 고구려 당시에도 존재하였는가 여부이다. 고구려인들이 능비 밑에까지 파고들 정도의 계류와 인접하여 당초 능비를 건립하였을까? 비각

---

425 박진욱,『조선고고학전서(중세편)』, 사회과학출판사, 2001, 73쪽.
426 조법종,「고구려 國內城의 空間과 廣開土王陵」,『高句麗渤海硏究』44, 2012, 291쪽.

의 존재를 고려하지 않는다고 하자. 그렇더라도 당초부터 계천이 흐르는 입지에 능비가 건립되지는 않았다고 보는 게 자연스럽다.[427]

1595년의 현장 경유를 토대로한 신충일의 지도에 보면 국내성 서편을 흐르는 통구하通溝河(加也之川)나 그 서편의 마선구하麻線溝河(仇郎哈川)는 분명히 표시되었다. 반면 능비나 장군총 부근에는 하천 표시가 없다. 이로 볼 때 그 보다 훨씬 후대의 기록이나 지도에 소개된 하천은 16세기 이후에 생겨났거나 아니면 실개천에 불과할 수 있다. 따라서 이러한 소하천의 연원을 고구려 당시까지 소급시켜 이해하는 일은 용이하지 않아 보인다. 개천은 생성과 소멸이 빈번한 편이므로 고구려 당시 자연지형의 준거로 삼기는 어렵다. 가령 담양군潭陽郡 고서면古西面 해평海平 마을의 경우 "무등산에서 흘러내리는 증암천(소쇄원 앞을 흐르는 개천: 필자)이 이 마을로 흘러 갔는데 백여년 전 큰 홍수에 의하여 물줄기가 현 증암천甑岩川으로 돌게 되어 평야가 바뀌어졌다하여 해평海平이라 칭해온다"[428]고 한 예를 제시할 수 있다.

4. 능비와 태왕릉 사이에는 4~5기의 적석총이 소재하고 있다. 비록 순장이라고 하더라도 왕릉과 능비 사이에 이같은 무덤을 조성할 리 없다. 이것은 양자가 서로 관련 없음을 입증해 준다.[429] 이에 대한 반론으

427 李道學, 「고구려 왕릉 연구의 어제와 오늘」, 『한국고대사 연구의 시각과 방법』, 사계절, 2014. 134~135쪽.

428 潭陽郡誌編纂委員會, 『潭陽郡誌』, 담양군, 1980, 898~899쪽.

429 關野貞, 「滿洲輯安縣及び平壤附近に於ける高句麗時代の遺蹟(一)(二)」, 『考古學雜

로 "그 무덤들은 태왕무덤이 만들어지기 이전의 것일 수도 있기 때문이다"[430]고 했다. 그러나 이는 어디까지나 상상에 불과하다. 태왕릉이 조성되기 이전에 능묘 조성 부지에 잡총雜塚이 군재群在하였다면 이장시키거나 묘장墓場 부지를 옮겨야 했을 것이다.

5. 태왕릉과 장군총 그리고 우산묘구禹山墓區 2100호와 같은 적석총의 동편쪽에서 제단祭壇으로 간주되는 유구가 확인되었다고 한다. 즉 세계유산 등록을 위해 2003년에 태왕릉 주변 400호의 가옥을 철거하고 발굴한 결과 태왕릉 동쪽에 72~74m에 이르는 2줄짜리 제단이 나타났다는 것이다.[431] 종전에 이들 분묘의 정면으로 지목했던 면面의 반대편에서 제단이 확인되었다고 한다. 이러한 제단은 해가 뜨는 동쪽(동북쪽)편에 소재하고 있다. 그러므로 당연히 분묘의 정면은 제단이 소재한 쪽이 되어야 한다고 한다. 더불어 종전에 그 정면으로 간주했던 면은 후면으로 드러났다고 했다. 즉 "그런데 이번 발굴된 제단으로 인해 무덤의 동쪽(약간 동북쪽)이 앞이라는 것이 밝혀진 것이다. 제사를 무덤의 뒤에서 지낼 수 없기 때문에, 제사를 지내는 제단이 있는 곳이 앞이 될 수밖에 없는 것이다. 한 군데도 아니고 지금까지 왕릉에서 발굴된 세 군데 제단이 모두 동쪽에 있다는 것은 동쪽이 앞이라는 개연성을 확실하게 뒷받침해

誌』, 第五卷 第三號・第四號, 1914 ;『[新版] 朝鮮の建築と藝術』, 岩波書店, 2005, 295쪽.

430 박진욱,『조선고고학전서(중세편)』, 사회과학출판사, 2001, 73쪽.

431 吉林省文物考古研究所・集安市博物館,『集安高句麗王陵』, 文物出版社, 2004, 260쪽,

준다. 따라서 해가 뜨는 동쪽이 앞이고 널방 입구는 주로 능 뒤쪽에다 낸다는 것을 알 수 있다. 이렇게 해석하면 자연히 광개토왕릉비도 태왕릉 앞에 서 있는 능비가 되는 것이고 장수왕릉(필자: 장군총)이 광개토왕릉이라는 설은 자리를 잃는 것이다"[432]라고 주장하였다.

그러면 이러한 주장을 검증해 본다. 우선 왕실의 장묘제는 엄격하고도 일관된 체제를 유지하기 마련이다. 그러나 집안 소재 소위 제대 유구는 정형성이 없다. 태왕릉의 경우는 동편에 소위 제대 유구가 2줄로 나 있다. 그런데 우산하禹山下 992호분에서는 앞뒤로 각각 나타나기도 하였다. 장군총의 경우는 이 유구가 명백히 뒤편에 설치되어 있다. 더구나 이곳은 턱이 져서 제사를 지낼만한 공간이 조성되지도 않았다. 결국 정형성이 없는 소위 제대는 제대가 될 수 없다는 결론에 이르게 되었다. 나아가 태왕릉=광개토왕릉설의 유력한 새로운 근거는 효력을 일순에 잃어버리고 말았다. [433]

6. 태왕릉의 장대한 규모는 걸출한 업적을 남긴 광개토왕의 능묘에 적합하다. [434] 그러나 태왕릉의 외형은 장군총의 4배에 이르지만 현실의 경우는 장군총의 1/4에 불과하다. 외형만 놓고서 걸출한 정복군주의 능묘로 지목한 것이다. 이는 심도 있게 살피지 못했음을 뜻한다. 오히

432 서길수, 『세계유산 고구려 특별전』, 고구려연구회, 2004, 26쪽.
433 李道學, 「太王陵과 將軍塚의 被葬者 問題 再論」, 『高句麗研究』 19, 2005, 124~128쪽.
434 박진욱, 『조선고고학전서(중세편)』, 사회과학출판사, 2001, 73쪽.

려 태왕릉은 순국한 고구려 왕을 현양하기 위한 목적에서 장대하게 조성했을 수 있다. 이와 관련해 「능비문」에 적힌 광개토왕의 훈적은, 백제 정벌인 남정에 주력했지만 시종 패전을 면치 못하다가 끝내 전사한 고국원왕의 숙분 해소와 연계되었다는 느낌을 받을 수 있다. 즉 백제 제압이라는 광개토왕의 무훈은 무엇보다도 고국원왕의 숙분을 풀어 주는 사안이었다. 그러한 목적의 훈적비이다 보니까 능비가 의도적으로 광개토왕릉에서 떨어져 고국원왕릉인 태왕릉 인근에 세워졌을 수 있다. 고국원왕릉과 능비 그리고 광개토왕릉이 일직선상에 배치된 것은 이러한 정치적 배경에서 비롯된 것이었다. 고국원왕의 시신을 제대로 확보하지 못한 것으로 보이고, 또 태왕릉의 현실이 초라하기 이를 데 없다. 그럼에도 태왕릉의 외적 규모는 장군총을 압도하는 광대한 규모를 자랑하고 있다. 그것은 고국원왕의 순국과 관련하여 그의 존재를 부각시키려는 의도로 생각된다. 즉 고구려 왕실과 주민들은 국가를 위해 장렬히 순국한 고국원왕의 존재를 의식하지 않을 수 없었다. 또 그러한 의식은 백제에 대한 보복으로 이어지게 되는 정신적 결집을 유발하였을 것이다. 고국원왕은 순국했기에 추모의 감정이 더욱 컸을 것으로 여겨진다. 또 그것은 대규모 능묘의 조성으로 발현될 수 있기 때문이다.[435] 『삼국사기』에서 국왕의 사망 날짜까지 명시된 것은 고국원왕이 유일하다. 371년 10월 23일이라는 기일이 사서에 남겨지게 된 데는 아마도 국기일로서 고국원왕의 전사가 지닌 의미가 각별하였기 때문일

---

435 朴眞奭 外, 『中國境內 高句麗遺蹟硏究』, 예하, 1995, 234~235쪽.

것이다.[436]

능묘의 규모는 해당 국왕의 업적과도 무관하지 않을 것이다. 그러나 보다 중요한 것은 후대 왕들의 고국원왕에 대한 인식과 의지라고 보아야 한다. 「모두루묘지」에서 보듯이 고국원왕은 '국강상성태왕國罡上聖太王'이라는 손호를 부여받았다.[437] 이에 걸맞게 고국원왕릉의 규모가 광대했음을 짐작할 수 있다. 따라서 태왕릉의 광대한 규모는 광개토왕릉임을 알려주는 직접적인 지표가 되기는 어렵다.

3) 태왕릉의 담장 문제

태왕릉은 광개토왕릉으로 비정할 수 없는 결정적인 근거를 제기해 본다. 이는 태왕릉을 둘러싸고 있는 토루土壘의 존재를 통해 확인할 수 있다. 그러한 토루의 존재는 다음의 도면을 통해서도 확인이 가능하다.

토루의 당초 길이는 실측했을 때의 잔존 길이 보다는 훨씬 길었을 것이다. 도면상으로 태왕릉 동편의 토루는 190m에 이르고 있다.[438] 그리고 태왕릉 북편 토루는 도면상으로 200m에 이르는 규모이다. 태왕릉에서 동쪽 토루까지는 150m가 된다. 이로 볼 때 태왕릉을 에워싼 토루는 담장으로 파악된다. 이러한 토루의 존재는 다음의 자료를 통해 구체적으로 드러난다.

---

436 고구려인들의 고국원왕에 대한 인식은 李道學, 「高句麗史에서의 國難과 故國原王像」, 『高句麗研究』 23, 2006, 9~28쪽 참조.

437 武田幸男, 『高句麗と東アジア』, 岩波書店, 1989, 334쪽.

438 東潮·田中俊明, 『高句麗の歴史と遺跡』, 中央公論社, 1995, 185쪽.

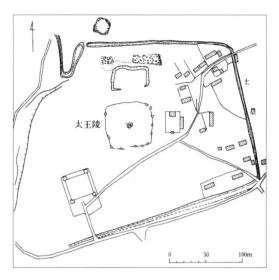

太王陵

0 50 100m

〈그림 10. 태왕릉과 그 주변 실측도〉[439]

··· 압록강유역의 평행한 대지臺地 연변緣邊에 쌓았기 때문에, 제제堤의 밖
남면은 2m 남짓 경사면으로 이루어져 있다. 서변은 대부분 인멸하여 겨우
밭 중간에 융기를 보이고 있고, 단지 북서 모서리는 약 50m 남짓 정도가
북변의 토제土堤에 잇닿아 남쪽에서 서쪽으로 살짝 기울어져 꺾여 굽어들
고 있는데, 350m의 길이로 추산할 수 있다.

이 토루에 관하여 최초로 주목했던 이는 도리이鳥居 박사인데, 다이쇼
大正 원년(1912) 12월의 조사 때에 특히 북벽을 촬영하게 되었다. 쇼와昭和
10년(1935) 가을, 이케우치池內·하마다濱田 두 선생의 조사에 따라갔다.
나는 특히 주의하여 북루北壘를 보측步測했지만, 쇼와 13년(1938) 4월에 겨

439　東潮·田中俊明,『高句麗の歷史と遺跡』, 中央公論社, 1995, 185쪽.

우 이를 실측하는 것이 가능했다. 토루 내에는 지금 동쪽에 복수궁福壽宮으로 일컫는 묘廟가 있고, 서쪽에 원촌元村 공소公所였던 건물이 능에 접근하였고, 또 동북과 남동에는 조선의 민가 십여 동棟이 있다. 장래 이들 민가를 이전하여 왕릉의 존엄을 유지하기를 희망한다. 능의 전면에는 새로운 만포간滿浦間의 철로鐵路가 가로놓여 있고, 남면의 토루는 철도부지 내에 편입되어 있다. 나는 현縣 및 철도 당국에 이를 피해주기를 힘을 다해 요구했다.[440]

위의 기사를 통해 태왕릉 주변 토루의 존재가 구체적으로 확인된 것이다. 그리고 서변 토루는 대부분 인멸되었다. 남변 토루는 1941년에 개통된 만포滿浦~집안간集安間의 만철부지滿鐵敷地에 포함되었음을 알 수 있다. 이로써 태왕릉 주변에 북변과 동변 그리고 남변의 토루의 존재가 1938년까지 확인된 것이다. 우메하라스에치梅原末治도 낮은 토루가 태왕릉을 둘러싸고 있음을 증언했다.[441] 그런데 이 토루가 언제 조

---

440 藤田亮策, 「通溝附近の古蹟と高句麗の墓制」, 『輯安』第8號, 滿洲事情案內所, 1943, 18쪽.
    장군총과 태왕릉 등에 대한 조사는 1935년 9~10월에 있었다(藤田亮策, 「私の履歴書」, 『朝鮮學論考』, 藤田亮策先生記念事業會, 1963, 698쪽). 그런데 이때는 시종 사진 촬영에만 국한되었고, 이듬 해인 1936년에야 이들 유적에 대한 실측과 기록이 가능했다고 한다. 그리고 1938년부터 재개된 調査는 1939년에 장군총과 태왕릉 그리고 천추총 등의 구조와 陪塚과의 관계도 밝힐 수 있었다고 한다(藤田亮策, 「高句麗の思出」, 『朝鮮學論考』, 藤田亮策先生記念事業會, 1963, 614~615쪽.
441 梅原末治, 『朝鮮古代の墓制』, 座右寶, 1949, 40쪽.

성되었고, 또 태왕릉과 어떤 관계인지는 명확하지 않다. 그렇지만 이들 토루의 중심에 태왕릉이 소재한 것을 볼 때 왕릉과 연계된 시설임은 분명하다. 일반 귀족들의 분묘는 "돌을 쌓아 봉분을 만들고, 송백松柏을 열을 지어 심는다"[442]는 방식으로 묘역을 표시했던 것 같다. 능장은 천추총이나 서대총 등에서도 확인된다.[443] 고구려 왕릉이 분명한 태왕릉 역시 토루인 담장을 둘러 능역을 표시했다고 하겠다. 독립된 능역의 존재가 다시금 확인된 것이다. 이러한 담장의 존재는 태왕릉을 발굴했을 때 '남南 능원문陵垣門'의 존재가 확인된데서도 뒷받침된다.[444] 그러한 '제堤'의 존재는 다음의 인용에서 '뚝'으로 기재되었다.

무덤에서 북쪽으로 90m 떨어진 곳에는 250m의 북쪽 뚝이 있다. 뚝의 높이는 1m, 너비는 3~5m이다. 동서남에도 뚝이 있는데 동쪽 뚝은 220m 이고 남쪽 뚝은 약 350m로서 흔적만 남아 있고 서쪽 뚝은 거의 다 없어졌다. 뚝 전체를 윤곽적으로 보면 제형이다(그림 10).

북쪽 뚝 안에는 5~6기의 달린 무덤이 있었으나 지금은 허물어져서 돌무지만 남아 있다. 무덤에서 남쪽으로 180m 떨어진 곳에는 건축터가 나왔으며 8각형의 기둥 밑바치개가 돋쳐진 주춧돌도 있었다. 이것으로 보아 이 건축터는 제사를 지내거나 무덤을 지키기 위한 건물터였던 것으로 볼

---

442 『三國志』권30, 東夷傳, 高句麗 條.
443 吉林省文物考古研究所・集安市博物館,『集安高句麗王陵』, 文物出版社, 2004, 377쪽.
444 吉林省文物考古研究所・集安市博物館,『集安高句麗王陵』, 文物出版社, 2004, 254~257쪽.

수 있다. 이 무덤의 북쪽 구릉 위에는 한변의 길이 20~25m의 돌각담무덤 5기와 작은 돌각담무덤 2기가 있는데 이 무덤들도 태왕무덤의 달린 무덤으로 볼 수 있다. 이 달린 무덤에서 동쪽으로 200m, 그리고 태왕무덤에서 동북쪽으로 450m 되는 곳에는 광개토왕릉비가 있는데 이것은 광개토왕릉비를 태왕무덤의 비석으로 볼 수 있게 한다.[445]

위의 글은 박진욱이 후지타료사쿠藤田亮策의 논문을 읽고 반영한 게 분명하다. 그는 후지타료사쿠 논문에 보이는 '제堤'를 '뚝'으로 해석하여 서술하였다. 후지타료사쿠 논문에서 '堤'는 '토루土壘'로도 표기되어 있다. 문제는 후지타료사쿠가 후술하였지만 "상기한 석총石塚(태왕릉 북쪽 담장 바깥 적석총: 필자)을 대왕릉의 배총陪塚의 일부로 보는 것이 가능하다면, 비碑는 대왕릉의 능역 내에 있는 것으로도 풀이가 가능하지만, (비석은) 토루의 바깥에 있기에 종종 의론議論이 솟아나고 있다"고 한 구절이다. 본 논문을 집필한 후지타료사쿠는 "능비는 역시 대왕릉의 것으로 하는 이케우치池內 선생의 설에 찬의를 표하고 싶다"[446]고 했을 정도로 능비를 태왕릉과 결부 짓고자 하였다. 그는 태왕릉을 광개토왕릉으로 지목하고자 한 것이다. 그러나 이는 대단히 부자연스럽다. 그 자신도 언급했듯이 능비가 태왕릉을 둘러싸고 있는 토루 즉 능장陵墻 바

445 박진욱, 『조선고고학전서(중세편)』, 사회과학출판사, 2001, 69~70쪽.
446 藤田亮策, 「通溝附近の古蹟と高句麗の墓制」, 『輯安』 第8號, 滿洲事情案內所, 1943, 23쪽.

깥에 세워져 있다. 이 사실은 능비가 태왕릉과 무관함을 웅변해주는 결정적인 지표가 된다.

능비가 태왕릉과 관련 있다면 능장 바깥에 세워져 있을 리가 없다. 더욱이 양자가 관련이 있다면 당시까지 잘 남아 있던 동쪽이나 북쪽 능장에서 문지門址가 확인되었어야 한다. 그러나 능비와 연계된 동문지와 북문지는 확인되지 않았다. 그리고 파괴가 심한 서쪽 능장에서는 문지 확인이 어렵다. 그러나 남쪽 능장에서 문지가 확인되었다. 참배 동선상 능비와 연계되지 않은 남문지는 확인된 것이다. 따라서 태왕릉이 광개토왕릉이 될 수 없는 확고한 근거를 새롭게 확보하였다.[447] 환도성이나 국내성에서 출발한 고구려 왕들의 참배 동선을 설정해 보자. 이때 서쪽에서 출발하여 동쪽으로 이동 중인 고구려 왕은 태왕릉 서문을 통해 참배한 후 남문으로 나와 능비 곁을 지나 장군총으로 향하는 동선이 그려진다. 확인된 능장 유구만 놓고 본다면 고구려 왕은 남문을 이용해

---

447 물론 능비는 태왕릉 담장 바깥에 소재하였다. 능비 역시 장군총 능역 바깥에 소재하였다. 그러므로 역시 兩者를 관련 지을 수 없다는 주장이 제기될 수 있다. 그렇지만 분명한 것은 능비는 비록 태왕릉과 근접했지만 陵墻으로 인해 관련 없음이 분명해졌다. 이 점에 방점을 찍고자 한다. 그런데 장군총에는 능장이 없다. 그러므로 능비가 장군총과 무관하다고 단정하기 어렵다. 이와 관련해 능비가 장군총 능역 훨씬 바깥에 소재한 이유를 고국원왕릉인 태왕릉과의 연계성을 강화하고자 한 의도로 해석할 수 있다. 태왕릉이 고국원왕릉이라면 그와 인접한 능비의 문장은 백제로부터의 壓勝과 백제 왕의 항복을 받아낸 내용이었다. 즉 백제군에 피살된 고국원왕에 대한 복수 宣言이었다. 결국 고국원왕릉을 참배하고 광개토왕릉으로 動線이 이어지는 상황에서 참배자의 심리 상태를 극적으로 反轉시키려는 의도에서 태왕릉에 굳이 인접하여 능비를 건립한 것으로 보인다.

참배하고 나와 능비와 장군총으로 향할 수 있다. 반면 태왕릉 능장에는 동문과 북문이 없다. 이러한 점도 태왕릉과 능비를 연결 짓기 어렵게 한다. 능비를 중심할 때 주변의 왕릉급 고분 가운데 임강총이나 장군총에서는 능장이 나타나지 않는다.[448] 그럼에도 태왕릉에는 능장이 나타나고 있다. 이 사실은 능비가 태왕릉과 무관함을 나타내기 위한 의도적 표지물로 해석된다. 따라서 태왕릉 담장은 능비 건립 이후에 조성된 것으로 보인다.

4) '好太王' 호號의 성격

광개토왕을 '호태왕'으로 약略해서 표기하는 경우가 많다. 이 경우는 호태왕이 광개토왕만을 가리키는 고유명사적인 성격을 지녀야 가능하다. 이에 덧붙여 '호태왕'을 광개토왕 생시의 존호로 간주하기도 한다.[449] 그러면 이 문제를 검토해 보도록 하자. 태왕 호는 분명히 생전의 존호이다. 그러나 호태왕이나 성태왕聖太王의 '호'나 '성'은 시호적 성격의 접두어로 보인다. 「모두루묘지」에 보이는 '추모성왕鄒牟聖王'의 '성왕'은 추모왕 사후에 추존된 호칭이기 때문이다. '호태왕'이나 '성태왕'의

---

448 여호규, 「태왕권의 확립과 초대형 적석묘의 조영」, 『고구려 초기 정치사 연구』, 신서원, 2014, 450쪽.

449 吉林省文物考古研究所 · 集安市博物館 編著, 『集安高句麗王陵--1990~2003年 集安高句麗陵調査報告』, 文物出版社, 2004, 216쪽.
조법종, 「고구려 수묘제와 광개토왕대 사회 변화」, 『고조선 · 고구려사 연구』, 신서원, 2006, 433쪽.

경우도 신라 '진흥태왕'처럼 생전에 태왕 호를 사용한 광개토왕이나 고 국원왕에게 사후에 각각 덧붙여진 호칭이 분명하다. 더욱이 광개토왕 은 "遝至十七世孫國罡上廣開土境平安好太王 二九登祚 號爲永樂太王" 라고 하였듯이 18세에 즉위하면서 호를 영락태왕이라 했다. 광개토왕 은 생전에 '영락태왕'이라는 존호를 사용했음을 알 수 있다.[450] 「능비문」 은 시호인 '國罡上廣開土境平安好太王'과 생호生號인 '영락태왕'을 분 명히 구분해서 언급한 것이다. 그런 만큼 시호의 일부를 구성하는 '好 太王' 호를 '永樂太王' 호와 더불어 광개토왕 생전에 병칭했을 가능성 은 희박하다고 보아야 한다.[451] 이와 관련해 호태왕은 '좋으신 우리 대 왕님'[452]의 뜻도 아니다. '好'가 태왕을 수식하고 강조하는 의미로 사용 된 데다가 'very' 즉 '대단히'의 뜻이 담겨 있기 때문이다.[453] 아울러 간과 할 수 없는 사실이 보인다. 즉 「능비문」 영락 6년 조와 9년 조에서 광개 토왕 생전의 무훈과 관련된 호칭을 '호태왕'이 아니라 '태왕'으로 표기했

---

450 박시형, 『광개토왕릉비』, 사회과학원, 1966, 139쪽.
　　朴眞奭, 「太王陵 墓主新考」, 『高句麗 文化의 歷史的 價値--韓·中共同學術會議』 2004, 34쪽.

451 朴眞奭도 이와 동일한 견해를 피력한 바 있다(朴眞奭, 「太王陵 墓主新考」, 『高句麗 文化의 歷史的 價値--韓·中共同學術會議』 2004, 33~34쪽).

452 조법종은 「고구려 수묘제와 광개토왕대 사회 변화」, 『고조선·고구려사 연구』 2006, 426쪽에서 『삼국사기』의 광개토왕의 개인적인 특성을 기록한 "生而雄偉 有倜儻之 志"를 "태어나시매 몸이 크고 뛰어 나시며 대범하고 빼어난 뜻을 갖고 계시다"로 해 석한 후 "큰 것을 좋아한다는 개인적 성향과 특징이 잘 나타난 표현이라고 생각한 다"고 했다. 그러나 '倜儻之志'는 광개토왕이 '뜻이 크고 기개가 있는' 출중한 기상을 지녔다는 의미일 뿐 '好大'함을 선호하는 성품과 는 직접 관련되지 않는다.

453 民衆書林, 『漢韓大字典』 1997, 522쪽.

다는 점이다. 그리고 동同 비문에서 광개토왕을 '왕'으로만 지칭하는 경우도 많다. 영락 5년 · 6년 · 9년 · 10년 · 17년 · 20년 조에서 그렇게 적혀 있으니 거의 전부라고 해도 틀리지 않는다. 그러나 '호태왕'만 떼어서 표기한 적은 단 한 건도 없다. 이는 호태왕이 생전의 존호가 아니라 시호임을 역시 방증하는 것이다.

태왕보다 강화된 왕호가 호태왕임은 주지의 사실이다. 그러한 호태왕은 광개토왕 이후에도 확인되고 있다. 『삼국사기』에 보면 '△△好王'으로 기재된 명치호왕明治好王(21대 문자명왕) · 양강상호왕陽崗上好王(24대 양원왕) · 평강상호왕平崗上好王(25대 평원왕)이 호태왕을 존호로 하는 시호를 가진 왕들이다. 당시 해당 고구려 왕은 '왕'으로 기재되었지만 실제는 '태왕'이었다. 그런 만큼 '호왕好王' 역시 호태왕好太王의 약기略記라고 해야겠다.[454] 따라서 광개토왕이 최초의 호태왕이었는지 여부를 떠나, 호태왕이 적어도 광개토왕만을 가리키는 고유명사적 호칭은 아닌 것으로 밝혀진다.[455] 더구나 여타 고구려 왕들의 시호 속에서 '호왕好王'이 보이므로 호태왕이 생호生號가 될 수는 없다. 그러니 이제는 광개

454 李道學,「太王陵과 將軍塚의 被葬者 問題 再論」,『高句麗硏究』19, 2005 ;『고구려 광개토왕릉비문 연구』, 서경문화사, 2006, 323쪽.

455 광개토왕의 공식 시호명에 보이는 '平安'을 생시의 칭호로 간주하기도 한다(임기환, 「고구려 王號의 변천과 성격」,『韓國古代史硏究』28, 2002, 32쪽). 이와 관련해 "광개토왕 이름을 安이라고 했다는 設도 있지만 이것은 존칭인 平安好太王의 처음 1字를 이름으로 본 것일 게다"라는 견해도 있다(今西龍,『百濟史硏究』, 近澤書店, 1934, 83쪽). 혹, 전자의 견해를 수용한다면 '平安好太王'의 '好太王'은 고유명사적 성격이 한층 희박해진다.

토왕을 지칭하는 용어로서 '호태왕' 표기는 지양해야 옳다.[456]

부연 설명을 덧붙여 보자. 「능비문」에는 '태왕'으로 적힌 구절이 몇 차례 보인다. 이는 '好' 자를 넣지 않더라도 '태왕'이 광개토왕을 가리킨 다는 것을 뜻한다. 동시에 '호태왕'이 광개토왕만을 가리키는 고유 호칭이 아님을 반증해 준다. '호태왕'이 광개토왕만을 가리키는 고유 호칭이었다면 군이 대왕권 체제에서 고구려 왕의 범칭인 '태왕' 표기를 할 필요가 없다. 그러나 시호인 '호태왕'이나 생호인 '태왕' 모두 범칭이었 기에 「능비문」에서 광개토왕을 가리키는 '왕' 표기와 병칭한 것으로 보여진다. 그리고 태왕릉이 광개토왕의 능이라면 비록 수릉이라고 하자. 그렇더라도 최종 단계에서 조성되는 전돌의 명문에는 '太王' 대신 '好太王' 명문이 양각되었어야 마땅하다. 그렇지만 전돌 명문에는 '태왕'으로 만 기재되었다. 그러니 광개토왕을 가리키는 고유 호칭은 '호태왕'이 될

456 『삼국사기』 정덕본에 따르면 美川王 즉위년 조의 王號를 본문에서 '美川王'이라고 하였다. 그리고 細註에서 작은 글씨로 '一云 好壤王'이라 했다. 그런데 이러한 王號 표기는 이례적이다. 가령 『삼국사기』에서 東川王이나 中川王 그리고 西川王 등의 경우 '東襄'과 '中壤' 그리고 '西壤'으로 각각 표기하면서 '或云'이라고 했다. 이는 미천 왕의 왕호에 대한 '一云' 표기와 는 다르다. 물론 '美川王[好壤王]'의 '美'와 '好'는 의미 상으로는 연결된다. 그러나 '△川' 式 장지명 시호에 이러한 意譯 사례가 없다는 것 이다. 한결같이 '東川王 或云 東襄'하는 式으로 기재했을 뿐 '△壤〈王〉' 式으로 표 기하지는 않았다. 그런 관계로 이 부분은 당초 '美川王 一 云 美壤好王'이었던 것을 顚倒 · 脫刻 · 誤刻한 결과로 생각해 볼 수 있다. '或云'하며 '△襄'라고 했을 때는 '王' 字가 들어가지 않지만, '一云'하며 '△△好'했을 때는 '好' 字 뒤에 반드시 '王' 字 따 라 붙는다. 이러한 맥락에서 본다면 '好王' 즉 '好太王' 표기는 미천왕이 처음 사용한 게 된다. 나아가서 好太王은 광개토왕 이전에 이미 사용되었을 가능성과 더불어 고 유명사적인 성격은 한층 희박해 진다.

수 없다는 지적이 제기된다. 오히려 광개토왕의 고유 호칭으로는 「능비문」과 「호우명」, 그리고 「모두루묘지」에 공통적으로 등장하는 '廣開土' 즉 '大開土'가 되어야 한다. 이 점은 장수왕의 즉위와 관련한 "長壽王 諱巨連 … 開土王之元子也 … 開土王十八年立爲太子"[457]라고 한 기사에서도 방증이 된다. '好太王'이 아니라 '開土王'을 광개토왕의 고유 호칭으로 사용한 것이다. '國罡上廣開土境平安好太王'이라는 긴 시호 가운데 『삼국사기』에서는 '廣開土'만 취하여 왕호로 기재하였다. '國罡上'은 고국원왕의 시호에도 보이고, '好太王'은 여타 왕호에서도 나타난다. 그러므로 고구려 제19대 왕의 특징이 가장 잘 집약된 '廣開土'로 표기한 것이다. 이러한 객관적 증거를 보더라도 호태왕이 광개토왕만의 고유 호칭이 되기 어렵다는 것을 알 수 있다.

그러면 고구려에서 태왕 호의 사용 시기는 언제부터일까? 「고자묘지」에 보면 고자의 20대 조祖인 고밀高密은 전연의 모용씨의 침공을 격퇴한 공로로 "봉하여 왕으로 삼으려고 했다"[458]고 한다. 이때를 293년 (봉상왕 2)으로 지목하는 견해에 따른다면 왕 중의 왕인 태왕이 이 무렵 등장했다고 볼 수 있다. 태왕 밑의 소왕小王으로 고밀이 봉해질 뻔했다는 이야기이기 때문이다. 설령 이 기록이 과장된 내용을 담고 있다고 치자. 그렇더라도 적어도 낙랑군과 대방군을 밀어내서 위세가 높아진 미천왕대에는 태왕권 체제가 구축된 것으로 보여진다. 그런데 왕권이

---

457 『三國史記』권18, 長壽王 즉위년 조.
458 한국고대사회연구소, 『譯註 韓國古代金石文 I』 1992, 510쪽.

일층 강화된 광개토왕에 대한 존호로서 호태왕好太王 호가 추존된 것이다. 그리고 414년에 광개토왕릉비를 건립할 때는 시조로부터 3대 왕만을 추모왕·유류왕·대주류왕으로 직접 호칭하였다. 그러나 동일한 장수왕대이지만 이 보다 조금 뒤에 작성된「모두루묘지」에서는 '추모성왕鄒牟聖王'으로 표기하였다. 그리고 동일한「모두루묘지」에서 고국원왕을 가리키는 '聖太王'이라는 존호도 등장하고 있다. 이로 볼 때『삼국사기』의 '鄒牟(東明)聖王'이나 琉璃明王·大武神王에 보이는 '聖王'·'明王'·'神王' 개념도 이 무렵 생성된 것으로 생각된다.[459] 즉 시조로부터 3대 왕에 대한 추존 존호들이 이때 만들어진 것으로 보인다.

그런데「모두루묘지」에서 광개토왕을 '好太聖王'이라고 한 표기를 놓고서 '호태왕'을 고유명사적 호칭으로 간주하기도 한다.[460] 이처럼 호태왕을 광개토왕의 고유 호칭이라고 한 주장은, 박진석이 박시형의 견해라고 인용하면서 이미 제기한 바 있다.[461]「모두루묘지」에서는 추모왕을 '聖王'으로, 고국원왕을 '聖太王'으로, 광개토왕을 '好太聖王'으로 표기했다. 일종의 점강법을 구사하면서 가장 후대왕인 광개토왕에 이르러 최고 우월한 존호가 부여되었다. 그런데 이러한 존칭 어미격의 존호

---

459 이에 관해서는 임기환,「고구려 王號의 변천과 성격」,『韓國古代史硏究』28, 2002, 26~29쪽을 참조하라.

460 조법종,「고구려 수묘제와 광개토왕대 사회 변화」,『고조선·고구려사 연구』, 신서원, 2006, 427쪽.

461 朴眞奭,「太王陵 墓主新考」,『高句麗 文化의 歷史的 價値--韓·中共同學術會議』2004, 34쪽.

인 '好太聖王'이 변별력을 심어 줄 수 있을까? 존칭 어미격의 존호는 변화될 수 있고, 실제 바뀌고 있기 때문이다. 가령 「능비문」에서의 추모왕을 「모두루묘지」에서 '鄒牟聖王'으로 표기한 것이 대표적인 사례에 속한다. 그러니 호태성왕好太聖王은 한층 강화된 존호를 보이는 「모두루묘지」에서만의 호칭인 것이다. 따라서 변별력 없는 존호에 의미를 과도하게 부여할 필요는 없다. 「모두루묘지」에서도 광개토왕을 가리키는 고유명사적 호칭은 어디까지나 '大開土地'라는 사실이다.

5) 소위 태왕릉 출토품의 검토

광개토왕릉 앞에 세워진 비석이 광개토왕릉비이다. 그럼에도 광개토왕릉에 대해서는 크게 태왕릉설과 장군총설로 양분된 상황이었다. 팽팽하게 맞섰던, 아니 얼마 전까지만 해도 광개토왕릉=태왕릉설이 다소 우세한 형편이었다. 이와 관련하여 임기환이 저술한 글이 좋은 사례가 된다. 임기환은 「광대한 영토 개척한 정복군주」 편에서는 '태왕릉과 태왕릉 출토 전돌'에 대한 사진 설명을 "광개토대왕의 무덤으로 알려진 태왕릉은 중국 길림성 집안에 위치해 있다"[462]고 서술하였다. 그런데 「장수왕, 고구려를 장수케 하다」 편에서는 '장군총 전경' 사진 설명을 "중국 길림성 집안시에 있는 고구려시대의 대형 계단식 돌무지 돌방무덤으로 광개토대왕릉인지 장수왕릉인지 논란이 계속되고 있다"[463]

---

462 히스토리카 한국사편찬위원회, 『히스토리카 한국사』, 이끌리오, 2007, 146쪽.
463 히스토리카 한국사편찬위원회, 『히스토리카 한국사』, 이끌리오, 2007, 149쪽.

고 했다. 이러한 설명에도 불구하고 정작 광개토왕 관련 글에서는 태왕릉 사진을 게재하고서 광개토왕릉으로 단정하였다. 장수왕 관련 글에서는 장군총 사진을 게재한 것을 볼 때 그 피장자를 누구와 관련 짓고 있는지는 두 말할 필요도 없다. 그러던 광개토왕릉=태왕릉설이 최근에 와서는 적어도 한국 학계에서는 거의 붕괴 일로에 놓이게 되었다.

태왕릉=광개토왕릉설은 광개토왕릉비가 발견된 이래 가장 유력한 견해였다. 일단 광개토왕릉비를 기준할 때 굉대한 규모를 자랑하는 태왕릉이 가장 가까이 소재한 왕릉이라는 게 유력한 근거였다. 그리고 태왕릉에서 발견된 '太王' 명 전은 「능비문」에 적혀 있는 광개토왕의 공식 시호인 '國罡上廣開土境平安好太王' 혹은 '永樂太王'의 '太王'과 연결된다는 점에 크게 비중을 두었다. 2004년에는 중국의 지린성문물고고연구소 · 지안시박물관 편저, 『집안고구려왕릉--1990~2003년 집안고구려왕릉조사보고』가 간행되었다. 이 보고서에서 주목할 사안은 2가지가 된다. 첫째 태왕릉과 장군총 그리고 우산지구禹山墓區 2100호와 같은 적석총의 동편에서 제대로 간주되는 유구가 확인되었다는 주장이다. 즉 세계유산 등록을 위해 2003년에 태왕릉 주변 400호의 가옥을 철거하고 발굴한 결과 태왕릉 동쪽에 수십 m가 되는 제대가 나타났다고 했다. 이와 같은 제대는 크기가 무덤 한 변에 해당하는 30~60m나 되는 대규모로 밝혀졌다고 한다. 종전에 이들 분묘의 정면으로 지목했던 면面의 반대편에서 제대가 확인된 격이다. 이러한 제대는 해가 뜨는 동쪽(동북쪽)편에 소재하고 있으므로 당연히 분묘의 정면은 제대가 소재한 쪽이 되어야 한다는 주장이 발빠르게 제기되었다. 더불어 종전에 그 정면으로 간주했던 면은 후면으로 드러났다는 것이다. 둘째는 태왕릉 남쪽 오른쪽 모서리 2번째 호석 밑에서 청동제 부뚜막을 비롯한 유물들이 매장된 상태로 발굴되었다고 한다. 중국에서는 이들 유물이 오래 전에 태왕릉에서 도굴되어 남쪽 호석 밑과 그 인근에 묻은 후 여러 사정에 의해 회수되지 못한 채 방치되다가 발견된 것으로 추정하였다. 그리고 태왕릉 부근에서 '辛卯年 好大王' 명 동령이 출토되었는데, '好大王'은 곧 광개토왕을 가리키므로 태왕릉이 광개토왕릉이라는 것이다. 셋째는 수릉설의 관점에서 태왕릉이나 장군총의 조영 시점을 제기하였다.[464]

이처럼 최신 발굴 자료로 한층 보강된 태왕릉=광개토왕릉설은 국내 연구자들로부터 호응을 받았다. 그럼에도 필자는 누구 보다 먼저 태왕릉=광개토왕릉설을 조목조목 비판하였다.[465] 일례로 소위 제대의 경우 정녕 제대로 기능하려면 동쪽(동북쪽)이 아니라 그 반대편인 서쪽(서남쪽)에 그것이 소재해야만 '해가 뜨는' 동쪽을 향한 제사를 올릴 수 있다. 따라서 동쪽을 정면으로 인식하는 동쪽 제대 설치설은 이러한 맹점을 안고 있음을 확인시켰다. 게다가 소위 제대가 분묘의 전면을 가리키는 지표가 되려면 문지門址가 동일한 방향에서 확인되어야만 한다. 그러나 문지는 다른 방향에서 발견되었다.[466] 아울러 소위 제대는 정형성이

---

464 이에 대한 전반적인 서술은 李道學, 「太王陵과 將軍塚의 被葬者 問題 再論」, 『고구려 광개토왕릉비문 연구』, 서경문화사, 2006, 312~313쪽을 참조하라.

465 李道學, 「太王陵과 將軍塚의 被葬者 問題 再論」, 『고구려 광개토왕릉비문 연구』, 서경문화사, 2006, 310~333쪽.

466 余昊奎, 「集安地域 고구려 超大型積石墓의 전개과정과 그 被葬者 문제」, 『韓國古代

없이 배치되었다는 점을 지적하였다. 그러니『집안고구려왕릉』보고서가 출간된 직후 반짝 효과를 보았던 태왕릉=광개토왕릉설은 너무 일찍 '약효'가 다해 버린 셈이었다. 이와 동시에 발빠르게 제기된 설이 태왕릉=고국양왕릉설이다. 이 설의 제기는 그간 기승을 부렸던 태왕릉=광개토왕릉설을 적어도 한국 학계에서는 실질적으로 퇴장시켰다는 점에 의미를 둘 수 있다. 나아가 더 이상 태왕릉=광개토왕릉설이 논의의 대상이 되기 어렵다는 것을 뜻한다. 그럼에도 태왕릉=광개토왕릉설의 '잔불'을 끈다는 입장에서 소위 태왕릉 출토 유물을 둘러싼 근본적인 의문을 제기해 본다. 사실 필자는 태왕릉 주변에서 출토되었다는 유물들에 관한 의문을 일찍부터 제기한 바 있다.[467] 더욱이 "태왕릉 석실에서 도굴된 것으로 판단하고 있으나 확실한 근거는 없다"[468]는 견해까지 제기되었다. 그럼에도 많은 이들이 보고서 내용을 맹신하지 않았나 싶을 정도였다. 그러니 이 문제를 보다 정치精緻하게 검토해 보도록 하겠다.

먼저 보고서의 실측도를 놓고 볼 때 태왕릉 석곽 즉 현실 문門의 폭은 107.1cm이고, 문의 높이는 92.4cm이다.[469] 이러한 규모의 현실 문

史研究』41, 2006, 129쪽.

467 李道學,「太王陵과 將軍塚의 被葬者 問題 再論」,『고구려연구회 2004년 추계학술대회 桓仁・集安지역 고구려유적 발굴성과의 검토』, 고구려연구회, 2004.11.27. 109~112쪽.

468 崔鍾澤,「集安'高句麗 王陵'出土遺物의 諸問題」,『韓國古代史研究』41, 2006, 140쪽.

469 吉林省文物考古研究所・集安市博物館 編著,『集安高句麗王陵--1990~2003年 集安高句麗王陵調查報告』, 文物出版社, 2004, 249쪽. '圖 197 太王陵石槨結構圖(正視)'에 의함. 圖面 마다 약간의 실측 오차가 있음을 고려해야 한다.

의 폭과 높이로는 내곽內郭의 폭이 109cm인 관대에 안치할 수 있는 관은 물론이고 운구하는 사람도 제대로 들어가기 어렵다. 그러므로 태왕릉의 경우는 일반적으로 그러하듯이 현실을 먼저 만들고 관이 들어간 게 아니다. 관대를 먼저 설치하고 관을 안치한 후에 마지막으로 석곽 즉 현실을 만들었을 가능성이다. 따라서 태왕릉의 경우는 왕 생전에 미리 능묘를 조성한 것으로 보기 어렵다. 이는 왕 사후에 능묘가 조성되었음을 뜻한다. 태왕릉은 수릉이 아님을 알려준다.

그러면 이제는 부장품의 안치 문제를 검토해 볼 순서인 것 같다. 이와 관련해 태왕릉을 받쳐주는 10t이 넘는 호석 밑에서 출토되었다는 금동제 부뚜막과 금동 만가幔架는[470] 기실 태왕릉과는 아무런 관련이 없는 것 같다.[471] 이 점을 지적하지 않을 수 없다. 태왕릉 안에는 유물을 부장할 만한 공간이 없을 뿐 더러 현실 벽에 설치하는 길이 2.68m의 만가는[472] 펼친채로는 폭이 1.07m밖에 되지 않는 현실 문을 통과할 수도 없다. 더욱이 보고서의 실측 도면을 통해 볼 때 현실 내부의 폭은 2.42m이므로[473] 만가를 설치한다는 자체가 불가하다. 따라서 만가를 비롯한

470 吉林省文物考古研究所·集安市博物館 編著,『集安高句麗王陵--1990~2003年 集安
     高句麗王陵調査報告』, 文物出版社, 2004, 232쪽.

471 보고서에서는 도굴과 관련하여 이들 유물의 埋納 배경을 추정하고 있다. 그러나 이
     보다는 능묘 조성시의 매납 의례와 관련되었을 가능성도 생각해 볼 수 있지 않을
     까?

472 吉林省文物考古研究所·集安市博物館 編著,『集安高句麗王陵--1990~2003年 集安
     高句麗王陵調査報告』, 文物出版社, 2004, 301쪽.

473 吉林省文物考古研究所·集安市博物館 編著,『集安高句麗王陵--1990~2003年 集安

〈사진 2. 태왕릉 석곽형 현실과 관대〉

태왕릉 주변에서 출토되었다는 유물들은 기실 태왕릉에 부장된 게 아님을 알 수 있다.[474] 이렇듯 직접적인 근거가 없음에도 불구하고 태왕릉 출토 유물을 태왕릉 부장품으로 단정하는 경우가 많았다. 이 것이야 말로 언어도단이 아닐 수 없다.

高句麗王陵調査報告』, 文物出版社, 2004, 252쪽. '圖 197-D 太王陵石槨結構圖'. 그런데 앞 책, 249쪽에서는 그 폭을 2.68m라고 하였다. 이는 外壁까지를 포함한 크기인 것이다.

474 李道學, 「고도순례/ 고구려의 두 번째 수도 국내성」, 『월간 문화재』, 한국문화재재단 2008, 3월호, 13쪽.

이와 관련해 분묘 부근에서 출토되었다는 근거만으로는 원래의 부
장처를 정확히 알기 어렵다는 사례를 제시해 본다. 가령 소수림왕릉으
로 추정하고 있는 마선 2100호분의 경우 출토 유물에 신대新代의 화천
貨泉이 포함되었다. 태왕릉에서는 1990년도에 조사된 고분 남쪽 도굴
갱에서 금대金代에 사용된 대관통보大觀通寶 2매가 채집된 바 있다. 그
런 만큼 출토 유물의 소속 문제를 판단함에 있어서는 신중을 기할 필요
가 있게 된다.[475] 태왕릉 부근에서 출토되었다는 금동 등자도 배총 출토
가능성이 제기되었다.[476] 태왕릉 주변에서는 1912년 이전에 이미 도굴
품들이 돌아다니는 이야기가 나왔다.[477] 게다가 6.25 전쟁 때 중국군들
이 참호로 이용하면서 주변의 고분들에 대한 도굴 가능성마저 제기된
다. 실제 범죄 심리상 태왕릉에서 부장품을 도굴했다면 현장을 빨리 벗
어나고자 하는 게 기본 심리인 것이다. 그럼에도 그 무거운 호석 밑이
나 태왕릉 주변에다가 부장품을 묻어두었다는 것은 이해하기 어렵다.
따라서 태왕릉 주변에서 출토되었다는 유물들에 대해서는 신중한 접

---

475 崔鍾澤, 「集安 '高句麗 王陵' 出土遺物의 諸問題」, 『韓國古代史研究』41, 2006, 139쪽,
註 3.

476 李道學, 「太王陵과 將軍塚의 被葬者 問題 再論」, 『고구려연구회 2004년 추계학술대
회 桓仁·集安지역 고구려유적 발굴성과의 검토』, 고구려연구회, 2004. 112쪽. "…
이러한 맥락에서 볼 때 태왕릉 부근에서 출토되었다는 유물은 기실 배총 출토 가능
성을 배제할 수 없다. 따라서 태왕릉 부근 출토 유물의 副葬處를 태왕릉 자체로만
결부 짓는 데는 세심한 주의가 필요하다고 본다"고 했다.
　　崔鍾澤, 「集安 '高句麗 王陵' 出土遺物의 諸問題」, 『韓國古代史研究』41, 2006, 140쪽.

477 李道學, 「太王陵과 將軍塚의 被葬者 問題 再論」, 『고구려 광개토왕릉비문 연구』, 서
경문화사, 2006, 321쪽, 註 39.

근이 필요할 것 같다.

게다가 태왕릉 현실 안의 관대와 현실 벽간의 공간은 10cm에 불과
하다. 그러니 현실 안에 부장품을 안치할 공간이 없다. 그러므로 관 안
에 의복이나 소품을 넣는 유품장을 치렀을 가능성을 제기해 준다. 동일
한 크기의 관대가 2개이다. 이러한 경우에는 한쪽 관은 유품장이고, 또
한쪽 관에는 시신이 들어가는 경우를 상정하기 힘들다. 그러니 2구의
시신을 염두에 두어야 한다. 그리고 2개의 관 모두 유품장이거나 아니
면 불완전한 시신으로 장례가 치러졌을 때나 가능한 일이다. 게다가 태
왕릉 관대의 길이는 관을 안치할 수 있는 관대 내곽內郭의 길이가 2.1m
에 불과하다.[478] 이는 장군총 관대의 길이 3.2m에[479] 비하면 훨씬 작다.
이러한 점들은 왕과 왕비 모두 시신의 온전한 확보가 어려운 경우를 상
정할 수 있다. 나아가 이는 전사하여 백제측에서 시신을 확보했다고 자
랑하는 고국원왕과 전연에 생포된 후 귀환하지 못한 고국원왕비가 꼭
들어 맞는다. 그리고 앞서 검토했듯이 태왕릉 주변에서 발굴했다는 유
물들은 태왕릉 안에서 나왔다고 볼 수도 없다. 그런 만큼 이것을 절대
편년의 지표로 삼기는 도저히 어렵다고 하겠다. 그러면 누가 어떤 목적
으로 태왕릉 주변에 고구려 유물들을 매장한 것일까? 이것까지 거론할

---

478 吉林省文物考古硏究所 · 集安市博物館 編著, 『集安高句麗王陵--1990~2003年 集安
    高句麗王陵調査報告』, 文物出版社, 2004, 250쪽, '圖 197-A 太王陵石槨結構圖(揭頂
    後俯視)'.

479 吉林省文物考古硏究所 · 集安市博物館 編著, 『集安高句麗王陵--1990~2003年 集安
    高句麗王陵調査報告』, 文物出版社, 2004, 338쪽.

의무를 느끼지는 못하지만, 풍문에 따르면 6.25 동란 때 집안에 집결한 중국군이 고구려 왕릉들을 참호로 이용했다는 증언이 있다. 이러한 정황이라면 고구려왕릉 부장품의 유동성을 생각해 볼 수 있지 않을까?

참고로 애꾸눈의 독립투사 신규식申奎植의 증언에 따르면 1912년 경에 '광개토왕어보廣開土王御寶'를 중국인이 소장하고 있었다고 한다. '광개토왕어보'라고 한 것을 보면 어새御璽에 그렇게 새겨져 있었을 가능성이 보인다. 아니면 당시 광개토왕릉으로 인식되었던 태왕릉에서 출토되었든지 양단 간에 하나일 수 있다. 어쨌든 1910년대나 그 이전에 이미 집안 지역의 고구려 왕릉에 대한 대대적인 도굴이 자행되었음을 알려준다. 그러므로 태왕릉 주변에서 출토된 유물의 당초 부장처를 태왕릉으로 지목하기는 더욱 어렵다.

태왕릉 부근에서 공반 유물도 없이 출토되었다는 '辛卯年 好大王' 명 동령銅鈴도 검토되어야 한다. 이 동령을 가지고 태왕릉이 광개토왕릉으로 밝혀졌다고 환호하는 이들이 많았다. 이 동령을 일반적으로 판독하는 데로 한다면 "辛卯年 好大王△造鈴 九十六"라는 문구가 된다. 우선 이 서체는 필자가 이미 지적하였듯이 「능비문」이나 「호우명」과는 크게 어긋나고 있다. 반면 「능비문」이나 「호우명」은 한 사람이 쓴 것처럼 서로 정확하게 부합되는 서체이다. 동령의 서체가 동일한 시기의 광개토왕 관련 금석문과 크게 차이가 난다는 것은 의아한 일이 아닐 수 없다. 게다가 금석문에서는 예외없이 '大'를 '太'로 기재하였다. 태왕릉 전돌에도 '太'로 적혀 있다. 그럼에도 태왕릉에서 출토되었다는 동령의 명문 '好大王'은 '大'로 표기되었다. 모두 의심스러운 부분이 아닐 수 없다.[480] 그리고 호태왕은 존호격의 시호인 만큼 광개토왕의 즉위년인 신묘년인 391년에 동령을 제작할 수 없다. 이때는 광개토왕이 생존한 관계로 호태왕이라는 시호가 부여되지 않았기 때문이다. 따라서 광개토왕이 세상을 뜬 412년 이후 시점에서 "(과거의) 신묘년에 호대왕의 △가 만든 방울 96"이라고 해석해야 된다. 그렇다면 391년에 호태왕의 △가 만든 동령을, 412년 이후에 새겼다는 것이다. 최소한 21년이 지난 후에 동령의 제작을 상기시켜야 할 이유가 있는 지에 대한 납득이 필요하다. 어색하기 이를 데 없는 이 같은 동령의 명문은 오히려 태왕릉이 광개토왕릉이 아님을 반증해 준다.[481]

그 밖에 동령의 '好大王'이 광개토왕의 시호일 때만 태왕릉을 광개토왕릉으로 비정할 수 있다. 그런데 광개토왕의 즉위년인 신묘년과 결부지을 때는 '호대왕'이 시호가 될 수 없다. '호대왕'은 생호生號가 되어야 하는 관계로 양자 간의 상호 관련성은 부정된다.[482] 더욱이 이러한 종류의 동령은 고구려 왕릉급 고분에서 다수 출토되었다. 가령 태왕릉과 천추총의 묘역 내지는 도굴갱에서 3개씩 출토된 바 있다는 것이다. 그럼에도 굳이 격이 떨어지는 흔한 동령을 "국가적인 상징 행사에 사용되

---

480 이에 대해서는 李道學, 「太王陵과 將軍塚의 被葬者 問題 再論」, 『고구려 광개토왕릉 비문 연구』, 서경문화사, 2006, 322~325쪽에서 詳論하였다.

481 朴眞奭도 신묘년을 好太王 시호와 일치시켜 해석하는 견해의 문제점을 제기한 바 있다(朴眞奭, 「太王陵 墓主新考」, 『高句麗 文化의 歷史的 價値--韓·中共同學術會議』, 2004, 33~34쪽).

482 余昊奎, 「集安地域 고구려 超大型積石墓의 전개과정과 그 被葬者 문제」, 『韓國古代史研究』 41, 2006, 126~127쪽.

기 위해 특별히 제작된 방울이라고 이해된다"[483]는 표현은 납득하기 어렵다. 게다가 동일한 동령 2개 중 한 개에만 20여 년의 세월이 흐른 후에 왕호와 제작 연대 등을 새겨야 할 이유가 설명되지 않는다. 차라리 호태왕이나 영락태왕 명의로 칭송 구절이 새겨져 있다면 모를 일이다. 그리고 정작 중요한 사실은 이 동령이 태왕릉에서 출토된 것도 아니다. 동령은 태왕릉으로부터 2.9m 바깥에서 공반 유물도 없이 출토되었다.[484] 게다가 앞서 언급했듯이 태왕릉 호석 밑에서 출토되었다는 유물들은 태왕릉에 부장될 수 없음이 드러났다. 이러한 맥락에서 출토 상황이나 명문의 서체와 문구에 이르기까지 석연찮은 점이 너무나 많은 유물이 동령이다. 그런 만큼 이 동령의 명문은 충분한 검토가 이루어지기 전까지는 사료로 이용하는 일은 유보하는 게 좋다.

한편 임기환은 "다만 태왕릉과 장군총에서 많은 유물이 나왔기 때문에 이에 대한 세밀한 분석이 고분의 축조 시기나 성격에 대한 또 다른 정보를 제공할 지 모르겠다"[485]고 했다. 그런데 장군총에서도 많은 유물이 나왔다는 것은 금시초문이다. 그러한 자료가 있다면 공개했으면 크게 도움이 될 것 같다. 끝으로 임기환의 집안 지역 고구려 왕릉 비

---

483 조법종, 「고구려 수묘제와 광개토왕대 사회 변화」, 『고조선 · 고구려사 연구』, 신서원, 2006, 437쪽.

484 吉林省文物考古研究所 · 集安市博物館 編著, 『集安高句麗王陵--1990~2003年 集安高句麗王陵調査報告』, 文物出版社, 2004, 232쪽.

485 임기환, 「고구려의 장지명 왕호와 왕릉 비정」, 『고구려왕릉연구』, 동북아역사재단, 2009, 30쪽.

정표를 보면, 한국인 연구자로서는 여호규와 임기환 밖에는 거론하지 않았다.[486] 그러나 정호섭의 관련 왕릉 비정표에서는 그 밖에도 이도학·백승옥·조법종·박진욱·손수호 등 무려 5명이나 추가되었다.[487] 단 후자는 우산하 992호분의 비왕릉 지목자를 이도학으로만 적었는데, 그 첫 제안자인 여호규를 누락시킨 것은 옥의 티라고 하겠다. 이와 관련해 동북아역사재단 관련 워크숍에서 임기환의 토론자였던 필자가 질문한 것 가운데 답변이 없는 게 많다.[488] 다른 것은 차치하고라도 임기환이 언제부터 장군총을 광개토왕릉으로 비정했는지 스스로 답변을 했으면 좋을 것 같다. 임기환은 기존의 연구 성과는 그만 두더라도 왕릉 비정에 대한 객관적인 소개마저 누락시켰기 때문이다.

2. 장군총=광개토왕릉설의 탄생

1) 태왕릉=광개토왕릉설의 대안

태왕릉은 능비에서 가까울 뿐 아니라 거대한 규모 역시 광개토왕릉

---

486 임기환, 「고구려의 장지명 왕호와 왕릉 비정」, 『고구려왕릉연구』, 동북아역사재단, 2009, 43쪽. 여기서 임기환은 여호규가 천추총을 고국양왕릉으로 비정했다고 했지만 誤謬이다.

487 정호섭, 「고구려 적석총의 被葬者에 관한 재검토」, 『韓國史硏究』 143, 2008, 6~7쪽.

488 李道學, 「'고구려의 장지명 왕호와 왕릉 비정' 토론문」, 『고구려왕릉연구』, 동북아역사재단, 2009, 46~50쪽.

에 걸맞다. 때문에 많은 연구자들이 태왕릉을 광개토왕릉으로 지목하는데 주저하지 않았다. 그러나 이러한 통념적인 인식에 최초로 이의를 제기한 이가 도쿄대학교東京大學校 공학박사 출신의 세키노타다시關野貞였다. 그는 1914년에 발표한 논문에서 광개토왕릉=장군총설을 제기하였다.[489] 그는 능비를 기준하여 주변에 4개소 정도의 분묘를 광개토왕릉 후보로 상정한 다음에 하나하나 짚어 보았다. 지금 생각해도 탁견인 관계로 소개해 보기로 한다. 세키노타다시는 먼저 광개토왕릉으로 의심 없이 믿어 왔던 태왕릉에 대해 따져 보았다.

태왕릉은 능비에 가깝고, 규모 또한 통구평야에서 가장 장대해서 희세의 영웅 광개토왕의 능에 상당할 수 있다. 더욱이 능 위에서 많이 나온 명문 전돌의 '願太王陵安如山固如岳'라는 구절은 능비문에서 왕을 가리켜 '國罡上廣開土境平安好太王'이라고 하고, 또한 '영락태왕'으로 부르기도 하는 것에 비추어 태왕릉을 광개토왕릉에 비정하는 것은 어느 누구라도 생각이 미칠 수 있음을 인정했다. 그러면서 이에 대한 가장 유력한 반증을 제기하였다. 첫번째 반증은 능비가 서 있는 방향과 태왕릉 방향의 모순이다. 태왕릉은 토구자산土口子山에 붙어있는 높은 구릉 위에서 남면하고 있다. 만약 능비가 태왕릉과 관련된 비석이라면 반드시 그 전면 참도의 좌우 어디엔가 세워져 있어야 한다. 그러나 이

---

489 關野貞,「滿洲輯安縣及び平壤附近に於ける高句麗時代の遺蹟(一)(二)」,『考古學雜誌』, 第五卷 第三號·第四號, 1914, 1~5쪽. ;『[新版] 朝鮮の建築と藝術』, 岩波書店, 2005, 294~296쪽.

와는 달리 능비는 태왕릉 후방에 치우쳐
서 있으므로 양자는 전혀 관계가 없어 보
인다. 두번째 반증은 능비와 태왕릉과의
사이에 4~5개의 석총石塚이 무너져 내려
있다는 점이다. 설령 순장이라고 해도 태
왕릉과 능비 사이에 이와 같은 무덤을 만
들었을까? 이러한 석총이 존재한다는 자
체가 태왕릉과 능비가 서로 관계 없음을
입증해준다. 임강총臨江塚은 능비의 전면
에서 작은 개천을 건넌 구릉상에 있는 석
총이다. 임강총은 능비에 가깝고, 규모가
큰 것은 광개토왕릉으로서 한번 생각해
볼만한 가치가 있다. 그러나 임강총의 방

〈그림 11. 광개토왕릉비를
기준으로 한 태왕릉과 장군총〉[490]

향이 서남면하는 것에 대해, 능비는 임강총의 전방에 없고 오른쪽 약 2
정町 거리 정도 골짜기를 사이에 둔 지점에서 서남면하였다. 만약 임강
총에서 참도를 구릉 아래에 만들었을 때는 지형상 능비는 그 참도의 후
방에 있게 된다. 이와 같이 임강총과 능비의 방향 상호 간에 모순하는
것은 양자가 관계 없다는 점을 시사하기에 족하다. 실제 발굴 조사 결
과 임강총의 조성 연대는 3세기 후반경으로 지목하는 견해가 대세를 이
룬다. 따라서 임강총을 광개토왕릉으로 비정하기는 더욱 어렵다.

490 齋藤忠, 『古代朝鮮文化と日本』, 東京大學出版會, 1981, 15쪽.

세키노타다시는 능비 후방의 약 2~30개의 크고 작은 고분군을 주목했다. 그런데 중간에 약간 큰 석총이 무너져 있지만 규모가 작아서 하나라도 왕릉이라 생각할 수 있는 게 없다고 했다. 특히 이들의 연도는 모두 남면 혹은 서남면하고 능비는 그 후방에 동남면하였다. 양자가 관계 없음을 보인다. 이들 고분군 중 하나가 만일 왕릉이 되려면 그 근방에 이와 같은 분묘군을 조성하지는 않았을 것이다. 세키노타다시가 조사했을 때와는 달리 현재 능비의 후방에는 군소 고분군은 자취도 없어졌다. 다만 우산하 0540호가 남아 있지만 왕릉감은 아니다. 장군총은 능비의 동북 약 1,718m 거리이므로 조금 멀리 떨어져 있다. 그랬기에 보통 장군총을 버리고 가까운 태왕릉을 광개토왕릉으로 인식해왔다. 그러나 능비가 있는 곳에서 바라보면 흡사 일직선으로 장군총이 토구자산 아래의 고지에 엄연히 서 있는 것을 바라볼 수 있다. 그리고 장군총에서 참도를 만들었다면 바로 능비의 전면을 통과한다. 즉 비석은 참도의 오른쪽에 있고, 그 제 1면이 참도로 향하고 있다. 이것은 장군총과 능비의 위치가 능히 부합하기 때문은 아닐까? 물론 장군총과 능비와의 사이에는 한 개의 무덤도 끼어 있지 않다. 광개토왕릉 후보인 태왕릉과 임강총 및 능비 뒤의 고분 등은 모두 광개토왕릉으로 지목하기에는 큰 결점이 있었다. 오로지 장군총 만이 어떠한 점으로 보더라도 추호라도 광개토왕릉으로서 적당하지 않은 점을 발견하기 어렵다. 다만 능비에서 장군총이 조금 멀다는 문제밖에는 없다. 그러나 능비에 의하면 왕릉에는 다수의 수묘호를 배치했기에 영역 또한 광활할 수밖에 없어 능비에서 거리가 먼 것은 문제되지 않는다. 그리고 장군총 현실 안에 안치된 목위木位에는 '공봉전조호태왕지신위供奉前朝好太王之神位'라고 묵서墨書되었다. 반면 태왕릉 곁의 소석사小石祠의 목위에는 '태왕지위太王之位'라고만 적혀 있다. 이를 통해 장군총을 광개토왕릉으로 일컬었음을 알 수 있다고 했다.

세키노타다시가 장군총 현실 안에서 목격한 위패는 1907년에 샤반느가 이미 언급한 바 있다. 현실 입구 맞은편 벽에 붙어진 작은 목단木壇 위에 안치된 위패였다. 위패에 적힌 '전조前朝'는 그 직전의 왕조 뿐 아니라 앞선 왕조를 포괄하는 개념으로 사용되기도 한다. 그리고 집안 일대가 200여 년에 걸친 봉금 지역이었다는 사실이다. 그렇다면 '전조' 개념은 고구려 이후 발해나 그 이후 왕조에서 비롯되었을 수 있다.

어쨌든 '전조'라는 용어는 후대 왕조가 앞선 왕조를 가리키는 공적인 호칭이었다. 일종의 암묵적 계승관계가 전제되었을 때도 이러한 용어를 사용하기도 한다. 일단 고구려를 '전조'라고 호칭할 수 있는 1차적인 국가는 발해였다. '전조 호태왕의 신위를 모시다'는 개념은 호태왕이 광개토왕을 지칭한다는 명확한 정보가 전제되었을 때 가능한 일이다. 그러니 고구려 멸망 후 상당한 세월이 흐른 뒤에는 가능하지 않다고 본다. 이러한 맥락에서 본다면 당군唐軍에 의해 파괴되었을 가능성이 큰 광개토왕릉을[491] 발해에서 관리하고 제사지낸 산물일 가능성을 생각해

---

491 실제 장군총 현실 안의 2개 관대는 크게 파괴되어 있다. 부여 능산리 왕릉 구역의 분묘들도 일제 치하 이전에 이미 도굴된 것으로 드러났다. 일제 조사자들은 이와 관련한 소행자를 당군으로 지목하였다.

본다. 공교롭게도 장군총 꼭대기에서는 발해 유적에서 보이는 지압문指壓文 기와가 출토되었다. 지압문 기와는 왕릉인 천추총과 서대총·마선 2100호·JQM(칠성산)0211호, 그리고 태왕릉 외에 장군총 등에서도 확인된 것이다. 물론 지압문 기와는 백제 사비도성에서도 확인되었다. 그렇지만 백제 멸망 후 요동遼東 쪽으로 옮겨 간 백제인들에 의해 발해로 전파되었을 가능성도 있다.[492] 어쨌거나 지압문 기와가 발해 기와라면 이미 제기되었듯이 발해가 고구려 왕릉을 보수·관리했음을 뜻하는 물증이다. 더구나 '태왕'과 구분되는 '호태왕'으로 정확하게 인지했다는 것은 우연의 일치일 수 없다. 정확한 소전을 물려받았음을 뜻한다고 보아야 한다. 물론 그 소전은 후대 어느 때 단절되었을 것이다. 그렇지만 그 흔적이 목위의 묵서로 남아 있는 게 아닐까?

2) 장군총=광개토왕릉설을 지지한 한국인들

한국인으로서 장군총=광개토왕릉설을 처음으로 취한 이가 민족주의 사학자 단재 신채호였다. 그가 옥중에 있을 때 지인들이 단재의 원고를 찾아서 「조선일보」에 '조선상고사'를 연재할 때가 1931년이었다. 그러니 본 원고는 그보다 훨씬 이전에 작성된 것이다. 그러면 다음의 글을 보자.

잔파殘破(그 地上에 出한 부분만)한, 수백의 왕릉 가운데 천행으로 유존한

---

492 李道學, 「唐에서 再建된 百濟」, 『백제 사비성시대 연구』, 일지사, 2010, 433쪽.

팔층석탑八層石塔 사면방형四面方形의 광개토왕릉과 그 우변右邊의 제천단
祭天壇을 붓으로 대강 모본摹本하여 사진을 대代하며, 그 왕릉의 광廣과 고
高를 발로 밟아 신체로 건주어 측척을 대代하였을 뿐이다(高 十丈 가량이요
하층의 주위는 八十발이니, 다른 왕릉은 상층이 殘破하여 高는 알 수 없으나, 그 하층
의 주위는 대개 광개토왕의 능과 동일). 왕릉의 상층에 올라가, 석주石柱의 섰
던 자취와 복와覆瓦의 남은 와편과 드문드문 서 있는 송백을 보고, 『후한
서』에 "고구려 … 金銀財幣 盡於厚葬 積石爲封 亦種松柏"이라 한 간단에
과過한 문구를 비로소 충분한 해석을 얻고, "수백원이 있으면 묘 한 장을
파 볼 것이요, 수천원 혹은 수만원이면 능 한 개를 파 볼 것이라. 그리하여
수천년 전 고구려 생활의 활사진을 보리라"하는 몽夢만 하였었다.[493]

위의 인용 문구에서 '팔층석탑 사면방형의 광개토왕릉'은 필연코 장
군총이 분명하다. 단재 신채호는 한줌의 의문 제기 없이 장군총을 광개
토왕릉으로 확신했음을 알 수 있다. 그렇게 된 데에는 필시 그가 세키
노타다시의 논문을 읽었기 때문인 것 같다. 실제 상기한 단재의 글 뒷
부분에는 서울에 거주하는 우인友人이 조선총독부에서 간행한 『조선고
적도보』를 보내준 사실과, 그 책 내용을 긍정적으로 파악한 글귀까지
붙어 있다.[494]

---

493 丹齋申采浩先生紀念事業會, 『改訂版 丹齋申采浩全集(上)』, 螢雪出版社, 1987,
48~49쪽.
494 丹齋申采浩先生紀念事業會, 『改訂版 丹齋申采浩全集(上)』, 螢雪出版社, 1987, 49쪽.

『조선고적도보』제1권은 1915년에 간행되었는데 '낙랑 · 대방군 · 고구려' 편이었다. 그 이듬해인 1916년에 간행한『조선고적도보해설』에 따르면 장군총을 광개토왕릉으로 명시하였다. 반면 태왕릉은 종래 광개토왕릉으로 비정되었지만 위치와 방향을 놓고 볼 때 신뢰할 수 없었다고 했다.[495] 본 고적조사 단장이었던 세키노타다시의 학설이 들어간 것이다. 이러한 점에 비추어 볼 때『조선고적도보』를 읽었고, 또 현장을 답사했던 단재는 장군총을 광개토왕릉으로 확신했음을 알 수 있다. 한국인으로서는 단재가 최초로 장군총을 광개토왕릉으로 인식한 것이다. 그리고 고유섭은 집안을 답사한 직후인 1938년 9월에 게재한 글에서도 장군총을 단호하게 광개토왕릉으로 비정하였다. 고유섭은 능비의 성격을 신도비로 규정한 최초의 인물이었다.[496]

고유섭에 이어 장군총을 광개토왕릉으로 간주한 이는 육당 최남선이었다. 그는 1939년에 발표한 글에서 "… 그 중의 장군총이라 하는 거분巨墳이 대개 광개토왕의 능일 것을 조리 있게 논증하기는 진실로 이번 세키노 씨 일행의 조사 · 연구에서 나온 결과이었습니다"[497]라고 평가하였다. 단재와 육당은 세키노타다시의 견해에 힘입어 장군총을 광개토왕릉으로 자신 있게 논단했다. 우현의 경우도 여러 정황에 비추어

495 朝鮮總督府,『朝鮮古蹟圖譜解說(一册)』1916, 22~23쪽.
496 高裕燮,「高句麗 古都 國內城 遊觀記」,『朝光』1938-9; 又玄 高裕燮全集 發刊委員會, 『又玄 高裕燮全集 9』, 悅話堂, 2013, 213~216쪽.
497 高大 亞細亞問題研究所,「通溝의 高句麗 遺蹟」,『六堂崔南善全集 9』, 현암사 ,1974, 537쪽.

볼 때 세키노타다시의 논설에 근거했을 가능성은 거의 확정적이다. 그 밖에 근원近園 김용준金瑢俊도 광개토왕릉을 장군총으로 비정한 바 있다.[498] 사회경제주의사학자인 이청원李清源도 『조선역사독본朝鮮歷史讀本』(白揚社, 1937)에서 장군총을 광개토왕릉으로 지목했다.

3) 광개토왕릉비 입지立地의 비밀

고유섭은 능비의 성격을 신도비로 규정했다. 프랑스인 모리스 꾸랑 Maurice Courant(1865-1935)은 「능비문」의 광개토왕 시호에 등장하는 '평안平安'을 인명으로 파악하였다.[499] 그리고 '호태왕'은 여타 고구려 왕명에서도 보인다는 사실을 거론했다. 샤반느는 장군총 꼭대기 층에 기둥 구멍이 있고 기와가 쌓여진 사실과 관련해 건물의 존재를 언급했다.[500] 그런데 장군총 꼭대기 층에서 확인된 기와는 환도산성 궁전지에서 출토된 것과 동일하였다. 이로 볼 때 장군총 꼭대기에 소재했을 유구는 제사 시설보다는 가옥일 가능성을 생각하게 한다. 그리고 단재 신채호가 인식한 장군총에 대한 '팔층석탑 사면방형' 즉 '탑형 분묘' 구조는 훗날 영광탑과 같은 발해의 묘제에서도 보인다. 물론 영광탑과 장군총은 구조적으로 연관성이 없지만, 묘상墓上 건축인 장군총과 같은 탑형에서 모티브를 차용했을 가능성은 제기되었다.

---

498 金瑢俊, 『朝鮮美術大要』, 乙酉文化社, 1949; 열화당, 2001, 40~41쪽.
499 서길수, 『한말 유럽 학자의 고구려 연구』, 여유당, 2007, 259쪽.
500 서길수, 『한말 유럽 학자의 고구려 연구』, 여유당, 2007, 161~162쪽.

광개토왕릉비를 중심한 주변의 국강상에 소재한 능묘로는 임강총과 태왕릉 그리고 장군총의 순으로 입지하고 있다. 필자는 임강총은 동천 왕릉으로, 태왕릉은 고국원왕릉으로, 장군총은 광개토왕릉으로 비정 하였다.[501] 여기서 동천왕과 고국원왕은 고구려 최대의 국가적 시련을 극복한 왕들이었다. 비록 동천왕은 패전한 왕이었지만 장례 때 순사殉 死한 이가 숱하게 나왔을 정도로 국인들의 사랑을 뜨겁게 받았던 터였 다. 그리고 고국원왕은 70대 고령임에도 백제군과 몸소 전투하다가 순 국하였다. 그러한 왕릉들과 연계된 능비에는 눈부실 정도로 찬연한 전 승이 기재되어 있다. 이러한 능비에서 먼발치로 보이는 분묘가 장군총 이다. 장군총은 광개토왕의 혁혁한 전과가 적힌 능비를 전조등前照燈 삼아 국강상에서 그 웅자를 과시하고 있다.[502]

대백제전에서 패사한 고국원왕에 대응되는 왕이 광개토왕이었다. 그러한 관계로 고국원왕 패사의 숙분을 풀었던 광개토왕을 현창할 목 적에서 거대한 훈적비를 세운 것이라고 하겠다. 전자는 '성태왕聖太王' 이라는 격상된 시호로써, 후자는 능비를 통해 군사적 훈적을 현양한 것 이다. 국난을 겪은 '국강상왕國罡上王'인 고국원왕의 능과 '대개토지大開 土地'하여 영광의 시대를 연 광개토왕의 능은 '국강상'이라는 장지를 공

---

501 李道學,「高句麗 王號와 葬地에 관한 檢證」,『慶州史學』34, 2011, 21쪽. ; 李道學, 「太王陵과 將軍塚의 被葬者 問題 再論」,『高句麗研究』19, 2005 ;『고구려 광개토왕 릉비문 연구』, 서경문화사, 2006, 145쪽.
502 李道學,「廣開土王の領域擴大と廣開土王陵碑」,『高句麗の政治と社會』, 明石書店, 2012, 166쪽.

유하였다.[503] 이로 인한 혼동을 피하기 위해 후자의 시호를 '광개토'로
약기略記했다는 모리스 꾸랑의 견해는 예리한 시각이라고 본다.[504] 그
리고 양자를 연결하는 지점에 능비를 세워 광개토왕의 훈적을 한껏 현
양하고자 하였다. 이 같은 정치적 입지 구도 속에서 임강총 및 태왕릉
과 각각 연결될 뿐 아니라, 비록 멀리 떨어져 있지만 태왕릉과 장군총
을 일직선상에서 연결하는 지점에 광개토왕릉비가 세워지게 되었다.
그러나 후인들은 이러한 구도를 이해하지 못한 관계로 태왕릉과 장군
총의 피장자에 대해 헷갈렸던 것이다. 참고로 천추총은 고국원왕릉이
될 수 없다. 통구하 서편에 소재한 천추총 구역은 도저히 국강상이 될
수 없기 때문이다.

4) 국강상 3 왕릉의 성격과 의미

장군총은 광개토왕릉, 태왕릉은 고국원왕릉, 임강총은 동천왕릉으
로 각각 비정된다. 여기서 국강에 능이 소재한 3명의 왕 가운데 동천왕
과 고국원왕은 고구려가 극심한 국난에 처했던 시기의 왕이었다. 가령
단재 신채호는 위장魏將 관구검의 침공을 받았을 때가 고구려의 '쇠락
한 시기'요, 전연의 침공을 받았을 때는 '최쇠시대最衰時代'라고 갈파하
였다.[505] 이처럼 혹심한 국난을 겪었지만 그것을 극복했던 고구려 왕이

---

503 이렇게 본다면 능비에서 가까운 태왕릉의 조성 시기나 능묘의 형식은 고국원왕릉
    과 잘 연결된다.
504 서길수,『한말 유럽 학자의 고구려 연구』, 여유당, 2007, 257쪽.
505 申采浩,「朝鮮上古史」,『丹齋申采浩全集(上卷)』, 螢雪出版社, 1987, 197~198쪽.

동천왕과 고국원왕이었다. 양자는 고구려인들에게 추앙받는 대상이라는 공통점을 지니고 있다.

동천왕이 사망했을 때였다. "가을 9월에 왕이 돌아가시자 시원柴原에 장례지내고 시호를 동천왕이라고 하였다. 국인들이 그 은덕을 생각하여 서러워하지 않는 사람이 없었다. 근신 가운데는 자살하여 따라 죽고자 하는 이가 많았다. 사왕嗣王이 이것을 비례非禮라고 하여 금지시켰는데, 장례를 치르는 날에 이르자 묘에 와서 스스로 죽는 자가 심히 많았다. 국인이 섶을 베어 그 시체를 덮어주었다. 드디어 그 땅을 시원柴原이라고 이름했다."[506] 이 기사를 통해 동천왕이 주민들의 사랑과 존경을 받았음은 재언할 여지가 없다.

고국원왕은 유례없이 많은 축성 기사를 남겼을 정도로 국가 방위에 전심했다. 그는 예견되는 전연과의 전쟁에 철저하게 대비했다. 비록 그는 전연의 침공로에 대한 판단 착오로 인해 국가적 파국을 초래했을 정도로 패전의 1차 책임자였다. 그러나 그는 고구려 역사상 초유의 고통과 시련을 주민들과 함께 몸소 겪었다. 왕성인 환도성의 초토화와 고국원왕 왕부王父의 시신은 물론이고 왕모 및 왕비의 납치라는 왕실의 가족 해체와 같은 비극적 참상은, 일반 주민들의 고통과 시련보다도 훨씬 크고도 깊었다. 이러한 왕실의 비극은 고구려 주민들로 하여금 고통과 시련을 인내하게 하는 동인으로 작용하였다. 다시 말해 이 같은 요인은 왕실에 대한 고구려 주민들의 불만이나 고통을 일거에 잠재우게

---

506 『三國史記』권17, 東川王, 22년 조.

하고도 남았다. 오히려 왕실을 중심으로 한 강력한 결속력을 조성하는 계기가 되었다. 더욱이 고국원왕은 전연과의 관계를 해결한 후에 백제로 공격 방향을 잡았지만 평양성 전투에서 전사하고 말았다. 고국원왕의 전사는 단순한 사망이 아니라 순국이었다. 국가를 위해, 또 국가의 구성원인 주민들과 국가의 영토를 사수하는 과정에서 장렬하게 전사한 것이다. 그것도 70세 가량의 고령임에도 불구하고 전장의 선두에서 몸소 지휘하다가 전사했다. 전쟁이 일상적으로 체질화되고 전쟁의 의미가 각별한 고구려에서는 고구려 역사상 국왕의 전사는 초유의 일대 사건이었다. 5세기 전반이라는 동일한 시기에 서술된 「모두루묘지」에서 시조를 '추모성왕' 즉 '성왕'으로 일컬었다. 반면 동일한 묘지에서 고국원왕을 '성태왕'으로 호칭하였다. 시조의 재위기보다 묘지문이 작성된 시점에서 보다 가까운 시기에 순국한 고국원왕에 대한 기억이 훨씬 강렬했을 것이다. 그랬기에 고국원왕에게 '성태왕'이라는 극존칭이 부여된 것일 게다. 그 만큼 고국원왕대가 지닌 의미는 후대 고구려인들에게 강한 인상을 남겼음을 뜻한다. 또한 이는 용맹하게 분전하다가 순국한 고국원왕이 추앙의 대상이었음을 가리킨다.[507]

국가적 위기를 타개한 동천왕과 고국원왕의 능과 연계된 봉강峰岡에 광개토왕릉이 조성되었다. 순국한 고국원왕의 능 조영은 대백제전에서 설욕한 광개토왕의 정치적 위상과 깊이 연계시킬 수 있다. 이렇게

---

507 이상의 서술은 李道學, 「高句麗의 國難과 故國原王像」, 『高句麗研究』 23, 2006, 17~18쪽에 의하였다.

볼 때 광개토왕릉비가 태왕릉 근처에 세워진 이유가 그려진다. 태왕릉 곁에 훈적비를 세움으로써 광개토왕은 백제군에게 전몰한 고국원왕의 복수를 했다는 위업을 천명할 수 있다. 입비立碑 위치를 통해 광개토왕은 복수의 주체로써 자신의 혁혁한 전공을 한층 돋보이게 선전하는 효과의 극대화를 기했던 것 같다. 광개토왕릉비의 입비 위치는 일종의 반전법을 계산한 데서 나온 발상이 아닐까 싶다. 가령 숙연한 마음으로 고국원왕릉에 참배한 후 광개토왕릉으로 발길을 향하는 도중에 광개토왕릉비를 지나게 된다. 이때「능비문」을 읽으면서 백제에 복수한 광개토왕의 위업이 선연히 부각되기 마련이다. 즉 통쾌한 느낌을 주고도 남는다. 이로 인해 광개토왕은 고국원왕의 복수를 하지 못한 두 아들 즉, 소수림왕이나 고국양왕과는 달리 그 존재 자체가 고구려인들에게 화려하게 각인될 수밖에 없다. 혹은 국강의 3왕 가운데 가장 윗대 왕인 동천왕의 능과 고국원왕의 능을 참배한 후「능비문」을 읽고는 광개토왕릉을 참배하는 순서를 밟는다고 하자. 그렇더라도 역시 마찬가지의 소회를 겪게 되는 것이다.

광개토왕릉비는 주변 능묘라든지 지세와도 관련 있기 때문에 입지상의 정치적 의미를 생각하게 한다. 가령 임강총 정상에서 서쪽을 바라보면 우산禹山의 가장 높은 봉우리와 광개토왕릉비가 일직선상에 배치되었음을 포착하게 된다. 다시 동북쪽을 바라보면 용산龍山 중의 가장 높은 봉우리와 장군총이 일직선상에 배치되었다. 그리고 장군총→광개토왕릉비→태왕릉은 서남쪽을 향해 일직선을 이루고 있다. 광개토왕릉비의 위치를 평지에 도달하기 이전의 경사지에 선정한 것은 우산의 정상과 일직선에 배치하기 위한 고려였다고 본다.[508] 이로 볼 때 '쇠락한 시기'요, '최쇠시대'라고 했을 정도로 국난을 당했던 동천왕과 고국원왕의 능에 대응하여 광개토왕릉이 조성되었음을 알 수 있다. 「능비문」이 일반 능비문과는 달리 전승 기사 위주로 짜여지게 된 이유는 적을 쳐 부수고 정치적 영향력과 영역을 확대시킨 광개토왕의 위업을 크게 현양하기 위한 데 목적을 둔 데서 비롯되었다. 광개토왕은 생전에 자신의 능을 국난의 상징인 동천왕릉과 고국원왕릉 인근에 설정함으로써 국난을 종결짓고 '광개토廣開土'한 자신의 위업을 한껏 고양시키고자 한 것이다. 그 시호에 '평안平安'을 실은 것도 '국난'을 타개하고 태평을 이룬 군주상과 무관하지 않아 보인다.

국난을 극복한 3 왕릉이 가장 우월한 입지인 국강상에 조성된 것이다. 그 만큼 초월적 추앙의 대상이었음을 암시해 준다. 바로 그 정점에 자리잡고 있을 뿐 아니라 그 정화라고 할 수 있는 능이 광개토왕릉인 장군총이었다. 이러한 맥락에서 볼 때 "광개토대왕릉 앞에 세워진 능비는 형식만 빌렸을 뿐 기실 능비는 아니었다"[509]는 지적이 상기된다.

---

508 朴眞奭, 「好太王陵考」, 『高句麗好太王碑研究』, 아세아문화사, 1996, 336~337쪽.
509 李道學, 「광개토대왕릉비'를 세운 목적은 무엇일까」, 『다시 보는 고구려사』, 고구려연구재단, 2004, 216쪽.

V. 태왕릉·우산하 992호분·우산하 0540호분의 피장자 검증

1. 태왕릉=고국양왕릉설의 검증

광개토왕릉이 소재한 국강상國罡上 일대에 소재한 왕릉 검증을 시도해 본다. 이는 태왕릉 주변 고분에 대한 검증이 되는 것이다. 우선 도면과 함께 보면 태왕릉 동편의 건물군들은 "동북과 남동에는 조선의 민가 십여 동棟이 있다"는 기록과 부합되고 있다. 그리고 도면을 통해 "동쪽에 복수궁福壽宮으로 일컫는 묘廟"의 존재로 추정되는 유구가 확인된다. 이 묘廟가 사당 안의 목위木位에 "太王之位"가 쓰여진 있었던 태왕릉 곁의 소석사小石祠를 가리키는지 모르겠다. 소석사는 태왕릉 정면 왼쪽 모서리에 소재하였다.[510] 그러면 앞에서 진작 인용한 후지다료사쿠藤田亮策의 논문을 계속하여 다음과 같이 게재해 본다.

능陵의 배면背面에 해당하는 북측 토루의 내측內側 20m로 하여 동서 98m, 남북 15~18m의 횡횡橫橫으로 긴 석괴군石塊群이 있는데, 쇼와昭和 10년 (1935)에는 약간 장방형으로 하여, 높이를 1m로 파악하는 게 가능했지만,

---

footnote
510 關野貞,「滿洲輯安縣及び平壤附近に於ける高句麗時代の遺蹟(一)(二)」,『考古學雜誌』, 第五卷 第三號·第四號, 1914 ;『[新版] 朝鮮の建築と藝術』, 岩波書店, 2005, 282쪽.

지금은 완전히 자갈을 모아둔 모습을 보이며, 그곳에서 남쪽으로 접한 대토갱大土坑과 함께 부근 주민의 건축용으로 채취된 잔해가 된 것을 알 수 있다. 이 석괴石塊의 일부에는 지금도 절석切石한 대석大石이 있고, (석괴군은) 장군총 및 천추총 등의 배면背面에 보이는 것과 동일한 배총군陪塚群이었다고 추정할 수 있으며, 5~6기의 같은 형태의 석총石塚의 병렬並列로 생각하는데 지장이 없다.

석릉石陵의 남쪽 180m로 하여 민가의 뒤에 건물지가 있고, 능형문전菱形文塼과 더불어 가장 자리가 높은 고구려 와당이 발견되었는데, 도리이鳥居 박사는 『남만주조사보고南滿洲調查報告』에서 팔각八角으로 이루어진 화강암의 초석의 존재를 도시圖示하고 있다. 그런데 이 보고서에는 대왕릉大王陵(太王陵을 가리킴: 필자)을 장군총으로 하여, 소위 장군총을 고구려 왕고묘古墓로 명명했기 때문에 학자의 주의注意를 잃은 점은 유감이었다. 대왕릉의 석실石室 연문羨門이 서쪽으로 향해 열려 있는 것은, 우메하라스에치梅原末治 군君의 발견이지만, 석릉에서 남면南面 중앙 앞으로 3m 떨어져 평행하는 장석長石이 배도拜道의 흔적으로 생각되는 점, 능의 배면背面에 석축 배총군이 있는 점 등으로부터, 능이 남면하고 있었음을 생각할 수 있고, 지세에 따라 압록강으로 면面을 향하고 있던 것이다.

즉 동변東邊을 표준으로 한다면, 능은 남쪽을 향하여 동쪽으로 8° 닿아 있고, 상술한 건물지는 능의 남쪽 정면에 있어서, 대왕릉의 제사에 관련하는 것인가라고 상상된다. 적어도 장군총의 전면前面 좌측 구릉상의 건물지, 천추총 동북의 초석 통구성通構城 및 북대토분北大土墳 전면의 건물지와 동일한 성질의 것이기에, 능의 제사 또는 수릉守陵에 관련하는 건축이 있었다고 해석할 수 있고, 또 이 대릉大陵에 대한 특수 시설의 하나로 생각된다.

이와 같이 대왕릉은 석축대릉石築大陵의 제도를 완전히 갖추고, 또한 유일한 예로서 주위를 대토루大土壘로 둘러싸이고, 동강東崗 구릉의 돌단突端에 우뚝 솟아 통구평야를 흘겨볼 수 있는 가장 경치가 좋은 위치를 점하며, 그 구조의 가장 웅대한 점으로부터도, 고구려 왕릉으로서 누구라도 이의를 제기할 여지가 없는 것이다.[511]

위의 인용을 놓고 볼 때 태왕릉 북쪽 토루의 안쪽 20m 지점에서 확인된 '긴 석괴군石塊群'은 1935년 당시 1m 높이로 남아 있었던 5~6기의 배총군으로 파악되었다. 그리고 비록 태왕릉의 연도는 서쪽으로 나 있지만, 몇 가지 점에서 볼 때 정면은 남쪽이라는 것이다. 문제는 다음과 같은 내용이 되겠다.

대왕릉의 배면背面 구릉상에는 한 변의 길이 20~25m의 5기의 석총石塚과, 2기의 작은 석총이 있는데, 그 중 한 기는 토루의 서북 바깥에 접하며, 다른 것은 능의 뒤편 북쪽에 서로 잇따라, 호태왕릉비의 서쪽 200m에 이르고 있다. 호태왕릉비는 대왕릉의 동북 450m의 평탄부에 서 있는데, 상기한 석총을 대왕릉의 배총의 일부로 보는 것이 가능하다면, 비는 대왕릉

---

511 藤田亮策, 「通溝附近の古蹟と高句麗の墓制」, 『輯安』 第8號, 滿洲事情案內所, 1943, 18~20쪽.

의 능역 내에 있는 것으로도 풀이가 가능하지만, (비석은) 토루의 바깥에 있기에 종종 의론議論이 솟아나고 있다.[512]

위의 인용을 보면 태왕릉 뒷면 구릉상에 적석총이 조성되었음을 알수 있다. 이 중 적석총 1기는 "토루의 서북 바깥에 접하며"라고 했는데, 도면에서 그 존재가 포착된다. 문제는 구릉상에 소재한 1938년에 확인된 바 있는 "한 변의 길이 20~25m의 5기의 석총"의 성격이다. 이들의 존재는 세키노타다시가 1914년에 능비 후방에서 확인했던 약 20~30개의 크고 작은 고분군을 가리킨다. 그런데 이들 고분군은 중간에 약간큰 석총이 무너져 있지만 규모가 작아서 하나라도 왕릉이라 생각할 수있는 게 없다는 것이다. 특히 이들의 연도羨道는 모두 남면 혹은 서남면하고 능비는 그 후방에 동남면하였다.[513] 양자가 서로 관계 없음을 보인다. 만약 이들 고분군 중 1기基가 왕릉이라면 근방에 이와 같은 분묘군을 조밀하게 조성하지는 않았을 것이다.

태왕릉을 광개토왕릉으로 지목했던 설은 붕괴일로에 놓였다. 그러자 새롭게 등장한 설이 태왕릉=고국양왕릉설이다. 이 설의 근거는 장군총을 광개토왕릉으로 지목한 선상에서 이 보다 앞선 왕릉은 태왕릉

---

512 藤田亮策,「通溝附近の古蹟と高句麗の墓制」,『輯安』第8號, 滿洲事情案內所, 1943, 20쪽.

513 關野貞,「滿洲輯安縣及び平壤附近に於ける高句麗時代の遺蹟(一)(二)」,『考古學雜誌』, 第五卷 第三號·第四號, 1914 ;『[新版] 朝鮮の建築と藝術』, 岩波書店, 2005, 295쪽.

이라는 전제하에서 광개토왕의 부父인 고국양왕의 능묘로 비정한 것이다. 게다가 고국양왕故國壤王의 '국양'을 국천과 동일시할 때, 국천은 압록강이다. 따라서 압록강과 인접한 왕릉급 분묘는 태왕릉이라는 데 근거하였다. 그러면 이 설을 검토해 보기로 한다.

제9대 고국천왕을 '국양國襄' · '국양國壤'으로 표기하고 있다.[514] 따라서 국천國川과 국양國壤(襄)은 동일한 지역을 가리킨다. 그렇다고 할 때 제18대 고국양왕릉은 제9대 고국천왕릉과 동일한 지역에 소재했다는 의미이다. 그러나 앞서 짚었듯이 제9대 고국천왕의 능은 환인에 소재했다. 그렇지만 제18대 고국양왕 즉 고국천왕의 '국천國川'은 집안일 수밖에 없다. 이러한 '국천'을 압록강으로 비정해 왔다. 그러나 압록강은 『삼국사기』에 무려 21회나 등장하고 있다. 압록강은 고구려 당시에 이미 '압록'으로 일컬어졌다. 반면 '국천'은 장지명 시호 외에는 등장한 바가 없다. 이러한 사실은 국천을 압록강으로 비정하는데 중대한 걸림돌이 된다. 만약 압록강이 국천이고, 국천에 인접했기에 고국양왕이라는 시호가 부여되었다고 하자. 그렇다면 압록강가에 근접한 천추총이나 임강총이 일단 고국양왕릉의 후보로 설정되어야 마땅할 것이다.

태왕릉을 고국양왕릉으로 지목하는 데는 이러한 근원적인 결함이 도사리고 있다. 게다가 '강罡'에 소재한 태왕릉의 입지 조건은 천川이나 양壤과 같은 낮은 지대에 소재한 고국양왕릉의 후보지로서는 적합하지

---

514 『三國史記』 권16, 故國川王 즉위년 조.
　　『三國史記』 권17, 東川王 8년 조.

않다. 태왕릉은 압록강이 내려다 보이는 임강총이나 천추총처럼 천변川邊에 소재하지 않았기 때문이다. 따라서 태왕릉=고국양왕릉설은 성립이 어렵다. 오히려 국강상國罡上에 세워진 능비와 연계된 능묘를 찾아 보자. 그렇다면 국강상왕國罡上王인 고국원왕의 능묘로서 태왕릉이 적격인 것이다.

고국원왕릉의 소재지 구명과 관련하여 짚고 넘어가야 할 문제가 서천왕릉과의 관계이다. 이에 관해서는 다음의 인용을 검토하지 않을 수 없다.

5월에 모용외가 내침하여 고국원에 이르러 서천왕의 무덤을 보고 사람을 시켜 파다가 인부 중에 갑자기 죽는 자가 생기고, 또한 광중壙中에서 음악소리가 나자, 신神이 있다고 두려워하여 곧 군사를 이끌고 돌아갔다.[515]

얼핏 위의 기사를 접하면 고국원에 서천왕릉이 소재한 것 처럼 보인다. 고국원왕릉의 소재지도 서천왕릉처럼 오늘 날의 마선하麻線河로 지목하는 서천西川 주변에서 찾아야 할 것 같기도 하다. 그렇다면 고국원 근처에 서천이 소재한 격이 될 수 있다. 그러나 『삼국사기』에서 고국원왕을 '국강상왕'[516]이라고도 했다. 그런데 '일운一云'의 형식으로 표기된 『삼국사기』 시호가 고구려본기 본문의 왕호보다는 고형古形이라

515 『三國史記』권17, 烽上王 5년 조.
516 『三國史記』권18, 故國原王 즉위년 조.

고 한다.[517] 다시 말해 고국원왕故國原王보다는 국강상왕國罡上王이 고식
古式 왕호라는 것이다. 실제 평양성 천도 이전에 작성된 「모두루묘지」
에서 고국원왕을 '국강상성태왕國罡上聖太王'이라고 했다.[518] 이러한 국강
상國罡上 지명은 414년에 작성된 「능비문」에도 보이듯이 광개토왕릉비
와 광개토왕릉 주변으로 범위가 제한된다. 후대에 생겨난 '국원國原' 보
다는 '국강상國罡上'이라는 지명이 고국원왕릉 조성 당시의 지명인 것이
다. 따라서 '국강國罡'을 기준으로 한 범위에서 '국강상왕'인 고국원왕 능
의 소재지를 찾는 게 백번 온당하다.

국내성의 넓은 범역을 가리키는 '고국원' 호칭과 결부지어 고국원왕
릉의 소재지를 찾고자 하는 접근은 부적절하다고 본다. 모용외가 고
국원에 왔을 때 서천을 말하고 있다. 이는 모용외가 국내성에 침입했
을 때 서천에 이른 사실을 말할 뿐이다. 이때의 고국원은 이미 널리 알
려진대로 넓은 범위로 사용되었다.[519] 국원이라는 넓은 범위 안에 서
천·중천·동천 등이 소재하였다. 국원 곁에 서천이 소재했다는 뜻은
아니다. 이와 관련해 충주를 가리키는 고구려 때의 행정지명인 국원성

---

517 故國原王의 당초 시호는 國岡上聖太王이었다. 이 시호의 핵심은 '國岡上'인데, 이것
   을 變改한 호칭이 '故國原'이다. 평양성 천도 이후에는 세부적인 구역을 가리키는 國
   岡에 대한 의미가 퇴색한 관계로 國都의 의미인 國原이라는 범칭으로 표기하였고,
   종국적으로는 '故'를 넣어 '故國原王'으로 표기한 것으로 보인다(高寬敏,『三國史記
   の原典的研究』, 雄山閣, 1996, 117쪽 참조).
518 武田幸男,『高句麗史と東アジア』, 岩波書店, 1989, 334쪽.
519 임기환,「고구려의 장지명 왕호와 왕릉 비정」,『고구려왕릉연구』, 동북아역사재단,
   2009, 25쪽, 註 17.

의 '국원'이 국내성의 별칭[520]으로 사용된 점을 상기해야 한다. 곧 '고국원'이 국도의 범칭으로 사용됨을 알려준다. 문제는 '고국원'과 결부된 '서천원'의 위치 파악이다. 이와 관련해 "왕이 돌아가시자 서천지원西川之原에 장례를 치르고 시호를 서천왕이라고 했다"[521]라는 기사이다. 여기서 서천왕릉은 서천원에 조성되었음을 알 수 있다. 그렇다면 이론적으로는 고국원과 서천원은 그 소재지가 겹치게 된다. 그러나 고구려 왕릉의 소재지를 가리키는 용도用途로 사용되는 장지명인 '고국원'과 '서천원'이 겹칠 수는 없을 것이다.[522] 이 경우는 국도의 범칭으로 사용된 고국원 즉 '국원'이 서천원을 포괄하는 광의의 지역으로 사용되었음을 뜻한다고 해야 맞다. 요컨대 어느모로 보나 "서천왕릉의 위치가 고국원에 있다"는 고국원=서천원 주장은 성립하기 어렵다.

게다가 모용외가 우연히 고국원에서 서천왕릉을 발견했기에 도굴했다고는 생각되지 않는다. 서천왕릉은 당시 고구려 국왕인 봉상왕의 부릉父陵인 관계로 모용외가 의도적으로 도굴했다고 보아야 한다. 이것은 모용황이 국내성에 진입한 후 고국원왕의 부릉인 미천왕릉을 도굴한 사례와 하나도 틀리지 않기 때문이다. 그런 만큼 앞서 인용한 '고국원'은 모용외가 국내성에 이르렀을 때를 표현한 것으로 보아야 정황상으로도 맞다.[523]

---

520 李道學, 「永樂 6年 廣開土王의 南征과 國原城」, 『孫寶基博士停年紀念韓國史學論叢』, 지식산업사, 1988 ; 『高句麗 廣開土王陵碑文硏究』, 서경문화사, 2006, 378~382쪽.
521 『三國史記』 권17, 서천왕 23년 조.
522 이는 동일한 지역을 가리키는 고국천왕과 고국양왕의 경우와는 다르다고 하겠다.
523 이상의 서술은 李道學, 「高句麗 王陵에 관한 몇 가지 檢討」, 『전통문화논총』 6, 한국

한편 태왕릉=광개토왕릉설이 무너지자 잽싸게 제기된 주장이 태왕릉=고국양왕릉설이 된다. 그러나 이 주장에서는 고국양왕故國壤王의 장지명에 대한 정리가 선행되어야 한다. 주지하듯이 중천왕의 중천中川은 중양中壤, 서천왕의 서천은 서양西壤으로도 표기되듯이 천川과 양壤은 병기되었다. 실제 제9대 고국천왕故國川王을 '국양國襄'·'국양國壤'으로 각각 표기하고 있다. 따라서 국천과 국양은 국도의 중심 지역을 가리킨다. 그렇다고 할 때 비록 국도는 다르지만 제18대 고국양왕릉은 제9대 고국천왕릉과 국도의 중심 지역에 소재했음을 알려준다. 집안의 국천이 통구하를 가리킨다면 그 유역에서 고국양왕릉의 소재지를 찾아야 할 것이다. 고국양왕릉은 국양 곧 국천 인근에 소재해야만 하는데, 압록강을 국천으로 일컬은 적이 없기 때문에 태왕릉을 고국양왕릉으로 비정할 수 없다. 요컨대 고국양왕의 국양은 국강의 범주에 속하지 못한다. 고국원왕을 가리키는 '국원' 보다 그의 원原 시호인 '국강상國罡上'이야 말로 그 능묘의 입지立地를 온전하게 반영하고 있다. 그러므로 광개토왕릉비가 소재한 '국강상' 근방에서 '국천'과 상통하는 '국양'을 시호로 한 고국양왕의 능을 찾는 일은 의미 없다고 본다. 오히려 이러한 점에서 본다면 압록강변의 천추총을 고국양왕릉으로 비정하는 견해는 [524] 논리적 타당성은 있다.

　　전통문화대학교, 2008, 148~150쪽에 의하였다.

524 桃崎祐輔, 「고구려 왕릉 출토 기와·부장품으로 본 편년과 연대」, 『고구려왕릉연구』, 동북아역사재단, 2009, 236쪽.

참고로 임기환은 "통구하와 가까운 칠성산 871호 고분이 신대왕릉[國谷]이나 고국천왕릉[國川原]에 모두 해당될 수 있다"[525]고 했다. 이와 관련해 '국천國川'과 '국양國壤'은 동일한 지역을 가리키고 있음은 주지의 사실이다. 그런데 고국천왕릉과 고국양왕릉이 서로 다른 구역에 소재할 수 있을까? 더욱이 임기환은 장지명 시호인 고국천왕의 능을 통구하와 연접한 지역으로 비정하고 있다. 그렇다면 '국천'은 통구하로 비정하는 게 타당하지 않을까? 임기환의 논리상의 모순을 통해 필자가 제기한 국천=통구하설의 타당성이 오히려 반증되고 있다. 이는 확실히 아이러니컬한 일이지만, 문제는 고국천왕릉은 환인에 소재했다는 것이다.

지금까지 고찰한 바에 따르면 태왕릉은 광개토왕릉이 될 수 없었다. 반면 장군총이 광개토왕릉임은 명확해졌다. 그리고 광개토왕릉과 동일하게 국강상에 소재한 고국원왕릉은 태왕릉이 적합해 보였다. 고국원왕은 일명一名 '국강상왕國罡上王'으로 일컬었기 때문이다.[526]

2. 우산하 992호분의 고국원왕릉설 검증

지금의 통구 평야는 국원의 범주에 속한다. 국원이라는 들판 가운데

---

525 임기환, 「고구려의 장지명 왕호와 왕릉 비정」, 『고구려왕릉연구』, 동북아역사재단, 2009, 42쪽.
526 『三國史記』권15, 故國原王 즉위년 조.

봉강峰岡을 국강이라고 했다. 국강이라고 한다면 일단 주변보다 지세가 높아야만 한다. 통구 평야에서 대지臺地 이상에 해당하는 입지에 조성된 왕릉급 분묘로는 장군총과 태왕릉 그리고 임강총 및 우산하 992호분을 지목할 수 있다. 보고서에 적혀 있는 지세를 옮긴다면 장군총은 '용산龍山의 남록南麓'[527]에, 해발 198m에 소재한 태왕릉은 '소구상小丘上'에[528], 임강총은 '소산상小山上'에[529], 우산하 992호분은 '완만한 비탈 모양의 대지상臺地上'[530]에 조성되었다고 했다. 표고 256m에 소재한 장군총[531]은 왕릉급 무덤 중에서 가장 높은 곳인 토구자산 기슭의 높은 대지 위에 자리잡았다.[532] 장군총의 입지 조건을 실감나게 상세히 서술한 다음의 글이 도움이 된다.

호태왕비가 서 있는 태왕촌의 지세는 집안 평원에 비하여 현저하게 높다. 따라서 이곳을 '국강상'이라고 불러도 무방할 것이다. 장군묘가 자리잡고 있는 용산 기슭은 태왕촌 가운데서도 제일 높은 곳에 해당하며 심지어 집안

---

527 吉林省文物考古研究所·集安市博物館 編著,『集安高句麗王陵--1990~2003年 集安高句麗王陵調査報告』, 文物出版社, 2004, 335쪽.

528 吉林省文物考古研究所·集安市博物館 編著,『集安高句麗王陵--1990~2003年 集安高句麗王陵調査報告』, 文物出版社, 2004, 216쪽.

529 吉林省文物考古研究所·集安市博物館 編著,『集安高句麗王陵--1990~2003年 集安高句麗王陵調査報告』, 文物出版社, 2004, 51쪽.

530 吉林省文物考古研究所·集安市博物館 編著,『集安高句麗王陵--1990~2003年 集安高句麗王陵調査報告』, 文物出版社, 2004, 118쪽.

531 東潮·田中俊明,『高句麗歷史と遺跡』, 中央公論社, 1995, 184쪽.

532 손수호,『고구려고분연구』, 사회과학출판사, 2001, 44~45쪽.

평원에서도 가장 높은 곳에 있는 비교적 넓은 언덕이라고 말할 수 있다. 따라서 이곳이야 말로 '국강상'이라고 불리우기에 가장 적합한 곳이다.[533]

그런데 위에서 서술한 여타 왕릉급 분묘들의 입지 조건과 비교되는 우산하 992호분이 '국강'에 해당하기는 어려워진다. 천추총의 경우도 입지를 '고강高崗'[534]이라고 하였다. 그런데 반해 우산하 992호분의 입지 조건인 '대지상臺地上'은 '국강'으로는 다소 부적합하다.

이와 관련해 우산하 992호분을 고국원왕릉으로 지목하는 견해가 제기되었다.[535] 고국원왕은 일명 '국강상왕'이라고도 하였다. 이는 고국원왕릉의 소재지가 '국강상國罡上'임을 뜻한다. 그런데 우산하 992호분은 입지상의 여건이 국강상에 충족되지 않는다. 게다가 한 변의 길이가 30 여m 급級인 우산하 992호분은 왕릉으로 단정하기 어렵다는 견해까지 제기되었다.[536] 즉 왕릉으로는 규모도 작을 뿐 아니라 치석治石 상태

---

533 朴眞奭,「好太王陵考」,『高句麗好太王碑硏究』, 아세아문화사, 1996, 337쪽.

534 吉林省文物考古硏究所・集安市博物館 編著,『集安高句麗王陵--1990~2003年 集安 高句麗王陵調査報告』, 文物出版社, 2004, 168쪽.

535 耿鐵華,「高句麗墓上建築及其性質」,『高句麗硏究文集』, 延邊大學出版社, 1993.
吉林省文物考古硏究所・集安市博物館 編著,『集安高句麗王陵--1990~2003年 集安 高句麗王陵調査報告』, 文物出版社, 2004, 138쪽.
임기환,「고구려의 장지명 왕호와 집안의 왕릉 비정」,『고구려 왕릉 연구 워크숍』, 동북아역사재단, 2007. 12. 20, 85쪽.

536 余昊奎,「集安地域 고구려 超大型積石墓의 전개과정과 그 被葬者 문제」,『韓國古代史硏究』41, 2006, 114쪽.
李熙濬,「太王陵의 墓主는 누구인가」,『韓國考古學報』59, 2006, 81쪽. 95쪽.

도 아주 조잡하다는 것이다. 그리고 우산하 992호분에서는 왕의 신분을 상징할만한 유물도 출토되지 않았다.[537] 이러한 견해들을 존중한다면 우산하 992호분은 왕릉의 대상에서 자동으로 제외된다. 더욱이 우산하 992호분에서 출토된 338년 추정 '戊戌' 명銘 와瓦는 371년에 패사한 고국원왕의 능이 되기는 어렵다.[538] 이러한 '戊戌' 명 기와를 놓고서 수릉제와 결부지어 보자. 이 경우 봉분의 완성을 뜻하는 복와覆瓦 시점이 338년이라고 볼 수 있다. 물론 고국원왕이 사망할 때 연로한 연령인 것은 사실이다. 그렇지만 371년에 자연사도 아니고 패사한 고국원왕이 자신의 능을 너무 이른 시기에 완성시킨 감이 든다. 게다가 우산하 992호분에서 출토된 '己丑' 명 기와의 연대가 329년에 해당된다고[539]할 때 더욱 그렇다. 따라서 우산하 992호분은 왕릉 여부를 떠나서라도 고국원왕릉으로 간주하기는 어렵다.[540]

게다가 우산하 992호분에서 출토된 마구류의 경우 4세기말~5세기 전반으로 편년되고 있다. 그렇다면 우산하 992호분 분묘의 조성 시기도 자연히 내려갈 수밖에 없다.[541] 더욱이 고국원왕은 국가를 위해 전투

---

537 崔鍾澤, 「集安 '高句麗 王陵' 出土遺物의 諸問題」, 『韓國古代史研究』41, 2006, 147쪽.

538 李熙濬, 「太王陵의 墓主는 누구인가」, 『韓國考古學報』59, 2006, 94쪽.

539 李熙濬, 「太王陵의 墓主는 누구인가」, 『韓國考古學報』59, 2006, 92쪽.

540 李熙濬은 「太王陵의 墓主는 누구인가」, 『韓國考古學報』59, 2006, 84쪽에서 "…수릉제를 전제로 하지 않는다면 이 무덤은 바로 이 와당 때문에 절대로 고국원왕릉이 될 수가 없는 것이다. 무덤을 완성하고 그 위를 덮는 데 쓴 와당의 연대가 왕의 몰년보다 이를 수는 없기 때문이다"라고 한 바 있다.

541 桃崎祐輔, 「고구려 왕릉 출토 기와·부장품으로 본 편년과 연대」, 『고구려왕릉연

중에 순국하였을 뿐 아니라 국강상성태왕國罡上聖太王이라는 존호를 부여받았을 정도로 위상이 적지 않았다. 그러한 고국원왕의 능이 우산하 992호분처럼 이 무렵의 다른 왕릉에 비해 왜소할 수는 없었을 것이다. 고국원왕은 순국했기에 추모의 감정이 더욱 컸을 것으로 여겨진다. 또 그것은 대규모 능묘의 조성으로 발현될 수 있기 때문이다.[542]

그런데 이 문제는 원체 중요한 사안이기 때문에 원점으로 돌아와 우산하 992호분의 왕릉 여부부터 재검증해 보고자 한다. 집안 일원에서 출토된 명문 와당 가운데 2곳 이상의 복수複數 지역에서 출토된 경우가 모두 4건이다. 첫째 '戊戌' 명 권운문卷雲文 기와는 이수원자남유지梨樹園子南遺址와 우산하 992호분, 그리고 체육장 4-3층에서 발견되었다. 둘째 '十谷民造' 명銘 기와는 이수원자남유지와 우산하 3319호분에서 출토되었다. 셋째 '乙卯' 명 기와는 국내성 건축 유적과 우산하 3319호분에서 출토된 것이다. 넷째 '己丑' 명 기와는 마선중학 서북과 서대총에서 출토되었다.[543]

여기서 '己丑' 명 기와의 출토지 가운데 한 곳인 '마선중학 서북' 유구의 성격을 알 수는 없다. 일단은 폐분廢墳은 아닐 가능성이 높다고 보인다. 어쨌든 이들 명문 기와 4건은 건물지와 분묘에서 모두 출토된 것이다. 이러한 경우는 분묘의 기와를 다른 곳의 건물 지붕에 이었다기 보

구』, 동북아역사재단, 2009, 218쪽.

542 朴眞奭 外, 『中國境內 高句麗遺蹟硏究』, 예하, 1995, 234~235쪽.

543 余昊奎, 「集安地域 고구려 超大型積石墓의 전개과정과 그 被葬者 문제」, 『韓國古代史硏究』41, 2006, 104쪽.

다는 건물의 기와를 분묘 조성에 사용했다고 보아야 한다. 즉 건물에 사용하다 남은 잉여 기와를 분묘 조성에 사용했을 가능성을 제기해 준다. 이 사실은 이들 명문와가 당초 분묘 조영에 사용된 기와가 아님을 뜻한다. 동시에 이러한 명문와를 사용한 분묘는 왕릉에 해당되지 않음을 암시해 준다. 정황상으로 보더라도 건물지에 사용한 기와를 적어도 왕릉에 덮을 수는 없기 때문이다.

왕릉의 경우는 처음 조영할 때는 왕릉용 전용 기와를 사용했을 것이다. 그런데 우산하 3319호분에서는 '十谷民造'·'乙卯'·'丁巳' 명 기와가 출토되었다. 우산하 3319호분에서는 이수원자남유지와 국내성 건축지에 사용된 기와가 다시금 쓰였던 것이다. 그런데 동일한 우산하 3319호분에서 출토된 '丁巳' 명 기와에는 "중랑장中郎將·부인夫人을 위하여 무덤을 덮는 기와를 만들었다"[544]라는 명문이 보인다. 이 명문을 보면 '丁巳' 명 기와는 당초 귀족의 분묘에 사용된 기와였음을 알 수 있다. 이러한 '丁巳' 명 기와가 여타 건물지에서 출토된 경우는 아직까지 없다. 그런 만큼 중랑장中郎將 벼슬을 한 귀족의 분묘를 번와할 때 건물지에 사용한 명문와를 이었다고 보아야 선후가 맞다. 다시 말해 우산하 3319호분의 '丁巳' 명 기와만이 곧 이 분묘 조영과 직접 관련 있음을 알

---

544 吉林省文物考古研究所·集安市博物館,「洞沟古墓群禹山墓區JYM3319號墓發掘報告」,『東北史地』2005-6, 19~20쪽. 圖版 2~5.
耿鐵華,「集安出土卷雲文瓦當研究」,『東北史地』2007-4, 19쪽.
명문 가운데 '中郎△夫人'의 경우 '△'에 대한 판독은 '及'과 '將'으로 나뉘어진다. 그런데 후자의 '將' 판독이 맞는 것 같다.

게 된다. 한편 '己丑' 명 기와는 폐분인 서대총에서 출토된 만큼 재사용을 위해 마선중학 서북 유구로 이동되었을 가능성도 고려해야 한다. 이러한 예외적인 경우를 제외하고서 접근해 보자. 그러면 2곳의 건물지에서 동일한 '戊戌' 명 기와가 출토된 우산하 992호분은 적어도 왕릉으로 간주하기는 어렵다고 보아야 한다.

그러면 고국원왕릉은 어느 무덤일까? 이와 관련해 천추총을 고국원왕릉으로 지목하는 견해가 있다. 그런데 천추총은 능비 주변의 국강상에서 서쪽으로 계선界線의 지표가 되는 하천인 통구하를 건너서 소재한다. 게다가 이곳은 국강상에서 무려 8km나 떨어져 있다. 따라서 이 견해는 취하기 어렵다. 반면 능비가 소재한 국강상에서 '국강상왕'인 고국원왕의 능을 찾는다면 선택의 여지 없이 태왕릉이 된다.[545] 이 문제는 태왕릉을 고국양왕릉으로 간주할 수 없는 이유와 맞물려 있다. 집안의 고구려 왕릉 가운데 마지막 시기의 왕릉으로는 천추총→태왕릉→장군총 순으로 조성 시기를 설정하는 게 일반적인 견해이다.[546] 이와 관련

---

545 그간 태왕릉=고국원왕릉설을 주장했던(朴眞奭, 「好太王陵考」, 『高句麗好太王碑研究』, 아세아문화사, 1996, 340~342쪽) 朴眞奭은 「太王陵 墓主新考」, 『高句麗 文化의 歷史的 價値--韓‧中共同學術會議』 2004, 35~37쪽에서 태왕릉=미천왕릉설을 주창했다. 기존 자설을 스스로 撤回한 것이다.

546 강현숙은 태왕릉의 구조를 棺‧槨‧室의 3중 구조로 이해했다. 그러면서 목곽 대신 가형 석곽이 사용되었다고 했다(강현숙, 「중국 길림성 집안 지역 고구려 왕릉의 구조에 대하여」, 『韓國古代史研究』 41, 2006, 2007, 159쪽). 그러나 태왕릉의 가형 석곽을 목곽에 견주는 것은 어불성설이 아닐까 싶다. 목곽 안에는 목관이 안치된다. 그렇지만 가형 석곽 안에는 목곽에 없는 棺臺가 설치되어 있고, 관대 위에 목관이 안치되는 구조이다. 따라서 兩者는 비교가 되지 않는 대상임을 알 수 있다. 가형 석

해 장군총을 광개토왕릉으로 지목하는 견해가 유력해지자 그 앞선 시기의 왕릉인 태왕릉을 광개토왕의 부父인 고국양왕의 능으로 지목하는 견해가 제기되었다. 그런데 태왕릉을 고국양왕릉으로 비정하는 데는 수긍하기 어려운 몇 가지 요소가 있다.

셋째 태왕릉은 앞서 언급했듯이 현실玄室 문의 높이와 폭의 길이를 고려해 볼 때 정상적인 운구運柩가 어렵다. 그러니 왕 생전에 조성된 능묘가 아니라 왕 사후에 조영되었음을 알 수 있다. 태왕릉에는 부장품을 안치해두는 공간이 존재하지도 않는다. 장군총의 관대보다 현격하게 작은 태왕릉 관대는 시신을 온전하게 확보할 수 없는 고구려 왕 부부에 해당할 수 있다. 이러한 태왕릉 관대는 불완전한 시신이나 유골의 안치 내지는 유품장으로서 적합하다. 요컨대 장군총의 1/4밖에 되지 않는 태왕릉의 비좁은 현실과 작은 크기의 관대는 태왕릉 피장자가 상례적常例的인 사망이 아님을 암시한다. 즉 웅장한 외적 규모에 비해 턱없이 좁은 현실 규모는 형식적인 장례를 연상시킨다. 이 경우는 불행한 죽음을 맞았기에 망자의 위신을 세워줄 목적으로 우람한 분묘를 조성했다. 그렇지만 정작 현실을 채울 게 없는 경우에 해당한다. 이러한 사안에

곽 안에 관대가 설치되었다는 것은 棺臺가 자리잡은 공간이 곧 室임을 뜻한다. 비근한 예로 무령왕릉 안에 관대가 있지만, 이것을 에워싸고 있는 공간은 槨이 아니라 玄室인 것이다. 따라서 태왕릉이 棺·槨·室의 3중 구조라는(강현숙, 「중국 길림성 집안지역 고구려 왕릉의 구조에 대하여」,『韓國古代史研究』41, 2006, 36쪽) 주장은 철회되어야 마땅하다. 태왕릉 역시 장군총처럼 棺과 室로 된 2중 구조인 것이다. 다만 태왕릉의 현실이 장군총 그것의 1/4밖에 되지 않는다는 규모의 차이밖에 없다.

고국양왕은 해당되지 않는다. 오히려 전사해서 시신의 수습이 불확실한 고국원왕에게 근사한 배경을 제공해 준다. 게다가 고국원왕비의 경우는 전연에서 환국했다는 기록도 없다. 요컨대 고국원왕 부부 모두 시신의 온전한 합장이 어려운 상황이다. 이것은 태왕릉 현실의 정황과 어긋나지 않는다.

둘째 고국원왕은 아들인 고국양왕 보다 능묘가 늦게 조성되었을 수 있다. 고국원왕은 전사했을 뿐 아니라 백제측에서 시신을 확보했을 수 있다는 점이다. 이와 더불어 고국원왕 순국의 의미를 현양시킬 목적으로 일정한 시간이 흐른 후에 분묘를 장대하게 조성할 수 있다. 이 역시 상례적인 사망인 아니다. 그런 관계로 일반적인 사례를 적용하기에는 일정한 한계가 있다는 점을 고려해야 한다.[547]

셋째 고국원왕릉은 광개토왕릉비가 소재한 국강상 일원에 소재하였다. 반면 '국양'과 '국천'이 연결되는 만큼, 고국양왕릉은 국내성과 환도산성 및 통구하 인접 지역에서 찾아야 마땅하다. 특히 '양壤'과 '천川'은 자의字義가 넘나들고 있기 때문이다. 따라서 고국양왕릉은 태왕릉과 같은 국강에 입지할 수도 없기 때문이다.

넷째 태왕릉 주변에서 출토되었다는 유물은 태왕릉에 부장된 게 아니었다. 그런 만큼 이러한 유물의 연대를 비록 편년차가 많지는 않다고 하더라도 고국양왕의 치세기와 결부지을 수는 없다.

---

547 李道學,「高句麗의 國難과 故國原王像」,『高句麗研究』23, 2006, 26쪽.

3. 우산하 0540호분의 왕릉 검증

최근에는 우산하 0540호분을 고국양왕릉에 비정하기도 한다.[548] 우산하 0540호분은 대지 평탄처에 조성되었다. 이 고분은 가로×세로 각각 35m, 높이 6m 규모에 소위 제대는 조성되지 않았다. 곧 이는 왕족묘일 가능성이 많다.[549] 그러한 우산하 0540호분은 장푸여우張福有가 고구려 왕릉을 죄다 집안 지역으로 비정하면서 '왕릉'으로 새롭게 부각된 고분이다. 더구나 우산하 0540호분을 고국양왕릉이 아닌 고국원왕릉으로 새롭게 비정하기도 한다. 그렇다면 이 고분은 이름 그대로 약간의 대지臺地 위인 '국강상'에 조성되었어야 마땅하다. 물론 촌락 가운데 남아 있는 우산하 0540호분은 비록 광개토왕릉비와 가장 가깝기는 하다고 한다. 그렇지만 우산하 0540호분은 '평탄처平坦處'에 조성된 관계로 '국강'의 조건에 부합되지 않는다. '국강'은 장군총과 태왕릉을 포괄하는 공간적 범역範域을 가리키는 동시에 문자 그대로 '언덕'이라는 입지 조건을 내포하기 때문이다. 장군총과 태왕릉은 이러한 2가지 조건에 모두 해당한다. 게다가 우산하 0540호분의 형식은 왕릉일 가능성을 뒷받침해 주지도 못한다. 실제 당초 왕족릉으로 분류되었던 우산하 0540호분은 현재 비왕족릉으로 지목되는 우산하 992호분보다도 규모를 비

---

548 張福有,『高句麗王陵統鑒』, 香港亞洲出版社, 2007, 173쪽.
549 吉林省文物考古研究所 · 集安市博物館 編著,『集安高句麗王陵』, 文物出版社, 2004, 5쪽.

롯한 모든 면에서 격이 떨어진다.

JYM0540분墳(계단광실적석총)을 대형분으로 분류하고, 국강상 범위에 소재하고, 조영 시기를 JYM0540분→태왕릉→장군총으로 설정하면서 왕릉 가능성이 제기되었다. 보고서의 JYM0540분은 우산하 0540호분을 가리킨다. 그런데 JYM0540분은 2004년도에 간행된 보고서에서는 고구려 왕족묘로 지목하였다. 그 규모도 35×35×6m로 적혀 있다.[550] 2009년도 보고서에서는 그 규모를 34.5×31.5×5.2m로 보고하였다.[551] 장푸여우가 2007년도에 간행한『고구려왕릉통감高句麗王陵統鑒』에서는 35×35×5m로 기록했다.[552] 이와 관련해 2002년도에 간행된『통구고분군洞溝古墳群』보고서에서는 그 규모를 39×39×9m라고 적었다. 앞의 보고서 기록과는 차이가 많이 난다. 따라서 2002년도 보고서는 신뢰하기 어렵다. 가령 2002년도에 임강총의 경우 70×60×4.5m라고 하였지만, 앞의 두 보고서에서는 모두 76×71×10m로 적혀 있다. 그러니『통구고분군』보고서에 문제가 있음을 알려준다. 산성하전창0036호묘는 18×20×3m로 기재되었다. 그런데 2004년도 보고서에서는 37×28×4.5m로, 2009년도 보고서에서는 37×31.5×4.5m로 적혀 있다. 후자의 두 보고서는 숫치가 대략 비슷하지만『통구고분군』보고서의 숫치와는 판이하게 다르다. 이 경우 역시『통구고분군』보고서의 숫

---

550 吉林省文物考古硏究所 · 集安市博物館 編著,『集安高句麗王陵』, 文物出版社, 2004, 5쪽.

551 吉林省文物考古硏究所 編著,『吉林集安高句麗墓葬報告書』, 文物出版社, 2009, 306쪽.

552 張福有,『高句麗王陵統鑒』, 香港亞洲出版社, 2007, 高句麗王陵統鑒輯要.

치에 의문을 제기할 수밖에 없다. 이러한 맥락에서 볼 때 JYM0540분의 규모에 관한『통구고분군』보고서의 숫치를 수용하기는 어렵다.[553] 나아가 JYM0540분은 2004년도 보고서에 기재된 우산하 992호분(38.5×36.1×6.5m)보다도 규모뿐 아니라 부장품의 질質 등에 이르기까지 모는 면에서 뒤지고 있다. 여호규를 비롯한 한국 학자들도 JYM0540분보다 규모와 부장품이 우위에 있는 우산하 992호분도 왕릉으로 비정하는데 반대하고 있다.[554] 더구나 JYM0540분은 중국인 학자들이 고구려 왕릉으로 비정하는데 준거가 되었던 소위 '제대'라는 유구도 보이지 않는다. 그 뿐 아니라 보고서에서는 태왕릉의 입지 조건을 '대지고부臺地高阜'라고 한데 반해 JYM0540분은 '대지평탄처臺地平坦處'라고 적었다.[555] 그러니 JYM0540분은 국강상國罡上의 외형상 입지 조건과도 부합하지 않는다. 물론 현장을 답사해 보니 반드시 맞는 주장은 아니었다고 본다.

그럼에도 JYM0540분이 왕족묘에서 왕릉으로 '승격'된 배경은 장푸여우로 말미암았다. 그가 제기한 귀장설歸葬說에 따라 평양성 천두 이후에도 영류왕릉에 이르기까지 고구려 왕릉을 모두 집안으로 귀장시

---

553 고구려 왕릉급 고분의 규모에 대해서는 鄭好燮,『高句麗古墳의 造營과 祭儀』, 고려대학교 사학과 박사학위청구논문, 2009, 15쪽을 참조하기 바란다.

554 余昊奎,「集安地域 고구려 超大型積石墓의 전개과정과 그 被葬者 문제」,『韓國古代史研究』41, 2006, 128~129쪽.

555 吉林省文物考古研究所‧集安市博物館 編著,『集安高句麗王陵』, 文物出版社, 2004, 5쪽.

〈사진 3. 우산하 0540호분 위에서 바라 본 태왕릉〉

컸다고 주장한 산물이었다. 이러한 그릇된 주장으로 인해 집안 지역의 왕릉급 고분이 동이나는 바람에 왕족묘로 지목되었던 JYM0540분까지 왕릉으로 '승격'된데 불과한 것이다. 이런 이유 때문에 JYM0540분을 왕릉으로 대우하며 의미를 부여하기는 어렵다고 본다. 장푸여우의 주장에 장단을 맞출 이유는 없지 않은가? 우산하 992호분과 우산하 0540호분은 중국에서 고구려 왕릉으로 비정한 바 있지만, 규모나 부속 시설의 미비 뿐 아니라 일찍이 세키노타다시도 언급했듯이 후자는 군집분 群集墳에 불과했으므로 왕릉 가능성은 낮다.

이처럼 왕릉의 조건에 미달되는 우산하 0540호분을 고국양왕릉에 비정하기도 한다.[556] 우산하 0540호분은 대지 평탄처에 조성되었다. 이 고분은 그 규모를 34.5m×31.5m×5.2m로 보고하였다.[557] 그리고 소위 제대는 조성되지 않았다. 곧 이는 왕족묘일 가능성이 많다.[558] 그러한 우산하 0540호분은 장푸여우가 고구려 왕릉을 죄다 집안 지역으로 비정하면서 '왕릉'으로 새롭게 부각된 고분이다. 더구나 우산하 0540호분을 고국양왕릉이 아닌 고국원왕릉으로 새롭게 비정하기도 한다. 그러면 우산하 0540호분의 왕릉 여부를 검토해 본다. 이와 관련해 앞서 언급한 지린성문물고고연구소와 지안박물관에서 간행한 고구려 왕릉 조사보고서를 재론하면, 집안에서 확인되는 왕릉급 고분은 다음과 같은 특징을 지닌 것으로 밝혔다.[559]

1) 동일한 시기 분묘 가운데 규모가 가장 크다.

2) 분묘 위에 기와를 사용했다.

3) 배총陪塚과 제대祭臺가 있다.

4) 분묘의 입지는 전통 관습과 풍수사상이 결합되어 선정하였다.

5) 독립적인 묘역을 확보하고 있다.

---

556 張福有,『高句麗王陵統鑒』, 香港亞洲出版社, 2007, 173쪽.

557 吉林省文物考古研究所 編著,『吉林集安高句麗墓葬報告書』, 文物出版社, 2009, 306쪽.

558 吉林省文物考古研究所 · 集安市博物館 編著,『集安高句麗王陵』, 文物出版社, 2004, 5쪽.

559 吉林省文物考古研究所 · 集安市博物館 編著,『集安高句麗王陵』, 文物出版社, 2004, 4쪽.

6) 출토 유물 가운데 왕권을 상징하는 의장품儀狀品이 있다.

위의 기준을 집안 지역 고구려 왕릉급 능묘에 모두 적용할 수는 없다. 그러나 능묘제에 따라 일정한 형식을 갖췄음은 분명하다. 그러한 면에서 볼 때 일단 우산하 0540호분은 우산하 992호분(38.5m×36.1m×6.5m) 보다도 규모와 부장품의 질 등에 이르기까지 모든 면에서 뒤쳐진다. 우산하 0540호분 보다 규모와 부장품이 우위에 있을 뿐 아니라 소위 제대까지 갖춘 우산하 992호분도 왕릉으로 비정하지 않는 경향이 있다.[560] 더욱이 우산하 0540호분은 고구려 왕릉 비정의 준거가 되었던 소위 '제대'라는 유구도 없다. 그리고 우산하 0540호분에서 기와가 출토된 적이 있던가?[561]

그러면 입지적인 조건을 살펴 보도록 한다. 우산하 0540호분이 왕릉이라면, 왕릉인 태왕릉과의 거리가 제일 가까운 왕릉이 된다. 그런데 양자가 너무 근접하였다. 그렇기에 태왕릉의 배총으로 우산하 0540호분이 포함된 이들 군집분을 지목하기까지 했다. 실제 우산하 0540호분은 태왕릉 동북쪽으로 238m밖에 떨어져 있지 않았다. 태왕릉 북쪽 능장에서 우산하 0540호분은 130m밖에 되지 않는다. 이에 반해 왕릉이

---

560 余昊奎, 「集安地域 고구려 超大型積石墓의 전개과정과 그 被葬者 문제」, 『韓國古代史硏究』41, 2006, 128~129쪽.

561 發掘・調査 報告書인 吉林省文物考古硏究所・集安市博物館 編著, 『集安高句麗王陵』, 文物出版社, 2004에서는 다른 분묘들과는 달리 우산하 0540호분에서는 기와의 존재를 언급하지 않았다.

분명한 임강총의 경우 태왕릉에서 655m 떨어져 있다. 왕릉과 왕릉 간의 최소 간격을 확인할 수 있게 된다. 따라서 군집분 형태로 몰려 있는 중대형급 적석총 가운데 1기인 우산하 0540호분을 단독 능역의 왕릉으로 지목할 수는 없다.

무엇 보다 우산하 0540호분은 독립적인 능역을 확보하지 못했다. 우산하 0540호분은 1938년에 확인된 태왕릉 북쪽 능장陵墻 바깥 구릉상에 소재한 "한 변의 길이 20~25m의 5기의 석총石塚" 중의 1기가 분명하기 때문이다. 이들의 존재는 세키노타다시가 1914년에 능비 후방에서 확인했던 약 20~30기의 크고 작은 고분군을 가리킨다. 그런데 이들 고분군은 중간에 약간 큰 석총이 무너져 있지만 규모가 작아서 하나라도 왕릉이라 생각할 수 있는 게 없다고 단정했다. 더욱이 "상기한 석총을 대왕릉의 배총의 일부로 보는 것이 가능하다면, 비는 대왕릉의 능역 내에 있는 것으로도 풀이가 가능하지만"라고 했을 정도로, 태왕릉 북쪽 능장과 인접해 있는 것이다. 능비에서 근접한 임강총의 경우도 단독 능역을 지니고 있다. 따라서 20~30개의 크고 작은 군집분 속의 1기였던 우산하 0540호분의 왕릉 가능성은 매우 낮다.

한편 1938년 6월 2일에 집안 일대를 탐방한 고유섭은 우산하禹山下 3319호분에 대해 다음과 같이 언급하였다.

이곳으로부터 여산如山 중복의 속칭 전릉塼陵이란 곳을 찾아 올라간다. … 이곳 전릉은 보통 적석위봉積石爲封의 석릉이면서 그 현실이 와전瓦塼으로 초축된 흔적이 지금도 완연하여 능 앞에는 화상단석畫像斷石이 있어

치졸하기 짝이 없으나 관모 좌측에 왕자王字 양樣 문자가 새겨져 있음이 주목된다. 산상왕의 능일까도 하여 보았으나 산성자에도 이런 석릉이 많다 하니 증명할 도리는 없다. 이곳에 서서 예의 불교 수입으로 유명한 소수림왕의 능이란 유수림자楡樹林子에 있지 아니할까 하였고, 또 이 제총諸塚의 현실 방향이 반드시 남향만 한 것이 아니라 모두 저 읍성을 바라보고 서남향하여 있음이 이상히 느껴졌다.[562]

위의 인용에서 여산은 지금의 우산을 가리킨다. 그런데 고유섭이 현장을 답사했을 때 이미 우산하 3319호분의 구조가 드러났음을 알 수 있다. 그랬기에 외적으로는 적석총이지만 내부 현실은 전축임을 운위했다고 본다. 1997년에 동일한 고분에 대한 발굴 결과 그러한 구조가 드러났다는 보고는 맞지 않다. 1979년에 청자반구호가 적석부에서 출토되었다고 한다. 그렇더라도 정식 발굴 때까지 유물들이 온존했다는 게 믿기지 않는다.

---

562 高裕燮,「高句麗 古都 國內城 遊觀記」,『朝光』1938-9; 又玄 高裕燮全集 發刊委員會, 『又玄 高裕燮全集 9』, 悅話堂, 2013, 223쪽.

VI. 평양 일원 고구려 왕릉 검증

1. 평양성 천도 이후 고구려 왕릉의 집안集安 귀장설 검토—
장군총=장수왕릉설의 저의底意

고구려가 국내성에서 평양성으로 천도한 이후에도 왕릉은 지금의 중국 길림성 집안 일대에 조성했다는 주장이 중국 학계에서 제기됐다.[563] 중국 사회과학원이 간행하는 이 논문집의 해당 논문에 따르면 21대 문자명왕에서 27대 영류왕에 이르는 7명의 왕이 묻힌 왕릉을 각각 집안시 우산하禹山下 2112호분(21대 문자명왕), 오회분 1호(22대 안장왕), 오회분 2호(23대 안원왕), 우산하 2114호(24대 양원왕), 우산하 2113호 사신총四神塚(25대 평원왕), 오회분 3호(26대 영양왕), 오회분 4호(27대 영류왕)로 지목했다. 이 무덤들은 모두 중국 집안에 소재하고 있다. 고구려 멸망 후 당唐에서 사망한 보장왕의 무덤도 중국 시안西安에 소재한다.

그런데 이 같은 주장의 허구성을 일일이 지적하기에 앞서 근본적인 문제점부터 구명해 보자. 또 그래야만 당면한 평양성 천도 이후 고구려 왕릉 소재지에 대한 문제점의 실마리가 풀릴 것으로 판단된다. 이러한 주장의 꼬투리는 집안에 소재한 장군총의 피장자 논의에서부터 잡아야 할 것 같다. 그런 관계로 장군총의 장수왕릉설의 정치적 배경을 밝히고, 나아가 장군총의 장수왕릉 여부를 검증해 보고자 한다.

---

563 張福有・孫仁杰・遲勇,「高句麗王陵通考要報」,『東北史地』2007-4, 2~13쪽.

중국이 고구려 왕릉의 소재지를 죄다 중화인민공화국 영역 내로 배정한 작금의 시도는 충분히 예견된 일이었다. 평양성으로 천도한 이후 고구려 왕릉의 소재지를 현재의 중국 영역으로 묶어두는 시도는 장수왕릉을 집안의 장군총으로 지목한데서부터 출발했다고 보아야 한다. 물론 장군총이 장수왕릉이라면 당연히 그러한 주장을 수용해야 마땅할 것이다. 그러나 실제는 그렇지 못한 지극히 부자연스러운 논리가 구사되었다. 그러면 이 주장의 허실부터 먼저 밝혀 보기로 한다.

지린성문물고고연구소와 지안시박물관에서 발굴 결과를 토대로 2004년에 간행한『집안 고구려왕릉』보고서에 보면 장군총의 피장자에 관한 지금까지의 견해를 소개하면서 "1. 시조 동명왕설, 2. 산상왕설, 3. 태왕릉설, 4. 장수왕릉설"라고 적어 놓았다. 그러면서 "또 장군분이 태왕릉이라는 설을 제출하였다"[564]라는 '말이 되지 않는 서술'마저 보인다. 이는 장군분 즉 장군총을 "아무개 왕으로 비정하는 설이 제기되었다"로 표기해야 맞다. 그런데 이희준은 필자의 이 구절을 가리켜 "… 하지만 보고서에서도 서술하였듯이 이는 태왕릉=광개토왕릉을 연대와 연대 비정에서 표준으로 삼았기 때문에 어쩌면 당연한 일이다"[565]고 평하였다. 그러나 필자의 이 문장은 그런 뜻이 아니다. 장군총의 피장자를 다른 왕릉들과 마찬 가지로 왕명에서 취하여 '광개토왕릉설'이라고

564 吉林省文物考古研究所 · 集安市博物館 編著,『集安高句麗王陵--1990~2003年 集安 高句麗王陵調查報告』, 文物出版社, 2004, 362쪽.
565 李熙濬,「太王陵의 墓主는 누구인가」,『韓國考古學報』59, 2006, 102쪽.

표기해야 맞다. 그런데 동同 보고서에서는 무덤 이름을 가리키는 '태왕릉설'이라고 했으니 '말이 되지 않는 서술'이라고 한 것이다.

　중국에서는 장군총을 태왕 즉 광개토왕의 능이라는 견해를 '태왕릉설'로 표현한 것이다. 그러면 태왕이 광개토왕만을 가리키지 않는데도 굳이 이러한 표현을 사용한 저의는 무엇일까? 이는 장군총을 광개토왕릉으로 지목한 견해를 마지 못해 소개한 데 따른 것이다. 그러면 중국에서는 무엇 때문에 장군총을 광개토왕릉으로 비정했던 견해를 애써 외면하려고 한 것일까? 물론 장군총의 피장자에 대해서는 장수왕설을 비롯해서 여러 견해가 있다. 그러나 이와 관련한 강력한 학설이 장군총=광개토왕릉설인 것이다. 그러한 광개토왕릉설을 중국에서 외면할 때는 필시 어떤 이유가 있다고 보아야 한다. 이 설을 검증하는 것이 아니라 '외면'하고 있다는 자체가 복선이 깔려 있음을 뜻할 수 있다. 이 문제의 배경에 관해서는 필자가 일찍이 다음과 같은 견해를 피력하였다.

　　최근 어떤 고구려사 연구자는 주요 일간지 인터뷰에서, "왜 고구려가 중원으로 진출하지 않았는지 아쉬워한다"는 견해에 대해 "만약 평양으로 옮기지 않았다면 고구려가 한국사가 될 수 있었겠는가"라고 반문했다고 한다. 이러한 답변은 중국인들의 논리와 동일할 뿐더러 고구려의 정체성마저도 파악하지 못한 것이다. 만약 이러한 논리대로라면 한반도에 영역을 미치지 못했던 부여의 역사는 중국사로 넘겨 주어야 한다. 그리고 중국인들은 지안의 태왕릉은 광개토왕릉, 장군총은 장수왕릉이라고 주장하면서, 평양성 천도를 단행했고 거의 한 세기를 살다가 5세기 말에 사망한 장수왕의 능묘까지도 만주 땅에 묶어두고자 했다. 그러니까 상징성이 큰 고구려 왕릉의 소재지까지 만주 지역으로 설정해서 중국내 고구려 유적에 무게를 싣고자 하였다. 그럼으로써 현재 중국 영토를 중심으로 한 고구려사의 시간적 범위를 확대시키는 동시에 중국사로서의 이미지를 은연 중 강화시키려 한 것이다. 문제는 이러한 중국측 의도를 눈치채지 못하고 부화뇌동하는 학자들이 있다는 자체가 서글픈 현실이 아닐 수 없다. 그러한 논거가 타당지도 않을 뿐 더러 지금 중국인들의 논리를 보강해 주는 논조에 힘을 낭비할 때인가(이도학, 「중국의 고구려사 왜곡 대책 시급하다」,『새교육』, 한국교육신문사, 2004, 3월호)?[566]

그러니까 고구려 유적의 노른자위는 중국에 있다는 주장을 함으로써 중국 내 고구려 유적의 비중을 실어 주는 것이다. 그럼으로써 고구려사는 어디까지나 중국사라는 이미지와 또 그러한 근거로 활용하기 위한 수작으로 파악되어진다.

그러면 장군총의 장수왕릉설을 검토해 본다. 이 설의 근거는 장수왕은 427년에 평양성으로 천도를 단행했지만, 선영이 있는 집안으로 귀장되었다는 데 있다. 그러나 이러한 주장은 근거없는 막연한 심증에 불과하다. 천도를 단행한 왕은 신도新都에 묻히는 게 하나의 원칙이었기 때문이다. 가령 평성에서 낙양으로 천도한 북위 효문제의 경우 뤄양에 묻혔다. 사비성 천도를 단행한 백제 성왕도 부여 능산리에 묻

---

566 李道學,『역사가 기억해주는 이름』, 서경문화사, 2007, 63~64쪽.

힌 게 확인되었다. 심지어 익산 천도를 단행한 무왕의 능은 익산 쌍릉이 아닌가? 따라서 이 점에 있어서는 예외를 찾기가 어렵다. 즉 평양성 천도를 단행한 장수왕의 능이 현재의 중국 땅에 소재해야할 이유가 없다.[567]

한편 장군총은 장수왕이 생전에 조영한 수릉이었다. 그런데 평양성 천도 후 평양에 능이 조성된 관계로 장군총은 시신이 안치되지 않은 빈 무덤 즉 허릉虛陵으로 남았다는 견해가 제기된 바 있다.[568] 강현숙도 자신이 작성한 '집안 지역 왕릉 비정 고분'에서 "III 형식의 하한은 5세기 중엽으로 비정하고자 한다. … 집안 지역에서 초대형 계단식 석실적석총은 5세기 중엽경까지는 축조되었을 것이다"[569]고 했다. 그러면서 "… 장군총이 상징적인 허묘였기 때문에 나타난 현상일 가능성도 배제할 수는 없다"[570]고 서술하였다. 이러한 주장을 볼 때 강현숙은 장군총을 5세기 중엽에 조성된 '상징적인 허묘'였을 가능성을 제기하고 있음을 알 수 있다. 이와 더불어 "장군총을 5세기 말로 비정하는 것은 장군총의 주인공을 장수왕으로 보았기 때문이지만"[571]라고 하면서 장군총=장수

---

567 李道學, 『고구려 광개토왕릉비문 연구』, 서경문화사, 2006, 339~340쪽.

568 魏存成, 『高句麗遺蹟』, 文物出版社, 2002, 167쪽.

569 姜賢淑, 「중국 길림성 집안 지역 고구려 왕릉의 구조에 대하여」, 『韓國古代史研究』 41, 2006, 38쪽.

570 姜賢淑, 「중국 길림성 집안 지역 고구려 왕릉의 구조에 대하여」, 『韓國古代史研究』 41, 2006, 41쪽, 註 58.

571 姜賢淑, 「중국 길림성 집안 지역 고구려 왕릉의 구조에 대하여」, 『韓國古代史研究』 41, 2006, 38쪽, 註 57.

왕릉설에 대한 애매한 입장을 보이고 있다. 물론 강현숙은 장군총의 피장자를 직접 거명하지는 않았다. 그러나 '5세기 중엽에 조성된 왕릉인 장군총'의 피장자로는 412년에 사망한 광개토왕이 될 수가 없다. 더구나 강현숙은 태왕릉의 조영 시기를 "4세기 후엽 이후부터 5세기 초 사이로"[572] 규정하였기 때문이다.[573] 따라서 장군총 피장자는 곧 장수왕 외에는 달리 없다고 하겠다. 결국 강현숙은 장수왕릉=장군총=허릉설에 무게를 두고 있음을 알 수 있다.

이와 관련해 장군총의 소위 제대에서 출토되었다는 금동 식리와 금제 귀걸이 및 장군총 남쪽에서 출토되었다는 금동두식金銅頭飾을 거론하며 장군총 허릉설을 반박하기도 한다.[574] 그러나 출토지도 모호한 막연하고 궁색한 이러한 유물로써 공명을 얻기는 어렵다. 정곡을 찌르는 결정적인 근거를 제시해야 한다. 오히려 장군총의 배총 2기에서 철정鐵釘이 출토되었다. 이는 관정棺釘이 분명한 만큼 목관이 안치되었음을 뜻한다. 나아가 이는 배총의 주분묘主墳墓인 장군총에도 관이 안치되었음을 뜻하는 동시에, 허릉설이 명백한 허구임을 증명해 준다. 장군총의 일종의 위성 무덤인 배총에 시신이 매장되었는데, 정작 주총主塚인 장

---

572 姜賢淑, 「중국 길림성 집안 지역 고구려 왕릉의 구조에 대하여」, 『韓國古代史研究』 41, 2006, 38쪽.

573 이는 壽陵制까지 염두에 두고 태왕릉의 조영 시기를 말한 것임이 분명하다. 姜賢淑은 胸中에 태왕릉의 피장자로서 광개토왕을 생각하고 있음을 간파할 수 있다.

574 李熙濬, 「太王陵의 墓主는 누구인가」, 『韓國考古學報』 59, 2006, 90쪽.

군총이 시신이 안장되지 않는 허릉일 수는 없기 때문이다.[575]

요컨대 어떠한 경우를 상정하더라도 장군총은 장수왕릉이 될 수 없다. 그렇다면 자연 이와 맞물려 있는 태왕릉의 피장자 역시 광개토왕이 될 수는 없다. 그럼에도 중국에서는 당초 광개토왕릉을 무리하게 태왕릉으로 지목하였다. 그러다 보니까 그 다음 시기의 왕릉인 장군총의 피장자를 장수왕으로 지목할 수밖에 없었던 측면도 있다. 피장자와 관련해 태왕릉과 장군총은 이처럼 서로 맞물려 있는 것이다.

그러면 다시금 돌아와서 중국 학계가 주장하는 배경을 진단해 보도록 한다. 이번 주장은 장군총을 평양성 천도를 단행한 장수왕의 능으로 지목함에 따라 이와 연동하여 야기된 문제라고 할 수 있다. 이는 태왕릉과 장군총의 피장자 문제에 있어서 한국 학계의 안이한 의식과 허술한 고증이 자초한 화禍라고 규정할 수 있다. 그러니까 평양성 천도를 단행한 장수왕의 능을 중국 집안에 소재한 장군총으로 비정하는 중국이나 일부 일본 및 한국 학자들의 견해를 의식 없이 수용한 데 말미암은 것이다. 그러다 보니까 이와 연동하여 평양성 천도 이후 고구려 왕들의 능묘까지도 송두리째 현재의 중국 영역에 소재한 것으로 허용하는 사태를 야기시키고 말았다. 맞지도 않는 견해인 장군총=장수왕릉설을 수용함으로써 하나의 원칙과 기준이 무너지게 되었다. 결국 이제는 걷잡을 수 없을 정도로 일이 커지게 되고 말았다. 고구려 전체 왕릉을 죄다 중국 영내 소재로 둔갑시키고 말았기 때문이다. 요컨대 이번 사태

---

575 李道學, 『고구려 광개토왕릉비문 연구』, 서경문화사, 2006, 337~339쪽.

의 본질은 장군총을 장수왕릉으로 주장하는 중국인들의 견해에 적절히 대응하지 못한데서 찾아야 한다. 오히려 그 논리를 무분별하게 수용한 데서 자초한 측면이 크다고 규정하고 싶다.[576]

2. 평양 지역 고구려 왕릉 비정

1) 경신리 1호분(漢王墓)의 피장자 문제

평양 일원의 왕릉급 고분 가운데 시기와 규모면에서 주목을 요하는 게 단연 한왕묘漢王墓이다. 한왕묘는 지금의 평안남도 평성시에서 동남쪽으로 약 11km 떨어진 곳에 소재한 경신리 1호분을 가리킨다. 한변 약 54m, 높이 약 12m인 경신리 1호분은, 평양 일대 석실 봉토분 가운데 제일 큰 무덤의 하나이다. 그리고 적석총의 전통이 석실 봉토분에 계승된 것을 보여주는 대표적인 유적이기도 하다.[577]

이에 따라 경신리 1호분을 평양성 천도를 단행한 장수왕의 능으로 지목하는 견해가 다음 두 사람의 논지가 된다. 다음의 논지를 숙지한 후 경신리 1호분(漢王墓)을 처음 발굴했던 세키노타다시關野貞의 소견과 대조하여 검증해 보고자 하였다.

---

576 李道學, 「46차 고구려연구회 학술발표회 토론문」, 『46차 고구려연구회 정기학술발표』, 고구려연구회, 2007.9.14, 39쪽.
577 조선유적유물도감편찬위원회, 『조선유적유물도감(5) 고구려편(3)』, 외국문종합출판사, 1990, 156쪽.

* 경신리 1호분은 기단봉토석실분이라는 새로운 외형적 특징 이외에도, 중앙에 자리잡은 연도가 긴 단실묘라는 내부 구조적 특징 및 와당을 포함한 기와가 발견되는 점에서, 장군총을 비롯한 집안 지역의 왕릉급 무덤과 유사성이 인정된다. 그러므로 경신리 1호분은 집안 지역과 평양 지역의 묘제를 이어주는 왕릉급 무덤으로서 주목된다. … 무덤의 조영과 와당의 제작연대가 동일하다고 보면, 와당의 연대를 통해 경신리 1호분의 조영연대를 5세기 4/4분기로 판단할 수 있다. 경신리 1호분은 고구려의 석실 봉토분 중에서 가장 크기 때문에 왕릉으로 비정이 가능하다. 『삼국사기』에 의하면 고구려의 역사상 5세기 4/4분기에 몰沒한 왕은 장수왕이 유일하다. 따라서 경신리 1호분을 장수왕릉으로 비정이 가능하다.…
중앙 연도의 단실묘로서 긴 연도를 가지는 특징의 고구려 무덤으로는 본 연구에서 검토한 경신리 1호분 이외에도, 전傳 동명왕릉, 호남리 사신총, 토포리 대총 등이 있다. 차후에 이와 같은 무덤들의 선후관계와 피장자를 추정함에 있어서 경신리 1호분이 역할을 수행할 수 있을 것으로 기대된다. [578]

* 경신리 1호분은 분구의 지름이 54m에 이르며 평양 지역에 조성된 고분 중 가장 규모가 크다. 석실 상부에서는 연화문 와당을 비롯한 기와들이 출토되었는데, 와당의 형태가 집안 지역에 있는 태왕릉이나 장군총에

578 주홍규, 「고구려 기와로 본 경신리 1호분(소위 한왕묘)의 조영연대와 피장자 검토」, 『한국사학보』 68, 2017, 254쪽.

서 출토된 것과 유사하다. 특히 평양 지역의 봉토석실분 중에서 석실 상부에 와당과 기와가 확인된 것은 경신리 1호분이 유일하다. 이는 국내성 시기 왕릉급 적석총 상단에 '개묘와蓋墓瓦'를 덮었던 습속이 강하게 남은 것으로 이해할 수 있다. 이러한 점들을 감안하였을 때 경신리 1호분은 평양 지역에서 가장 이른 시기에 조영된 고구려 왕릉인 장수왕의 무덤으로 판단된다.[579]

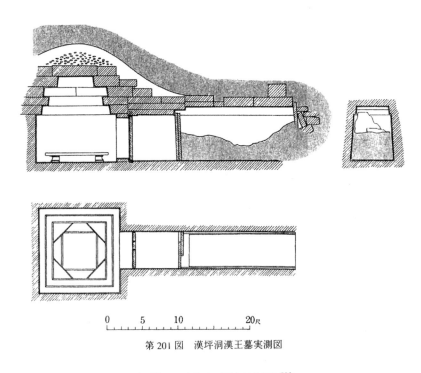

第 201 図　漢坪洞漢王墓実測図

〈그림 12. 경신리 1호분 실측도〉[580]

---

579 기경량, 「평양 지역 고구려 왕릉의 위치와 피장자」, 『한국고대사연구』88, 2017, 6쪽.
580 關野貞, 『[新版] 朝鮮の建築と藝術』, 岩波書店, 2005, 371쪽.

경신리 1호분(漢王墓)을 발굴했던 세키노타다시의 조사 기록이 남아 있다. 이 기록은 현재로서는 사료 성격을 지녔기에 다음과 같이 전문 번역하여 본 고분의 조성 시기와 피장자를 비정하는 단서로 삼고자 한다.

이 고분은 『오주지吳州志』 즉 『강동읍지江東邑誌』에는 (다음과 같이 적혀 있다.)

皇帝墓 在縣北三十五里錢鋪里 圍六百七尺四寸 高一百二十六尺 隧道丁字閣遺址宛然 至今墓南烏崖窟中 有終南山下漢王天地八字 古人詩曰 片土至今名漢岱 延熙十載葬東川 謹按漢史與東史 則東川卽高句麗王 而延熙蜀漢後主年號也 東川之薨在於延熙十載丁卯 以此推之 東川之墓無疑 而但漢王與皇帝之稱未知何據

바로 한왕묘漢王墓 또는 황제묘皇帝墓라고도 일컫는다. 이곳은 지금 마산면馬山面 한평동漢坪洞이라고 불리지만 구전포리舊錢浦里 한대동漢岱洞이라고도 한다. 『오주지』의 설에는 이 고분을 동천왕의 묘라고 추정하였다. 조선 역사에서는 동천왕이 위魏의 관구검 때문에 그 도성 환도성이 함락·파괴되어 도성을 평양으로 옮겼다고 말하지만, 당시 평양에는 낙랑군이 매우 융성했기에 동천왕은 다시금 환도로 돌아가 도읍하였고, 평양에는 오지 않은 것 같아, 그 무덤도 아마 환도 부근에 있었다는 게 틀리지 않다. 그렇다면 이 무덤을 동천왕의 무덤으로 보는 것은 믿기 어렵다. 게다가 그 연대는 1500년 전(1911년 기준)에 가까워야 하는데, 장수왕 전후에 있는 왕의 능묘에 비정해야 한다.

이 묘는 강동읍 서남 약 4리, 대동강의 우안右岸 약 20정町 쯤 되는 곳에 있으며 남면하여 산을 등지고 있다. 그 부근에는 고구려시대의 소분小墳이 지금 18기가 있고, 그 위치는 뒤가 약간 높고, 앞이 낮으며 넓이가 1정이고, 길이가 4정 정도의 평지에 불과한 작은 구릉이 좌우로부터 이곳을 둘러싸고 있다.

무덤은 2단 기단 위에 조영된 원분인데, 기단은 방형이며, 전면 및 서면은 높이가 1척(3.3m) 전후인 돌을 2단으로 쌓았으나, 동면은 지세가 약간 높아서 1단으로만 쌓았고, 북면은 땅이 점점 더 높은 곳에 있기에 단壇을 만들지 않았다(第200圖).

무덤은 이 기단 위에 만들어졌는데, 직경은 약 30칸間(54.5m), 높이는 약 40척尺(12m)이다. 무덤의 남방에는 장방형으로 앞뒤로 길게 돌을 늘어놓아 전정前庭을 만들었는데, 『오주지』에서 "隧道丁字閣遺址宛然"라고 하는 것이 이것을 지칭하고 있다.

무덤의 바깥은 현재 풀로 덮혀 있다. 시험삼아 1척尺을 파보니 전부 암키와(平瓦)·수키와(丸瓦)·와당(巴瓦)의 파편을 늘어놓아 덮은 것을 발견했다. 아마도 빗물이 내부에 침투하는 것을 방지할 목적에서 나왔을 것이다. 평와平瓦는 겉에 포목布目이, 속에는 승목繩目을 나타내는 것으로, 환와丸瓦는 위가 크고 밑이 약간 작은 데, 파와巴瓦의 문양은 만주 집안현 장군총(내가 장수왕의 아버지인 광개토왕의 무덤으로 추정하는 것)의 윗 부분에서 출토된 것과 동일한 형식으로 연대는 다소 밑으로 내려가는 듯하다. 이 부근의 토양은 잔돌이 섞여 있지만, 무덤을 쌓은 것은 적색의 점토로,

전혀 잔돌이 섞여 있지 않았다. 내부에는 커다란 현실玄室과 연도羨道가 있다.

현실은 방형인데 동서로 11척尺 4촌寸(3.4m), 남북 11척 2촌 2푼分(3.3m), 바닥에서부터 천정까지의 높이는 11척 4촌 6푼(3.4m)이다. 네 벽은 돌로 쌓았고, 그 위에는 제201도圖와 같이 두꺼운 석재를 모줄임하기를 2중으로 했고, 더욱이 네 모서리에 비스듬이 삼각형으로 모줄임을 하고, 다시 평행하게 삼각 형태의 모줄임을 겹치고, 그리고는 점차 천장의 넓이를 좁힌 후, 마지막에는 한 장의 돌로 그 위를 덮는, 매우 교묘하게 천정天井을 구성하고(제202圖), 네 벽에서 천장에 이르기까지 죄다 회반죽을 바르는 수법은 매우 아름답다. 네 벽壁에는 무언가를 그린 것 같이 보이지만 박락剝落으로 거의 식별할 수 없다. 남면에는 연도로 통하는 입구가 열려 있고, 연도는 폭이 5척 남짓(1.5m)인데, 아래쪽은 넓고, 위쪽은 좁다. 길이는 지금 17척 7촌 6푼(약 5.4m)이다. 이것은 내內·중中·외外의 세 곳에 있어서 폐쇄했다. 옛적에 이것을 파괴하고 현실에 들어온 형적이 있다. 즉 연도에서 현실로 들어오는 곳에는 돌문[石扉] 한 매枚가 있다. 문화[軸穴]이 있어서 좌우로 열 수 있다. 당초에 자물쇠로 잠갔던 흔적이 있다. 두 번째는 이 입구의 바깥편에 6촌 3촌(약 1.9m) 남짓 장소에 2매의 큰 판석板石을 세워서 막았고, 그 돌의 바깥은 흙을 채워 넣었다. 세 번째는 바깥에서부터 연도로 가는 입구를 막아놓은 것이지만, 후세에 파괴되어 원래 모습을 지금은 전혀 추정할 수 없다. 이 연도의 벽壁·천정天井에도 또 회반죽이 발라져 있다.

현실 안에는 두 매의 두꺼운 석상石床이 있다. 좌우로 나란히 놓았는데,

모두 모서리를 깎아서 만든 곡면한 앞뒤로 2개의 다리가 있다. 이 석상 위에는 목관木棺의 파괴된 파편이 동서 방향으로 쌓여 있었다. 관재棺材의 내부는 주칠朱漆을, 외부는 흑칠黑漆을 바른 흔적이 있다. 부장품은 아무것도 발견되지 않았다. 바로 이 무덤은 옛적에 일찌감치 발굴되어 부장품은 모조리 도굴되어 간 것일 게다. 내가 발굴할 때 무덤 상면上面에서 약 3척(90cm) 정도의 지점에서 1개의 토제土製 호호壺를 얻었다. 이 호의 형상形狀과 소성燒成은 신라·임나의 것과는 다르고, 매우 낙랑군시대의 것과 유사한 점이 있다.

현실의 상부上部는 석회에 자갈을 섞은 콘크리트로 덮었고, 그리고 벽과 천정에 사용한 석재의 틈새에도 죄다 석회를 사용하여 채워넣어, 몹시 견고함을 극대화시켰다. 확실히 이 무덤은 규모가 크고 그 구조 형식이 평양 지방에 있는 고구려시대의 가장 완비된 분묘를 대표하며, 국내성 부근의 분묘의 형식과 일치하여, 이러이러한 연결을 분명히 할 만한 것으로, 그 연대는 이미 이야기한 바와 같이 약 1,500년 전에 가까운 것일 게다.[581]

경신리 1호분은 평양 지역에 조성된 고분 중 가장 규모가 크고 가장 이른 시기 왕릉에 속한다. 그렇기 때문에 일찍부터 아즈마우시오東潮 등이 장수왕릉으로 지목하였다. 그러나 경신리 1호분을 장수왕릉으로 비정하는 견해는 넘어야 할 관문이자 복병이 기다리고 있다. 다음의 기

---

581 關野貞, 『[新版] 朝鮮の建築と藝術』, 岩波書店, 2005, 370~372쪽.

사에서 볼 때 장수왕이 사망했을 때는 그 이전에 사망한 고추가 대가大加인 조다助多가 있었다.

> 문자명왕은 명치호왕明治好王이라고도 한다. 이름은 나운羅雲이고, 장수왕의 손자이다. 아버지는 왕자 고추대가古鄒大加 조다助多인데 일찍 죽었다. 장수왕이 궁중에서 길러 대손大孫을 삼았다. 장수왕이 재위 79년에 죽자 이어서 즉위했다.[582]

문자명왕을 기준으로 할 때 생부인 조다가 사망한 후 조부인 장수왕이 492년에 사망했다. 광개토왕은 374년에 출생하였다. 20년 정도의 연차年差를 둔다면 장수왕은 394년 경에 출생한 것이다. 장수왕의 원자인 조다는 414년 경에 출생하였다. 이러한 맥락에서 본다면 조다는 434년 이후에 문자명왕을 낳았을 것이다. 그러한 조다는 조사早死했다고 하므로, 30세 무렵인 434년 경에 사망한 것이 된다. 어떻게 하든 조다는 장수왕 보다 훨씬 일찍 사망했음을 알 수 있다. 이러한 시점은 '집안 지역과 평양 지역의 묘제를 이어주는 왕릉급 무덤으로서' 경신리 1호분과 잘 부합한다. 조다는 국왕인 장수왕의 원자였을 뿐 아니라 대손인 문자명왕의 생부였다. 장수왕은 조다의 무덤을 굉위宏偉하게 조성하여 대손인 문자명왕의 입지를 강화해 주려고 했을 것이다. 이와

---

582 『三國史記』 권19, 文咨明王 즉위년 조. "文咨明王 一云明治好王 諱羅雲 長壽王之孫 父王子古鄒大加助多早死 長壽王養於宮中 以爲大孫 長壽在位七十九年薨 繼立"

더불어 경신리 1호분을 492년에 조성된 장수왕릉으로 지목하기에는 '집안 지역과 평양 지역의 묘제를 이어주는 왕릉급 무덤으로서'는 간극이 너무 크다.

결국 경신리 1호분은 장수왕의 원자요, 문자명왕의 생부인 고추가 조다의 분묘로 고고학적 현상과 부합한다. 논자들은 세키노타다시가 언급한 "장수왕 전후에 있는 왕의 능묘에 비정해야 한다"는 견해에 공감하였다. 그런데 '장수왕 전후에 있는 왕의 능묘'라면, 세키노타다시가 집안의 장군총이 광개토왕릉임을 제시한 바 있기에, 장수왕릉 이전의 왕릉으로는 필시 추봉追封되었을 조다왕릉助多王陵이 적격이었다. 조다는 장수왕 재위시에 사망했지만, 아들인 문자명왕이 대손이 되어 궁중에서 자란 후 국왕으로 즉위했다. 더욱이 이때는 고구려의 극성기였다. 그랬기에 조다의 위상은 국왕에 준할 뿐 아니라 이후 어느 고구려 왕들보다도 위상이 높았을 것이다. 결국 조다의 위상은 장대한 분묘의 조성으로 이어진 것으로 보겠다. 게다가 그 시점은 평양성 주변 왕릉 가운데 가장 이른 시기라는 비정과도 잘 부합한다.

2) 장수왕릉 이후의 왕릉 비정

경신리 1호분을 조다의 능묘로 비정했다. 그렇다면 이후인 492년에 조성된 장수왕릉은 전 동명왕릉으로 비정하는 게 자연스럽다. 다음은 지금까지의 평양 일원 고구려 왕릉에 대한 비정 양상이다.

〈표 4. 평양 지역 고구려 왕릉 비정〉[583]

고분	피장자 추정	비정자
경신리1호분 (한왕묘)	광개토왕(이장묘)	강경구
	助多	이도학
	장수왕	東潮, 강인구, 주홍규, 기경량
	문자명왕	趙俊杰, 강진원
전 동명왕릉	추모왕	東潮, 최댁민, 강인구
	추모왕 虛墓	강현숙
	추모왕 상징 유구	윤명철
	장수왕	永島暉臣愼, 魏存成, 조영현, 정호섭, 趙俊杰, 門田誠一, 강진원
	장수왕 壽陵	東潮
개마총	장수왕	강경구
동명왕릉 1호분 (진파리 4호분)	문자명왕	島暉臣愼, 정호섭
	조다	趙俊杰
동명왕릉 9호분 (진파리 1호분)	안장왕	정호섭
동명왕릉 4호분 (진파리 7호분)	조다	정호섭, 강진원
토포리 대총	문자명왕	東潮
	안장왕	趙俊杰
	문자명왕 혹은 안장왕	강인구
	안원왕 혹은 양원왕	강진원
호남리 사신총	안원왕	정호섭, 趙俊杰
	양원왕	東潮
	안원왕 혹은 양원왕	강인구, 강진원
강서대묘	평원왕	關野貞, 이병도, 東潮, 정호섭, 강진원
	영양왕	內藤湖男, 최택선, 趙俊杰, 강인구
강서중묘	평원왕	趙俊杰
	영양왕	이병도, 東潮, 강진원
	영류왕	內藤湖南
	양원왕 혹은 평원왕	강인구
	대양왕(보장왕부친)	최택선
강서소묘	양원왕	趙俊杰
	영류왕	최택선
	대양왕	강진원

기경량은 안원왕 · 양원왕 · 평원왕은 산기슭 또는 산등성이에 자리하고 있는 것으로, 영양왕(평양왕) · 무양왕(영류왕) · 대양왕은 평야 지역에 있었던 것으로 파악하였다.[584] 그 밖의 왕릉에 대한 비정을 다음과 같이 언급했다.

다른 무덤들의 묘주는 각각 전 동명왕릉=문자명왕, 토포리 대총=안장왕, 호남리 사신총=안원왕, 전 동명왕릉 고분군 1호=양원왕, 전 동명왕릉 고분군 9호=평원왕, 강서대묘=영양왕, 강서소묘=영류왕, 강서중묘=대양왕으로 비정하였다. 장지명을 나타내는 왕호와 고분의 입지, 고분의 상대편년 등을 고려하였다. 이 중 토포리 대총과 강서소묘에는 석실 내부에 벽화가 그려져 있지 않은데, 이는 정변으로 인하여 시해된 왕들의 무덤이기 때문으로 추정된다.[585]

위의 인용은 최근의 관련 연구 성과인 관계로 살펴 보기로 하였다. 먼저 벽화가 그려져 있지 않은 토포리 대총과 강서소묘는 정변에 의해 시해된 국왕릉으로 지목했다. 그렇다면 벽화 유무가 고종명考終命과 피살 여부를 결정 지을 수 있는 관건인 이유를 설명해야 한다. 지금까지

---

583 기경량, 「평양 지역 고구려 왕릉의 위치와 피장자」, 『한국고대사연구』 88, 2017, 14쪽. 참조 수정 · 보완.

584 기경량, 「평양 지역 고구려 왕릉의 위치와 피장자」, 『한국고대사연구』 88, 2017, 39쪽.

585 기경량, 「평양 지역 고구려 왕릉의 위치와 피장자」, 『한국고대사연구』 88, 2017, 6쪽.

확인된 고구려 벽화분은 대략 110기 미만인데,[586] 왕릉이 아니더라도 벽화분인 경우가 넘치고 있기 때문이다. 비록 모든 왕릉에 적용할 수 있는 요인은 아니더라도 중국에서는 집안 지역 고구려 왕릉의 기준을 설정한 바 있다. 이와 동일하게 평양 지역 왕릉의 경우도 일정한 기준을 제시할 필요가 있을 것 같다. 그렇지 않다면 왕릉 비정 근거가 없는 관계로 체계 없이 자의적으로 흐를 수 있기 때문이다.

시해된 왕이더라도 하나의 틀 속에 모두 가두기는 어렵다. 포악한 군주였기에 축출되어 피살되었다는 모본왕과 봉상왕은 모두 능묘 조성 기사가 남아 있다. 즉 "이에 칼을 뽑아 그를 해쳤다. 드디어 모본원에 장례를 치르고 시호를 모본왕이라고 했다(모본왕 6년 조)" · "왕이 면하지 못할 것을 알고 스스로 목을 매어 죽었고, 두 아들 역시 따라서 죽으니 봉산의 들에 장사지내고 시호를 봉상왕이라고 했다(봉상왕 9년 조)"고 했다. 모본왕과 봉상왕은 정변에 의해 응징적 죽음을 당했지만 모두 국왕의 예에 따라 장례를 치렀음을 알려준다. 여기서 봉상왕烽上王의 '烽上'은 봉화烽火 '烽'에 '윗 上' 자까지 있는데다가 장지에 '봉산烽山'까지 등장한다. 그렇지만 그는 '봉산지원烽山之原'에 묻혔다. 이와 관련해 양원왕陽原王과 평원왕平原王의 경우도 '양강상호왕陽崗上好王'과 '평강상호왕平崗上好王'에 근거하여 능묘의 소재지를 '산기슭 또는 산등성

---

586 2008년 당시까지 고구려 벽화분은 대동강유역 62기, 재령강유역 14기, 집안과 환인 30기로 밝혀졌다. 총 106기였다(전호태, 『고구려 고분벽화 읽기』, 서울대학교출판부, 2008, 253쪽).

이'로 추정할 수는 있다. 그러나 '국강상왕國罡上王'인 광개토왕릉인 장군총은 '산기슭 또는 산등성이'에 입지하지는 않았다. 낮은 대지臺地에 소재하였을 뿐이다. 태왕릉의 경우도 이와 유사한 입지에 조성되었다. 동천왕릉으로 비정되는 임강총의 경우는 '산기슭 또는 산등성이'에 해당한다. 그렇지만 동천왕의 시호에 '강罡'은 보이지 않는다. 게다가 양원왕과 평원왕의 경우도 봉상왕의 '봉산지원烽山之原'처럼 '양강지원陽崗之原'이나 '평강지원平崗之原'일 가능성도 염두에 두어야 한다. '양강陽崗'과 '평강平崗'은 '양원陽原'과 '평원平原'으로 각각 환치된다. 따라서 양원왕릉과 평원왕릉을 '산기슭 또는 산등성이'로 추정하는 것은 속단일 수 있다.

그러면 안장왕릉의 경우도 살펴 보자. 안장왕은 '시弑'에 대한 기록을 지니고 있지만 이는 어디까지나 『일본서기』의 기사일 뿐이다. 이와는 달리 『삼국사기』에서는 다음과 같은 기사가 보인다.

* 13년 여름 5월에 왕이 돌아가시니 시호를 안장이라고 했다(안장왕 13년 조).

* 안원왕은 이름이 보연으로 안장왕의 아우이다. 키가 7척 5촌이고 큰 도량이 있어 안장왕이 그를 사랑하였다. 안장왕이 재위 13년에 서거하고 아들이 없는 까닭에 즉위하였다(안원왕 즉위년 조).

위의 기사에 따르면 안장왕의 뒤를 이은 안원왕은 서로 대척점에 설이유가 없었다. 안원왕은 안장왕의 아우일 뿐 아니라, 안장왕이 아들이 없었기에 즉위했기 때문이다. 설령 안장왕이 시해되었다고 하더라도 안장왕이 사랑했던 아우 안원왕이 안장왕의 장례를 소홀히 했어야 할 개연성은 전혀 없다. 따라서 피살되었기에 안장왕의 능묘에 벽화가 조성되지 않았다는 주장은 설득력이 떨어진다.

이와는 달리 연개소문에게 시해된 영류왕의 경우는 후장을 절대 상정하기 어렵다. 즉 "말을 달려 궁궐로 들어가 왕을 시해하고, (왕의 시신을) 잘라 여러 토막으로 내고 시신을 구덩이에 버렸다"[587]고 했기 때문이다. 이와 유사하게 고려 때 정변에 의해 시해된 목종과 의종의 경우를 살펴 본다.

* 강조가 사람을 시켜 그를 죽인 후 왕이 자결하였다고 보고하였으며, (시신은) 문짝을 취하여 만든 관에 넣어 객관客館에 임시로 안치하였다. … 한 달을 넘겨 적성현의 남쪽에서 화장하고 능호陵號를 일러 공릉이라 하였으며, 시호를 선령, 묘호를 민종이라 하였는데 모두 강조가 찬정한 것이다. … 현종 3년에 도성의 동쪽으로 무덤을 옮기고 능호를 고쳐 의릉이라 하였으며, 시호를 선양, 묘호를 목종이라 하였다. 같은 왕 5년에 시호에 고사孝思를 더하고, 18년에 위혜威惠를 더하였으며, 문종 10년에 극영克英을 덧붙이고, 고종 40년에 정공靖恭을 더하였다.[588]

---

587 『三國史記』권49, 蓋蘇文傳. "馳入宮弑王 斷爲數段 弃之溝中"
588 『高麗史』권3, 穆宗 12년 2월 조.

* 10월 경신일에 이의민이 곤원사의 북쪽 연못가에서 왕을 시해하였다. 왕의 나이는 47세로서 왕위에 25년간 있었고 왕위에서 밀려난 지 3년만이었다. 시호는 장효이고 묘호는 의종, 능호는 희릉이다. 고종 40년에 강과라는 시호를 더하였다.[589]

* 의종을 곤원사 북쪽 연못가[北淵上]로 불러내어 술을 여러 잔 올렸다. 그때 이의민이 의종의 척추를 꺾어 버렸는데, 손을 놀리자 소리가 나니 이의민이 크게 웃었다. 박존위가 의종의 시체를 이불에 싸서 가마솥 두 개와 함께 묶어서 연못 가운데로 던져 넣자, 갑자기 회오리바람이 크게 불고 모래먼지가 일어나니 사람들이 모두 소리를 지르며 흩어졌다. 절의 승려 중에서 헤엄을 잘 치는 사람이 있었는데, 가마솥만 건져내고 시체는 그대로 버려버렸다. 시체가 며칠 동안 떠 있어도, 물고기·자라·까마귀·솔개 등이 감히 해치지 못하였다. 전前 부호장 필인 등이 몰래 관을 마련하여 시신을 물가에 묻어주었다.[590]

비록 고려 때 사례이기는 하지만 정변으로 자살刺殺, 그것도 "(왕의 시신을) 잘라 여러 토막으로 내고 시신을 구덩이에 버렸다"고 한 영류왕의 경우도 능묘 조성과 관련해 시사하는 바가 있을 것 같다. 영류왕의 장례가 국상으로서의 예를 잃었을 것으로 충분히 헤아려진다. 그렇지

589 『高麗史』 권19, 毅宗 24년 9월 조.
590 『高麗史』 권128, 李義旼傳.

만 영류왕도 능묘를 지녔을 것으로는 판단된다. 그렇다면 영류왕릉은
어디에 소재했을까?

이와 관련해 평양성 천도 이후 장수왕의 능묘는 귀장歸葬되지 않고
신국도新國都 주변에 조성된 것으로 지목할 수 있다는 것이다. 물론 귀
장설이 제기되었지만, 그에 대응하는 차원에서라도 영류왕릉에 대한
비정은 의미가 크다. 고구려 제27대 영류왕릉은 집안의 오회분 4호묘
[591] 등으로 간주하거나 영류왕 시호는 장지명이 아니라고 단정하기도
한다.[592] 그러나 『삼국사기』에 보면 "왕의 이름은 장인데, 혹은 보장이
라고도 한다. 나라를 잃었기 때문에 시호가 없다王諱臧 或云寶臧 以失國故
無諡"[593]고 하였다. 고구려 마지막 보장왕만 나라를 잃었기 때문에 시호
가 없다고 했다. 비록 시호를 올린 기록은 보이지 않지만 영류왕의 본
명은 건무建武였다.[594] 그러므로 영류왕은 시호가 분명하다.

영류왕榮留王 시호는 장지명 시호로 간주할 수 있는 근거가 있다. 일
찍이 영류왕 시호는 능묘 소재지명에서 취했다는 견해가 제기된 바 있
다.[595] 실제 신라가 통일기에 당군과 연합하여 고구려 평양성을 공격하
는 "김인문 등이 영공英公과 만나 영류산하嬰留山下 [嬰留山은 지금 西京

---

591 張福有 外,「高句麗王陵通考」,『東北史地』, 2007-4, 13쪽.
592 임기환,「고구려 王號의 변천과 성격」,『韓國古代史硏究』28, 2002, 33쪽.
593 『三國史記』권21, 寶藏王 즉위년 조.
594 『三國史記』권20, 榮留王 즉위년 조. "榮留王 諱建武 一云成"
595 李丙燾,『國譯三國史記』, 乙酉文化社, 1977, 323쪽, 註 1.

북쪽 20里에 있다]로 진군하였다"[596]라는 기사 가운데 '영류산'이 보인다. 비록 '嬰' 자는 틀리지만 동일한 지역을 가리키고 있는 게 분명하다. 그러한 영류산은 대성산으로 추정하고 그 반경 내에서 격조와 편년이 맞는 고분 가운데서 영류왕릉을 찾고자 했다. 이와 관련해 벽화분인 내리 1호분의 위치나 조영 시기,[597] 그리고 작은 규모로 볼 때 연개소문에게 피살된 영류왕의 능일 가능성이 제기되었다.

물론 영류왕은 642년에 사망한 관계로 현재까지 제기된 내리 1호분의 편년과 부합되지 않는다. 그러나 내리 1호분의 조성 시기에 대해서는 얼마든지 다른 편년이 제시될 수 있다. 게다가 통일되지 않은 편년을 무작정 대기하듯이 기다릴 수도 없는 노릇이다. 영류산이라는 장지명과 연계된 왕릉급 고분의 존재를 제시하지도 못한데다가 통일된 편년도 마련되지 않은 상황에서 대안 없는 부정은 능사가 아닐 것이다. 오히려 영류왕릉 탐색과 관련한 요체는 작은 편린을 통해서도 평양성 도읍기의 고구려 왕릉이 집안으로 귀장되지 않았다는 뚜렷한 문헌적인 근거와 더불어 장지명식 시호의 엄존을 확인할 수 있게 한다.

그런데 평양 대성산은 고구려 당시에 노양산魯陽山이었고, 대성산성은 노성魯城이었다.[598] 그러므로 영류산을 대성산으로 지목하는 견해는 타당하지 않다. 영류산은 고려 때 서경의 북쪽 20리에 소재하였다.『신

---

596 『三國史記』권6, 文武王 8년 조.
597 내리 1호분의 조영 시기를 7세기 초로 설정한 견해(사회과학원,『조선전사 3』, 과학 백과사전종합출판사, 1991, 325쪽)도 있다.
598 『通典』권186, 邊防2, 東夷下, 高句麗 條. "又平壤城東北有魯陽山 魯城在其上"

증동국여지승람』에서 평양부의 북쪽 20리에 소재한 구룡산九龍山이나 부府 북쪽 30리에 소재한 부산斧山이 지목된다. 부산은 한 용맹한 장수가 도끼를 가지고 이곳에서 적을 물리쳤다는 전설을 품고 있다. 적어도 영류산은 구룡산이나 부산의 반경에 속했다고 본다. 과거에 대동군에 속했던 이곳은 현재 평양시 용성 구역 남부에 해당한다. 이 구간에서 영류산의 존재와 영류왕릉이 소재한 것으로 보인다. 결국 사서에서 존재가 확인된 평양 외곽의 영류산을 영류왕릉 장지葬地로 지목하는 게 자연스러운 만큼, '평야 지역' 소재설은 의미를 잃었다.[599]

당으로 압송되었던 보장왕의 능은 생포되어 죽은 돌궐 힐리頡利 합한可汗의 무덤 왼편에 조성되었다. 중국 산시성陝西省 시안시西安市 바퀴오구灞橋區 가오지하이촌高寨村에 소재한 봉분을 지목하기도 한다. 이 무덤에서 당초부터 존재하지도 않았던 묘지석의 출토를 타령할 게 아니다. 부근에서 비좌碑座를 찾는 게 선결되어야 한다.

---

599 본 서술은 금년 2월에 출판사로 보낸 원고에 수록된 전문이다. 그런데 출간이 너무나 지연된 이유 등으로 인해 부득불 출판사를 옮기게 되었다. 그럼으로써 뒤늦게 본 논지가 소개되었음을 분명히 밝혀둔다.

VII. 황해도 지역 왕릉급 분묘 피장자

1. 안악3호분 고국원왕릉설 검증

1) 안악3호분=동수묘설

안악3호분을 고구려 왕릉으로 지목하는 견해가 북한 학계의 공식 입장이다. 그렇게 지목하는 여러 근거 가운데 하나가 벽화 행렬도 깃발에 보이는 '성상번聖上幡'이라는 글자이다. '성상'이 왕을 가리키므로 국왕의 행차이고, 무덤의 피장자도 고구려 왕이 될 수밖에 없다고 했다. 그러나 '성상번'의 '성'에 대해 김용준金瑢俊은 "내가 보았을 때는 역시 전혀 알 수 없는 글자였다"[600]고 실토했다. 그럼에도 '성상번' 묵서명은 현재 너무나 선명하다. 이렇게 분명한 글자가 처음에는 '전혀 알 수 없는 글자'였는지 의아할 따름이다.

그 밖에 고국원'은 국강상인 국내성 일원이므로 고국원왕릉은 안악에 조성될 수 없다. 서측실 벽화의 주인공이 왕이라면 태수급 아래의 속관인 기실記室·성사省事·문하배門下輩 등이 그 옆에 있기는 어렵다. 벽화에 보이는 복식과 관모는 중국 한대漢代나 고구려와는 다르고, 요양遼陽 삼도호三道壕 벽화와 유사하다. 피장자의 초상을 현실 북벽에 그리지 않고 서측실 서벽에 그렸다. 이와 같이 분묘의 축조 형식부터 벽

---

600 金瑢俊, 『고구려 고분벽화 연구』, 과학원출판사, 1958; 『高句麗古墳壁畵研究』, 열화당, 2001, 166쪽.

〈사진 4. 안악3호분 행렬도의 '聖上幡'〉[601]

화의 배치 정형, 복식 풍속, 주인공 부인의 두발에 이르기까지 요양 지역 벽화묘와의 공통점을 느끼게 한다.[602] 1957년에 탈고한 김용준의 동

---

601 조선유적유물도감편찬위원회, 『조선유적유물도감(5) 고구려편(3)』, 외국문종합출판사, 1990, 58쪽.

602 金瑢俊, 『고구려 고분벽화 연구』, 과학원출판사, 1958; 『高句麗古墳壁畫研究』, 열화

수묘설은 각별히 주목할 점이 많다.

2) 고국원왕릉의 조성과 소재지 문제

(1) 평양성과 남평양성의 위치와 설치 시기

고국원왕릉의 조성은 고국원왕의 사망과 결부지어 살펴 보아야 한다. 그런데 고국원왕은 다음에 보듯이 백제군과의 교전 중에 전사한 것으로 알려져 있다.

* 41년 겨울 10월에 백제왕이 군사 3만 명을 거느리고 침입하여 평양성을 공격하므로, 왕은 군사를 거느리고 나가서 이를 막다가 유시流矢에 맞아 이 달 23일에 돌아가시므로 고국원故國原에 장사하였다. 백제 개로왕이 위魏에 표表를 보내기를 "쇠釗의 머리를 베어서 달아 매었다"고 하였으나 지나친 말이다.[603]

* 겨울에 왕은 태자와 더불어 정병 3만 명을 거느리고 고구려로 침입하여 평양성을 공격하자 고구려 왕 사유가 이를 막아 싸우다가 유시에 맞아 전사하였다. 이에 왕은 군사를 이끌고 돌아왔다.[604]

당, 2001, 134~198쪽.
603 『三國史記』권18, 故國原王 41년 조.
604 『三國史記』권24, 近肖古王 26년 조.

고국원왕이 전사한 장소가 평양성이다. 이 평양성을 남평양성으로 간주하여 지금의 황해도 신원군 장수산성으로 지목하기도 한다.[605] 이 문제는 남평양성의 위치와 결부지어 검토해 볼 사안이다. 남평양성에 관한 기사와 관련해 백제와 신라가 한강유역을 회복하는 기사 가운데 다음과 같은 '평양'이 주목된다.

* 12년 신미에 왕이 거칠부 … 등 8장군에게 명하여 백제와 함께 고구려를 침공하게 하였다. 백제인이 먼저 평양을 공파하자 거칠부 등은 승세를 타고 죽령 이외 고현 이내의 10군을 취하였다.[606]

* 이 해에 백제 성명왕이 친히 무리 및 2국병(2국은 신라와 임나를 말한다)을 거느리고 가서 고려를 정벌하고 한성의 땅을 획득하고 또 진군하여 평양을 토벌하였는데, 무릇 6군郡의 땅으로 드디어 고지故地를 회복하였다.[607]

위의 기사를 놓고 볼 때 '평양'은 대략 한강유역에 소재한 것으로 범위를 좁힐 수 있다. 백제가 자국의 고도였던 한성을 탈환한 후에 점령

---

605 사회과학원, 『조선전사 3』, 과학백과사전종합출판사, 1991, 71~73쪽.

606 『三國史記』권44, 居柒夫傳. "十二年辛未 王命居柒夫…等八將軍與百濟侵高句麗 百濟人 先攻破平壤 居柒夫等乘勝取 竹嶺以外高峴以內十郡"

607 『日本書紀』권19, 欽明 12년 조. "是歲 百濟聖明王 親率二國兵[二國謂新羅 · 任那也] 往伐 高麗 獲漢城之地 又進軍討平壤 凡六郡之地 遂復故地"

한 지역이 '평양'이었기 때문이다. 김헌창의 아들 범문이 경기도 여주의 고달산적 수신 등과 반란을 꾀하여 평양에 도읍을 세우고자 북한산주를 공격한 『삼국사기』 기사가 있다. 이 기사의 주註에 보면 "평양은 지금의 양주楊州이다. 고려 태조가 지은 장의사재문壯義寺齋文에 고려구양高麗舊壤 평양명산平壤名山이라는 글귀가 있다"[608]고 했다. 장의사가 있던 서울의 창의문 밖 근처에서 찾을 수 있는 성은 북한산성이다. 북한산성은 '평양'의 공간적 범주에 소재하였다. 그 밖에 『삼국사기』 지리지에서도 "한양군은 본래 고구려 북한산군[혹은 평양이라고도 하였다]이었다"[609]고 했다.

백제는 근초고왕 26년에 한산으로 천도하였다. 『삼국유사』에서는 "도읍을 북한산으로 옮겼다移都北漢山"[610]이라고 구체적으로 지목하였다. 북한산에는 북한산성이 자리잡고 있다. 이 사실은 『세종실록』 지리지에서 다음과 같이 명확하게 정리되었다.

> 양주도호부楊州都護府는 본래 고구려 남평양성南平壤城인데 혹은 북한산北漢山이라고도 한다. 백제 근초고왕이 이곳을 취하여 25년 신미에 남한산에서 이곳으로 이도移都하였다.[611]

---

608 『三國史記』 권10, 憲德王 17년 조.
609 『三國史記』 권35, 地理 2.
610 『三國遺事』 권1, 王曆, 近肖古王.
611 『世宗實錄』 地志, 楊州都護府 條. "楊州都護府 本高句麗南平壤城 一云北漢山 百濟近肖古王取之 二十五年辛未 自南漢山移都之"

즉 남평양성=북한산성임을 알 수 있다. 동시에 앞서 문헌에서 백제가 회복한 지역과 관련하여 등장하는 '평양'은 곧 남평양을 가리킨다. 이곳은 과거의 경기도 양주이며 지금의 경기도 고양시와 서울시 종로구를 포함한 서울 북부 일대가 된다. 그런데 고국원왕이 전사한 371년까지 고구려의 남쪽 영역은 임진강 이남으로 내려오지 않았다. 그러므로 백제 근초고왕이 고구려의 북한산성(남평양성)을 점령한 직후 이도移都했다는 기록은 신빙성이 없다. 이 기록대로 한다면 이때 풍납동토성을 왕성으로 하였을 백제가 한강을 사이에 두고 고구려와 대치한게 되기 때문이다. 게다가 북한산의 남평양성 자체가 신원군의 장수산성으로 옮겨 갈 수도 없다. 이때는 북한산에 남평양성 자체가 설치되지 않았기 때문이다. 따라서 어떻게 보더라도 고국원왕이 전사한 평양성은 북한산성이 되기는 어렵다. 그리고 남평양이 지금의 황해도 신원군 일대라는 근거는 어디에도 없다. 신원군의 장수산성은 한성의 치소이지만, 남평양성과는 아무런 관련이 없겠다.[612]

이와 관련해 고국원왕 재위 4년에 "평양성을 증축하였다"고 했다. 그리고 "가을 7월에 (왕은) 평양 동쪽 황성黃城으로 옮겨 거처하였다. 성은 지금의 서경 동쪽 목멱산 가운데에 있다"[613]는 기사가 있다. 이로 볼

---

612 채희국,『고구려력사연구』, 종합대학출판사, 1985, 108~109쪽.
613 『三國史記』권18, 故國原王 13년 조.
　　'평양성의 동쪽 황성'으로 해석하면서 "평양동황성의 '동'은 247년 평양성의 동쪽이란 뜻이다(사회과학원,『조선전사 』, 과학백과사전종합출판사, 1991, 71쪽)"고 했다. '평양 동황성'은 잘못된 띄어 읽기라는 것이다.

때 고국원왕이 거처했던 평양성은 지금의 평양 일원이라고 보아야 한
다. 고국원왕이 재위 13년인 343년에 '이거移居' 한 평양성에서 371년에
전사했다고 볼 때 아무런 무리가 없다. 그런데 "고국원왕 때에 평양성
은 고구려의 기본 수도나 다름 없었으며 남방 진출의 기지인 남평양은
하성 부근에 있었다"[614]고 하면서, 남평양성을 하성 즉 한성이었던 장수
산성으로 비정하고 있다. 평양성이 수도가 아닌 상황에서 평양성의 별
도라는 의미를 지닌 남평양이라는 행정지명을 부여하지는 않았을 것이
다. 더구나 지금의 평양에 거처하던 고국원왕이 장수산성까지 내려왔
어야 할 당위성도 없다. 만약 고국원왕이 백제를 공격할 목적이었다면
장수산성에 거주하였을 수 있다. 그러나 고국원왕은 백제의 공격을 받
아 개시된 전투 중에 전사하였다. 이러한 정황에 비추어 보더라도 고국
원왕의 전사처는 그 자신의 상주지였던 지금의 평양으로 지목하는 게
자연스럽다. 이곳에서 사망한 고국원왕이 남쪽에 있는 백제로부터의
공격권인 데다가 변경인 안악에 묻힌다는 것은 이해하기 어렵다. 이때
백제군은 369년에 수곡성이 소재한 황해도 신계 서북편까지 쳐들어 온
바 있다.[615] 백제가 점령한 수곡성은 375년에 와서야 고구려에 탈환되었
다.[616] 377년에는 371년과 마찬 가지로 백제군이 다시금 평양성까지 침

---

614 박진욱, 「안악3호분 무덤의 주인공에 대하여」, 『조선고고연구』 1990-2, 6쪽.
615 『三國史記』 권24, 近仇首王 즉위년 조. 이 기사에 보이는 半乞壤 전투의 시점을 369
　　년 즉 근초고왕 24년의 일로 추정한다(李丙燾, 『國譯三國史記』, 乙酉文化社, 1977,
　　377쪽, 註 3).
616 『三國史記』 권24, 近肖古王 30년 조.

공해 왔다.[617] 이처럼 신계 서북 일원이 백제 영역인데 황해도 신원군 일대가 고구려 별도로 기능할 수 있을까? 또 이러한 상황인데 안악에 능묘를 조성할 수 있을까? 모두 지극히 힘든 가정이라고 볼 수밖에 없다.

　게다가 안악 지역은 고국원왕의 장지명 시호인 고국원이나 국강상이 지금의 집안 일원인 사실과 배치된다. 따라서 고국원왕릉의 안악 3호분설은 기본적인 사안에 있어서 저촉되므로 따르기 어렵다. 물론 고국원왕의 '국원'이라는 지명이 충주에서도 확인된다. 그런 만큼 '국원'이라는 지명이 여타 지역에서도 확인될 가능성은 있다. 이와 관련해 안악 지역을 고구려 때 양악楊岳이라고 일컬었고, 양악은 고어古語로 '버들나/ 버러나/ 부루나'의 한자식漢字式 표기라고 한다. 또 이것이 수도를 의미하는 '국내' '불내' '국원'과 통한다고 했다.[618] 그러나 이러한 음운 비정의 타당성 여부를 떠나 안악 일대가 고구려의 별도로 기능한 적이 없다는 것이다. 더욱이 황해도 재령 즉 신원군의 장수산성은 웅대한 규모를 자랑하는 평양성 도읍기의 한성임이 분명하다.[619] 이 같은 한성 반경인 안악에 다시금 별도를 설치한다는 것은 대단히 부자연스럽다. 차라리 황해도 재령군이나 신원군 일대에 이 같은 지명이 남아 있다면 모를 일이다. 그러나 그렇지 않기 때문에 안악 지역의 고구려 때 지명은 별반 의미가 없게 된다. 그 뿐 아니라 고구려 왕들의 장지명 시호에 보

---

617 『三國史記』 권24, 近仇首王 3년 조.
618 사회과학원, 『조선전사 3』, 과학백과사전 종합출판사, 1991, 103쪽.
619 채희국, 『고구려력사연구』, 종합대학출판사, 1985, 109쪽.

이는 '고국원'·'고국천'·'고국양' 등의 지명이 국내성 일원을 벗어난 예가 없다는 것이다. 따라서 고국원왕릉을 안악 3호분으로 지목하는 설은 취하기 어려워진다.

(2) 고국원왕릉의 소재지 문제 재론

앞장에서 검토했듯이 고국원왕릉의 소재지가 집안이라고 할 때 정확히 어느 범위일까? 이와 관련해 공석구의 논문을 다음과 같이 인용해 보았다.

> 한편 고국원왕릉의 경우도 그 위치를 짐작해 볼 수 있다. 『삼국사기』에
>
> 5월에 모용외가 내침하여 고국원에 이르러 서천왕의 무덤을 보고 사람을 시켜 파다가 인부 중에 갑자기 죽는 자가 생기고, 또한 (무덤 속)광중에서 음악소리가 나므로, (그는) 신이 있다고 두려워하여 곧 군사를 이끌고 돌아갔다(『삼국사기』 고구려본기 5, 봉상왕 5년)
>
> 라 하는 기록을 보면 서천왕릉의 위치가 고국원에 있다는 것이다. 그렇다면 고국원왕릉의 위치도 서천왕릉처럼 서천西川주변(오늘 날의 麻線河주변)에서 찾아야 할 것이다(하지만 주 4)에서 보는 것처럼 대부분의 학자들은 동천東川부근에 소재한 것(우산 992호묘)으로 파악하고 있다).[620]

620 공석구, 「集安지역 高句麗 王陵의 造營」, 『고구려와 발해 문화의 特性과 相關性』, 고

공석구의 위의 인용을 검토해 볼 필요가 있다. 우선 이러한 주장은
"…그가(고국원왕: 필자) 죽었을 당시 '고국원'이란 지명은 296년 모용외
침입 때 서천왕 무덤이 있던 곳(환인현 부근)이었으며"[621]라고 하였듯이
이미 제기되었던 것이다. 비록 여기서 서천왕릉을 환인현 부근으로 비
정하기는 했다. 그러나 '고국원'과 서천왕릉을 연결지어 그 소재지를 비
정했다는 점에서 동일한 견해에 속한다. 그런데 이 주장대로라면 고국
원 근처에 서천西川이 있는 격이 될 수 있다. 그러나『삼국사기』에서 고
국원왕을 '국강상왕'[622]이라고도 했다. '일운一云'의 형식으로 표기된『삼
국사기』시호가 고구려본기 본문의 왕호보다는 고형이라고 한다.[623] 즉
고국원왕보다는 국강상왕이 고식 왕호라는 것이다. 실제 평양성 천도
이전에 작성된「모두루묘지」에서 고국원왕을 '국강상성태왕'이라고 했
다.[624] 이러한 국강상 지명은 414년에 작성된「능비문」에도 보이듯이 광
개토왕릉비와 광개토왕릉 주변으로 범위가 제한된다. 후대에 생겨난
'국원' 보다는 '국강상'이라는 지명이 고국원왕릉 조성 당시의 지명인 것

구려발해학회, 2008, 190~191쪽.

621 사회과학원,『조선전사 3』, 과학백과사전종합출판사,1991, 103쪽.

622『三國史記』권18, 故國原王 즉위년 조.

623 故國原王의 당초 시호는 國岡上聖太王이었다. 이 시호의 핵심은 '國岡上'인데, 이것
을 變改한 호칭이 '故國原'이다. 평양성 천도 이후에는 세부적인 구역을 가리키는 國
岡에 대한 의미가 퇴색한 관계로 國都의 의미인 國原이라는 범칭으로 표기하였고,
종국적으로는 '故'를 넣어 '故國原王'으로 표기한 것으로 보인다(高寬敏,『三國史記
の原典の研究』, 雄山閣 ,1996, 117쪽 참조).

624 武田幸男,『高句麗史と東アジア』, 吉川弘文館, 1989, 334쪽.

이다. 따라서 '국강'을 기준으로한 범위에서 '국강상왕'인 고국원왕릉의 소재지를 찾는 게 백번 온당하다.

국내성의 넓은 범역을 가리키는 '고국원' 호칭과 결부지어 고국원왕릉의 소재지를 찾고자 하는 공석구의 접근은 부적절하다. 모용외가 고국원에 왔을 때 서천을 말하고 있다. 이는 모용외가 국내성에 침입했을 때 서천에 이른 사실을 말할 뿐이다. 이때의 고국원은 넓은 범위로 사용되었다. 국원이라는 넓은 범위 안에 서천·중천·동천 등이 소재하였다. 국원 곁에 서천이 소재했다는 뜻은 아니다. 이와 관련해 충주를 가리키는 고구려 때의 행정지명인 국원성의 '국원'이 국내성의 별칭[625]으로 사용된 점을 상기해야 한다. 곧 '고국원'이 국도의 범칭으로 사용됨을 알려준다. 그런데 '고국원'과 결부된 '서천원'은 "왕이 돌아가시자 서천지원西川之原에 장례를 치르고 시호를 서천왕이라고 했다"[626]고 하여 보인다. 여기서 서천왕릉은 서천원에 조성되었음을 알 수 있다. 그렇다면 앞서 공석구가 제기한대로 한다면 고국원과 서천원은 겹치게 된다. 그러나 고구려 왕릉의 소재지를 가리키는 용도로 사용되는 장지명인 '고국원'과 '서천원'이 겹칠 수는 없을 것이다.[627] 이 경우는 국도의 범칭으로 사용된 고국원 즉 '국원'이 서천원을 포괄하는 광의의 지역으로 사용되었음을 뜻한다고 해야 맞다. 요컨대 어느모로 보나 "서천왕릉

625 李道學,「永樂 6年 廣開土王의 南征과 國原城」,『孫寶基博士停年紀念韓國史學論叢』, 지식산업사, 1988 ;『고구려 광개토왕릉비문 연구』, 서경문화사, 2006, 378~382쪽.
626 『三國史記』권17, 西川王 23년 조.
627 이는 동일한 지역을 가리키는 고국천왕과 고국양왕의 경우와는 다르다고 하겠다.

의 위치가 고국원에 있다"는 고국원=서천원 주장은 성립이 어렵다.

게다가 고국원에서 모용외가 우연히 서천왕릉을 발견했기에 도굴했다고는 생각되지 않는다. 서천왕릉은 당시 고구려 국왕인 봉상왕의 부릉父陵인 관계로 모용외가 의도적으로 도굴했다고 보아야 한다. 이것은 모용황이 국내성에 진입한 후 고국원왕의 부릉인 미천왕릉을 도굴한 사례와 하나도 틀리지 않기 때문이다. 그런 만큼 앞서 인용한 '고국원'은 모용외가 국내성에 이르렀을 때를 표현한 것으로 보아야 정황상으로도 맞다.

한편 앞에서 인용한 공석구의 논문에 보이는 '주 4)'는 다음의 도표가 된다. 그러면 공석구 논문 '주 4)'에 대한 검토를 시도해 본다.

4)『왕릉보고서』출간 이후 왕릉비정에 대한 연구현황은 다음과 같다.

	마선구 626호	칠성산 871호	임강묘	우산하 2,110호	칠성산 211호	서대총	우산하 992호	마선구 2,100호	천추묘	태왕릉	장군분
『왕릉보고서』					서천왕	미천왕	고국원왕	소수림왕	고국양왕	광개토왕	장수왕
東潮						미천왕	고국원왕	미천왕 2자	고국양왕	소수림왕	광개토왕
여호규			동천왕			미천왕			고국원왕	고국양왕	광개토왕
張福有·孫仁杰·遲勇	대무신왕	태조왕	산상왕	고국천왕	서천왕	미천왕	고국원왕	봉상왕	소수림왕	광개토왕	장수왕
魏存成		산상왕	동천왕	중천왕	서천왕, 미천왕	미천왕	고국원왕	소수림왕	고국양왕	광개토왕	장수왕
임기환	산상왕	신대왕, 고국천왕	동천왕	중천왕	서천왕	미천왕	고국원왕		소수림왕	고국양왕	광개토왕
桃崎祐輔	산상왕		중천왕	동천왕	서천왕	미천왕	고국원왕	소수림왕	고국양왕	광개토왕	장수왕

이와 같은 왕릉비정에 대한 견해차이 이외에도 광개토왕릉에 대한 비정논란이 더욱 더욱 증폭되어가고 있는 상황이다.

그런데 공석구는 "대부분의 학자들은 동천 부근에 소재한 것으로 파악하고 있다"[628]면서 고국원왕릉으로 우산하 992호분으로 지목하는 견해가 '대부분'이라고 했다. 고국원왕릉으로 우산하 992호분을 지목한 '대부분의 학자들은' 중국인 학자 전부와 한국인으로서는 임기환이 유일하다. 공석구가 소개한 도표에 공란으로 처리한 여호규는 우산하 992호분을 왕릉으로 비정하는 것 자체를 부정하고 있다.[629] 여기서 이해할 수 없는 일이 하나 더 있다. 공석구는 지린성문물고고연구소·지안시박물관 편저, 『집안고구려왕릉』, 문물출판사, 2004가 출간된 이후의 연구 성과를 다음과 같이 길게 소개하였다.

이후 학자들의 관련연구를 간략하게 정리해 보면 아래와 같다.

(1) 조법종, 「중국집안 박물관 호태왕명문방울」, 『한국고대사연구』 33, 한국고대사학회, 2004,

(2) 이도학, 「태왕릉과 장군분의 피장자문제」, 『백산학보』 69, 백산학회, 2004.

(3) 김용성, 「고구려적석총의 분제와 묘제에 대한 새로운 인식」, 『북방사논총』 3, 고구려연구재단, 2005.

(4) 송계현, 「桓仁과 集安의 고구려 갑주」, 『북방사논총』 3, 고구려연구재

---

628 공석구, 「集安지역 高句麗 王陵의 造營」, 『고구려와 발해 문화의 特性과 相關性』, 고구려발해학회, 2008, 191쪽, 註 15.
629 余昊奎, 「集安地域 고구려 超大型積石墓의 전개과정과 그 被葬者 문제」, 『韓國古代史硏究』 41, 2006, 114쪽.

단, 2005.

(5) 桃崎祐輔, 「高句麗太王陵出土瓦·馬具からみた 好太王說の評價」, 『海
　　と考古學』, 海交史研究會考古學論集刊行會編, 2005.

(6) 金希燦, 「국내성지역에서 새로 발견된 와당연구論」, 『高句麗研究』 19,
　　고구려연구회, 2005.

(7) 李道學, 「太王陵과 將軍塚의 被葬者問題 再論」, 『高句麗研究』 19, 고구
　　려연구회, 2005.

(8) 朴承範, 「집안일대 고구려 왕릉의 '제단'」, 『高句麗研究』 19, 고구려연
　　구회, 2005.

(9) 朴燦圭, 「集安지역에서 최근 발견된 고구려 문지자료」, 『高句麗研究』
　　19, 고구려연구회, 2005.

(10) 李熙濬, 「太王陵의 墓主는 누구인가?」, 『韓國考古學報』 59, 한국고고학
　　회, 2006.

(11) 余昊奎, 「集安地域 고구려 超大型 積石墓의 전개과정과 被葬者 문제」,
　　『韓國古代史研究』 41, 한국고대사학회, 2006.

(12) 강현숙, 「중국 길림성 집안지역 고구려 왕릉의 구조에 대하여」, 『한국
　　고대사연구』 41, 한국고대사학회, 2006.

(13) 최종택, 「集安 '高句麗王陵' 出土遺物의 諸問題」, 『韓國古代史研究』 41,
　　한국고대사학회, 2006.

(14) 김창호, 「고구려 太王陵출토 연화문 숫막새의 제작시기」, 『백산학보』
　　76, 백산학회, 2006.

(15) 강현숙, 「고구려고분출토 와당의 변천연구」, 『한국고고학보』 64, 한국

고고학회, 2006.

(16) 東潮,「高句麗王陵と巨大積石塚-國內城時代の陵園制-」,『朝鮮學報』 199 · 200合, 日本 朝鮮學會, 2006.

(17) 조법종,『고조선 · 고구려사 연구』신서원, 2006.

(18) 耿鐵華,「集安出土卷雲文瓦當研究」,『東北史地』2007-4, 길림성사회과 학원, 2007.

(19) 張福有 · 孫仁杰 · 遲勇,「高句麗王陵通考要報」,『東北史地』2007-4期, 2007.

(20) 魏存成,「集安高句麗大形積石墓王陵研究」,『社會科學戰線』2007-4期, 2007.

(22) 임기환,「집안의 장지명 왕호와 집안의 왕릉 비정」,『고구려왕릉연구 워크숍』, 동북아역사재단, 2007.

(23) 桃崎祐輔,「高句麗王陵出土瓦 · 副葬品の編年と年代」,『고구려왕릉연 구워크숍』, 동북아역사재단, 2007.

(24) 東潮,「高句麗王陵と陵園制-國內城~平壤城時代-」,『고구려왕릉연구 워크숍』, 동북아역사재단, 2007.

공석구가 인용했음에도 불구하고 다수를 점하고 있는 한국인 학자 들의 고구려 왕릉 비정에 관한 견해는 소개하지 않았다는 것이다. 여호 규와 임기환 외에도 조법종과 이도학 및 최종택과 이희준을 위시해서 이들이 상기한 고구려 왕릉을 비정했음에도 불구하고 전혀 소개하지 않았다. 이해할 수 없는 행위라고 하겠다. 일례로 태왕릉=고국양왕릉설을 제기했던 이희준도 있을 뿐 아니라 그 보다 앞서 이 설을 제기했던 백승옥은[630] 아예 이름조차 거론되지 않았다. 불가사의한 처신으로 보인다.

---

630 白承玉, 「광개토왕릉비의 성격과 장군총의 주인공」, 『韓國古代史硏究』 41, 2006, 47~84쪽.

참고문헌

사료

『三國史記』『三國遺事』『東國李相國集』『高麗史』『高麗史節要』『龍飛御天歌』
『東文選』『朝鮮王朝實錄』『新增東國輿地勝覽』『承政院日記』『疎齋集卷』『冠
巖全書』『東史綱目』『我邦疆域考』『漁村集』『虛白堂集』『星湖僿說』『芝峯類
說』『研經齋全集』『大東野乘』『萬機要覽』『東國輿地備考』『輿地圖書』『禮記』
『春秋左傳』『史記』『三國志』『魏書』『周書』『隋書』『晋書』『通典』『資治通鑑』
『通典』『高麗圖經』『日本書紀』『舊約』

저서

朝鮮總督府,『朝鮮古蹟圖譜解說(一冊)』1916.

今西龍,『百濟史研究』, 近澤書店, 1934.

池內宏,『通溝 卷上』, 日滿文化協會, 1938.

孫晋泰,『朝鮮民族史槪論』, 乙酉文化社, 1948.

孫晋泰,『國史大要』, 乙酉文化社, 1949.

金瑢俊,『朝鮮美術大要』, 乙酉文化社, 1949; 열화당, 2001.

金瑢俊,『고구려 고분벽화 연구』, 과학원출판사, 1958;『高句麗古墳壁畵研
　　　究』, 열화당, 2001.

채희국,『대성산성 일대의 고구려 유적에 관한 연구』, 사회과학원출판사,
　　　1964.

李丙燾,『韓國史-古代篇』, 乙酉文化社, 1959.

李丙燾,『韓國古代史研究』, 博英社, 1976.

李丙燾,『國譯三國史記』, 乙酉文化社, 1977.

高大 亞細亞問題研究所,『六堂崔南善全集 1』, 현암사, 1973.

김일성종합대학 고고학 및 민속학 강좌,『대성산의 고구려 유적』, 김일성종
　　　합대학출판사, 1973.

金哲埈,『韓國古代社會研究』, 지식산업사. 1975.

사회과학원 고고학연구소,『조선고고학개요』, 과학백과사전출판사, 1977.

潭陽郡誌編纂委員會,『潭陽郡誌』, 담양군, 1980.

齋藤忠,『古代朝鮮文化と日本』, 東京大學出版會, 1981.

이기백 外,『한국사강좌-고대편』, 一潮閣, 1982.

류렬,『세 나라 시기의 리두에 대한 연구』, 과학백과사전 출판사, 1983.

藥城同好會,『藥城文化』6, 예성문화연구회, 1984.

채희국,『고구려력사연구』, 종합대학출판사, 1985.

中文大辭典編纂委員會,『中文大辭典 6』, 中華文化大學出版部, 1973.

中文大辭典編纂委員會,『中文大辭典 2』, 中華文化大學出版部, 1985.

전제헌 · 손량구,『고구려사연구(안학궁유적과 일본에 있는 고구려 관계 유
　　　적 · 유물)』, 종합대학출판사, 1985.

丹齋申采浩先生紀念事業會,『改訂版 丹齋申采浩全集(上)』, 螢雪出版社,
　　　1987.

김병모 · 심광주,『二聖山城發掘調査中間報告書』, 한양대학교박물관, 1987.

袁珂 著 · 鄭錫元 譯,『中國의 古代神話』, 文藝出版社, 1987.

박진욱,『조선고고학전서(중세편)』, 과학백과사전종합출판사, 1988.

리화선,『조선건축사 1』, 과학백과사전종합출판사, 1989.

神田信夫·山根幸夫 編,『中國史籍解題事典』, 燎原書店, 1989.

武田幸男,『高句麗と東アジア』, 岩波書店, 1989.

李殿福·孫玉良 著·강인구·김영수 譯,『高句麗簡史』, 삼성출판사, 1990.

손영종,『고구려사 1』, 과학백과사전종합출판사, 1990.

조선유적유물도감편찬위원회,『조선유적유물도감(5) 고구려편(3)』, 외국문
　　종합출판사, 1990.

박진욱,『조선고고학전서, 중세편 1』, 과학백과사전종합출판사, 1991.

사회과학원 력사연구소,『조선전사(3) 중세편 고구려사』, 과학백과사전종합
　　출판사, 1991.

忠北大學校 博物館,『中原 薔薇山城』, 1992.

李殿福 著·차용걸 譯,『中國內의 高句麗遺蹟』, 학연문화사, 1994.

플루타르코스 著·이성규 譯,『플루타르크 영웅전(1)』, 사닥다리, 1994.

姜義華 主編,『中國學術名著提要(歷史卷)』, 復旦大學出版社, 1994.

魏存成,『高句麗考古』, 吉林大學出版社, 1994.

李道學,『백제 고대국가 연구』, 一志社, 1995.

李道學,『고구려 광개토왕릉비문 연구』, 서경문화사, 2006.

李道學,『백제도성연구』, 서경문화사, 2018.

李道學,『가야는 철의 왕국인가』, 학연문화사, 2019.

李道學,『분석 고대한국사』, 학연문화사, 2019.

東潮·田中俊明,『高句麗の歷史と遺跡』, 中央公論社, 1995.

朴眞奭 外,『中國境內 高句麗遺蹟研究』, 예하, 1995.

申瀅植,『集安 高句麗遺蹟의 調査研究』, 國史編纂委員會, 1996.

高寬敏,『三國史記の原典的研究』, 雄山閣, 1996.

충주박물관,『충주 완오리 야철유적』1998.

孔錫龜,『高句麗 領域擴張史 研究』, 서경문화사, 1998.

위앤커 著 · 전인초 · 김선자 譯,『중국 신화 전설(1)』, 민음사, 1999.

張俊植,『新羅中原京研究』, 서경문화사, 2001.

손수호,『고구려고분연구』, 사회과학출판사, 2001.

강경구,『고구려의 건국과 시조 숭배』, 학연문화사, 2001.

임종욱,『한국한자어 속담사전』, 이회, 2001.

魏存成,『高句麗遺跡』, 文物出版社, 2002.

耿鐵華,『中國高句麗史』, 吉林人民出版社, 2002.

李春植 主編,『중국학자료해제』, 신서원, 2003.

서길수,『세계유산 고구려 특별전』, 고구려연구회, 2004.

吉林省文物考古研究所 · 集安市博物館,『集安高句麗王陵 -1990~2003年集
　　　安高句麗王陵調査報告』, 文物出版社, 2004.

關野貞,『[新版] 朝鮮の建築と藝術』, 岩波書店, 2005.

조법종,『고조선 · 고구려사 연구』, 신서원, 2006.

서길수,『한말 유럽 학자의 고구려 연구』, 여유당, 2007.

동북아역사재단,『고구려 왕릉연구 워크숍』, 2007.

張福有,『高句麗王陵統鑒』, 香港亞洲出版社, 2007.

張福有 · 孫仁杰 · 遲勇,『高句麗王陵通考』, 香港亞洲出版社, 2007.

張福有 · 孫仁杰 · 遲勇,『集安高句麗墓葬』, 香港亞洲出版社, 2007.

武田幸男,『廣開土王碑との對話』, 白帝社, 2007.

전호태,『고구려 고분벽화 읽기』, 서울대학교출판부, 2008.

동북아역사재단,『고구려 유적의 어제와 오늘』, 동북아역사재단, 2009.

동북아역사재단,『고구려를 찾아서』, 동북아역사재단, 2009.

사회과학원 고고학연구소,『조선고고학전서 28(중세편5)』, 진인진, 2009.

吉林省文物考古硏究所,『吉林集安高句麗墓葬報告書』, 科學出版社, 2009.

서울대학교 박물관 외,『아차산성-시굴조사보고서-』 2000.

정호섭,『고구려 고분의 조영과 제의』, 서경문화사, 2011.

高裕燮,『又玄 高裕燮全集 9』, 悅話堂, 2013.

國立中原文化財硏究所,『學術硏究叢書 第14册 忠州 薔薇山城 시굴조사보고』 2014.

여호규,『고구려 초기 정치사 연구』, 신서원, 2014.

논문 등

張志淵,「國內考」,『大韓疆域考』, 皇城新聞社, 1903.

關野貞,「滿洲輯安縣及び平壤附近に於ける高句麗時代の遺蹟(一)(二)」,『考古學雜誌』, 第五卷 第三號・第四號, 1914.

鳥居龍藏,「丸都城及び國內城の位置に就きて」,『史學雜誌』25-7, 1914.

高裕燮,「高句麗 古都 國內城 遊觀記」,『朝光』, 1938-9.

藤田亮策,「通溝附近の古蹟と高句麗の墓制」,『輯安』第8號, 滿洲事情案內所, 1943.

藤田亮策,「私の履歷書」,『朝鮮學論考』, 藤田亮策先生記念事業會, 1963.

藤田亮策,「高句麗の思出」,『朝鮮學論考』, 藤田亮策先生記念事業會, 1963.

高大 亞細亞問題研究所,「通溝의 高句麗 遺蹟」,『六堂崔南善全集 9』, 현암사, 1974.

武田幸男,「廣開土王碑文辛卯年條の再吟味」,『古代史論叢(上)』, 吉川弘文館, 1978.

武田幸男,「高句麗廣開土王紀の對外關係記事」,『三上次男博士頌壽記念東洋史考古學論集』, 三上次男博士頌壽記念會, 1979.

邊太燮,「中原高句麗碑의 內容과 年代에 대한 檢討」,『史學志』13, 1979.

申瀅植,「中原高句麗碑에 대한 一考察」,『史學志』13, 1979.

鄭永鎬,「中原高句麗碑의 發見 調查와 研究 展望」,『史學志』13, 1979.

李殿福,「高句麗丸都山城」,『文物』, 文物出版社, 1982-6.

集安縣文物保管所,「集安高句麗國内城址的調查與試掘」,『文物』, 文物出版社, 1984-1.

李殿福·孫玉良,「高句麗的都城」,『博物館研究』, 吉林省博物館學會, 1990-1.

장국종,「고구려에서의 도로 발전」,『력사과학』1985-2.

金昌鎬,「中原高句麗碑의 再檢討」,『韓國學報』47, 1987.

李道學,「新羅의 北進經略에 관한 新考察」,『慶州史學』6, 1987.

李道學,「高句麗의 洛東江流域 進出과 新羅·伽倻經營」,『國學研究』2, 1988.

李道學,「永樂6年 廣開土王의 南征과 國原城」,『孫寶基博士停年紀念韓國史學論叢』, 지식산업사, 1988.

李道學,「伯濟國의 성장과 소금 交易網의 확보」,『百濟研究』23, 1992.

李道學,「고대·중세의 역사」,『일산 새도시 개발지역 학술조사보고 2』, 한국선사문화연구소·단국대학교 한국민족학연구소, 1992.

李道學,「廣開土王陵碑文에 보이는 戰爭 記事의 分析」,『高句麗研究』2, 1996.

李道學,「古代國家의 成長과 交通路」,『國史館論叢』74, 1997.

李道學,「아차산 堡壘와 그 출토 유물을 통한 몇 가지 새로운 해석」,『고대문화산책』, 서문문화사, 1999.

李道學,「廣開土王陵碑文의 思想的 背景」,『韓國學報』106, 2002.

李道學,「한국사에서의 天下觀과 皇帝體制」,『전통문화논총』창간호, 한국전통문화대학교, 2003.

李道學,「加羅聯盟과 高句麗」,『제9회 가야사 국제학술회의: 加耶와 廣開土大王』, 김해시, 2003.

李道學,「太王陵과 將軍塚의 被葬者 問題 再論」,『高句麗研究』19, 2005.

李道學,「46차 고구려연구회 학술발표회 토론문」,『46차 고구려연구회 정기학술발표』, 고구려연구회, 2007.

李道學,「고구려사에서의 國難과 고국원왕상」,『高句麗研究』23, 2006.

李道學,「고구려 왕릉 연구의 어제와 오늘」,『한국고대사 연구의 시각과 방법』, 사계절, 2014.

李道學,「古新羅期 靈護寺刹의 機能擴大 過程」,『白山學報』52, 1999.

李道學,「中原高句麗碑의 建立 目的」,『高句麗研究』10, 2000.

李道學,「廣開土王陵碑文의 思想的 背景」,『韓國學報』106, 2002.

李道學,「〈광개토대왕릉비〉를 세운 목적은 무엇일까?」,『다시 보는 고구려사』, 고구려연구재단, 2004.

李道學, 「太王陵과 將軍塚의 被葬者 問題 再論」, 『高句麗研究』19, 2005.

李道學, 「'중국학자의 고구려 왕릉 비정에 대한 비판적 고찰'에 대한 토론문」, 『제46차 고구려연구회 정기학술발표』, 고구려연구회, 2007.9.14.

李道學, 「高句麗 王陵에 관한 몇 가지 檢討」, 『전통문화논총』6, 한국전통문화대학교, 2008.

李道學, 「集安 地域 高句麗 王陵에 관한 新考察」, 『高句麗渤海研究』30, 2008.

李道學, 「高句麗 王陵研究의 現段階와 問題點」, 『高句麗渤海研究』34, 2009.

李道學, 「'고구려의 장지명 왕호와 왕릉 비정' 토론문」, 『고구려왕릉연구』, 동북아역사재단, 2009.

李道學, 「唐에서 再建된 百濟」, 『백제 사비성시대연구』, 일지사, 2010.

李道學, 「高句麗 王號와 葬地에 관한 檢證」, 『慶州史學』34, 2011.

李道學, 「고구려 왕릉 비정에 관한 몇 가지 關鍵」, 『고대 東아시아 諸國의 관계성과 문화』, 동국대학교 동아시아문화연구소, 2011.7.1.

李道學, 「廣開土王の領域擴大と廣開土王陵碑」, 『高句麗の政治と社會』, 明石書店, 2012.

李道學, 「百濟 泗沘都城과 '定林寺'」, 『白山學報』94, 2012.

李道學, 「樂浪郡의 推移와 嶺西 地域 樂浪」, 『東아시아古代學』34, 2014.

李道學, 「'조법종, 광개토왕릉 수묘인 구성과 능원체계' 토론문」, 제83회 한국고대사학회 월례발표회, 2014.11.13.

李道學, 「『三國史記』의 高句麗 王城 記事 檢證」, 『韓國古代史研究』79, 2015.

李道學, 「고구려의 漢江流域 喪失 原因과 長安城 축조 배경」, 『東아시아古代

學』47, 2017.

李道學, 「삼국의 국도(國都)·별도(別都)·주치(州治)였던 고양시 북한산성
　　의 내력 바로 알기」, 『季刊 한국의 고고학』41, 2018.

李道學, 「삼국의 國都·別都·州治였던 북한산성」, 『행주얼』59, 고양문화원,
　　2018.

박진욱, 「안악3호분 무덤의 주인공에 대하여」, 『조선고고연구』1990-2.

朴漢濟, 「東晉·南朝史와 僑民-僑民體制의 형성과 그 전개-」, 『東洋史學硏
　　究』53, 1996.

차용걸, 「고구려의 도시와 성곽」, 『高句麗의 考古文物』, 한국정신문화연구원,
　　1996.

남일룡·김경찬, 「청암동토성에 대하여(1)」, 『조선고고연구』107호, 1998-2.

박수정, 「東晉時代 僑州郡縣制의 성립」, 『中央史論』12·13합집, 1999.

임기환, 「고구려 王號의 변천과 성격」, 『韓國古代史硏究』28, 2002.

임기환, 「고구려 都城制의 변천」, 『한국의 도성』, 서울학연구소, 2003.

임기환, 「고구려의 장지명 왕호와 집안의 왕릉 비정」, 『고구려 왕릉연구 워크
　　숍』, 동북아역사재단, 2007.12.20.

임기환, 「고구려의 장지명 왕호와 왕릉 비정」, 『고구려왕릉연구』, 동북아역사
　　재단, 2009.

王從安·紀飛, 「卒本城何在」, 『東北史地』, 東北史地雜誌社, 2004-2.

余昊奎, 「集安地域 고구려 超大型積石墓의 전개과정과 그 被葬者 문제」, 『韓
　　國古代史硏究』41, 2006.

여호규, 「집안지역」, 『고구려유적의 어제와 오늘-도성과 성곽-1』, 동북아역사

재단, 2009.

여호규, 「고구려 도성의 구조와 경관의 변화」, 『삼국시대고고학개론 1』, 진인
　　진, 2014.

강현숙, 「중국 길림성 집안 지역 고구려 왕릉의 구조에 대하여」, 『한국고대사
　　연구』41, 2006.

강현숙, 「전 동명왕릉과 진파리 고분군의 성격 검토」, 『호서고고학』18,
　　2008.

강현숙, 「고구려 왕릉복원 시고」, 『고구려왕릉연구』, 동북아역사재단, 2009.

조법종, 「高句麗 初期 都邑과 沸流國城 硏究」, 『白山學報』77, 2007.

서길수, 「중화인민공화국 학자의 고구려 왕릉 비정에 대한 비판적 고찰」, 『고
　　구려연구』29, 2007.

張福有 外, 「高句麗王陵通考」, 『東北史地』2007-4.

공석구, 「集安지역 高句麗 王陵의 造營」, 『高句麗渤海硏究』31, 2008.

尹明喆, 「壇君神話의 해석을 통한 장군총의 성격 이해」, 『단군학연구』19,
　　2008.

정호섭, 「고구려 적석총의 被葬者에 관한 재검토」, 『韓國史硏究』143, 2008.

정호섭, 『高句麗 古墳의 造營과 祭儀』, 고려대학교 사학과 박사학위 논문,
　　2009.

桃崎祐輔, 「고구려 왕릉 출토 기와·부장품으로 본 편년과 연대」, 『고구려왕
　　릉연구』, 동북아역사재단, 2009.

東潮, 「고구려 왕릉과 능원제」, 『고구려왕릉연구』, 동북아역사재단, 2009.

어창선, 「충주 제철 유적의 조사 현황과 성격」, 『제5회 중원문화 학술포럼, 중

원의 생산 유적』, 국립충주대학교 박물관, 2011.11.8.

노태돈, 「고구려 초기의 천도에 관한 약간의 논의」, 『한국고대사연구』 68,
2012.

양시은, 「고구려 도성 연구의 현황과 과제」, 『高句麗渤海硏究』 50, 2014.

안동준, 「광개토왕 비문에 보이는 '西城山'의 도교적 함의」, 『고조선단군학』
30, 2014.

주홍규, 「고구려 기와로 본 경신리 1호분(소위 한왕묘)의 조영연대와 피장자
검토」, 『한국사학보』 68, 2017.

기경량, 「평양 지역 고구려 왕릉의 위치와 피장자」, 『한국고대사연구』 88,
2017.

고광의, 「충주고구려비의 판독문 재검토-題額과 干支를 중심으로」, 『충주 고
구려비 발견 40주년 기념 학술회의』, 동북아역사재단, 2019.11.22;
『韓國古代史硏究』 98, 2020.